Selbstschutztechniken

von Siegfried F. Hübner

Der Autor möchte sich an dieser Stelle bei seinen ausländischen Freunden bedanken, ohne die seine Bücher nicht möglich gewesen wären.

USA:	Colonel Jeff Cooper, Ray Chapman, Thell Reed, Bill Jordan, Jim Cirillo, Jack Weaver, Julio Santiago, TR.-Captain Bob Werner, Colonel Francis Conway, Colonel Rex Applegate
MEXICO:	Colonel Quinn y Gonzales, Com. Pancho Luquin
PERU:	Rafael Romero
SPANIEN:	Capitán UEI Juan Vargas
ENGLAND:	Jan Stevenson
FRANKREICH:	Raymond Sasia, Chef de la Police National
ÖSTERREICH:	Oberst Joast, OR Ingo Wieser, General Friedrich Dechand

Es existiert die große, internationale Gemeinschaft der Polizei- und Militär-Combatschützen, in die jeder, egal welche Sprache er spricht und welche Hautfarbe er hat, brüderlich aufgenommen wird.

ISBN 3-923995-20-2
WSV-Verlag, Postfach 210 143, D-90119 Nürnberg

Selbstschutztechniken

von Siegfried F. Hübner

Inhaltsverzeichnis

Vorwort

Selten war der Spruch:

„Hilf Dir selbst, dann hilft Dir Gott“ so berechtigt wie heute.

Wer gegen die ansteigende Kriminalität auf die Hilfe der Polizei und Justiz hofft, wird eine Enttäuschung erleben. Laut SAT1 (K – Verbrecher im Fadenkreuz) arbeitet die Polizei in den meisten Fällen nur noch für den Papierkorb. Von 4 ermittelten Tätern werden 3 gar nicht bestraft, selbst wenn sie schon einige Straftaten begangen haben. Wenn die Täter einen festen Wohnsitz haben, können sie nach Hause gehen. Nur in 25% der Fälle erhebt der Staatsanwalt Anklage.

Werden Verbrecher verurteilt, bekommen sie bald „Freigang“ damit sie nicht alles verlernen. Ist ein Täter Ausländer, ist ihm das Mitgefühl der Kirche, gewisser Parteien und Journalisten sicher. Raffinierte Anwälte sorgen dafür, daß die Täter nicht zu lange im Gefängnis sind. Man hat den Eindruck, Justiz und Fernsehen haben mehr Mitleid mit einem Täter als mit seinem Opfer. So wurde in Westeuropa ein Verbrecher-Paradies geschaffen, in das alle hereinkommen möchten. Wo bekommt man sonst noch ohne Arbeit Geld, wenn man Asyl murmelt?

So fühlt sich auch die Mafia wohl in Deutschland. Der Polizei sind durch Datenschutz und täterfreundliche Gesetze – sowie durch zu wenig Beamte – die Hände gebunden.

Selbst lebenslang Verurteilte dürfen nach 2/3 der Strafverbüßung wieder in die Freiheit. Der brave, steuerzahlende Bürger jedoch ist den Kriminellen ziemlich ausgeliefert.

Das Buch „Selbstschutztechniken“ will dem gefährdeten Bürger zeigen, mit welchen Gefahren er rechnen muß. Vor allem aber, wie er die Gefahren von sich und den Seinen abwehren kann.

In unseren Tagen haben nur wenige Menschen genügend Zeit, lange Abhandlungen zu lesen. Deshalb ist dieses Buch kompakt geschrieben und zum Nachschlagen geeignet.

Die Erfahrungen des Autors, die er als Combatschießausbilder bei Polizei und den Armeen in den Ländern Österreich, Deutschland, Frankreich, Spanien, Schweiz, Italien, Belgien, Mexico, Peru, Argentinien, Brasilien und Südafrika sowie vor allem aber in den USA gesammelt hat, wurden in das vorliegende Buch eingebracht.

Sie sollen den Selbstschutz des Bürgers in seiner Wohnung, in seinem Haus und in seinem Auto ermöglichen. Der Bürger soll seine mögliche Selbstverteidigung mit den erlaubten Tränengas-Mitteln genauso kennenlernen, wie die Verteidigung ohne Waffen, mit Stöcken, mit dem Messer, aber auch mit den wirkungsvollsten Schußwaffen.

Es wird gezeigt wie die Wohnung und das Haus, mechanisch und mit Elektronik, abgesichert werden kann. Wichtig ist auch der Schutz vor Messerstichen und Geschossen.

Kinder werden durch Horror-Computerspiele zu Amokläufern und durch Porno-Fernsehen verdorben. Drogen-Dealer vergiften unsere Kinder. Ehemalige Angehörige der rumänischen Securitate, der russischen Mafia und der albanischen Verbrecherbanden können hier fast unbehelligt ihr Unwesen treiben. Eine harte Bestrafung haben sie kaum zu erwarten. Ein Kasache hat 2 deutsche Zöllner mit ihrer eigenen Waffe im Omnibus erschossen. Der angeblich psychisch Kranke durfte gleich wieder zurück in seine Heimat fahren. Die Gefängnisse sind überfüllt, die Strafen sind oft gering. Ein Mörder bekommt „Freigang" und ermordet 4 Menschen.

Für diese brutalen, gewissenlosen Täter gibt es keine „bürgerlichen Werte". Sie sehen ein Land, in dem alles vorhanden ist und wollen nun – mit Gewalt – auch alles haben. Unsere Gefängnisse kann man mit Feilen und Sägen aufbrechen! Psychologen erleichtern so etwas.

Mit Einbruch, Raub und Entführungen wollen Gewaltverbrecher an das große Geld kommen. Gefährdet ist dadurch jeder, der Geld hat oder von dem man annimmt, er habe welches.

Doch die Gewaltverbrecher suchen nicht nur die besonders vermögenden Bürger, sondern sogar Mittellose heim. Deshalb ist es gut, wenn sich alle vor jedweder Art von Verbrechen schützen können!

Im Jänner 2000

Siegfried F. Hübner Ing
Combatschießausbilder
Waffentechnischer Berater
Mitglied International Police Assosiation IPA.

1

Wer schützt den Bürger?

Wir hatten und haben noch immer eine gute Polizei.

Vermag jedoch diese Polizei noch, unsere Sicherheit zu gewährleisten und unser Eigentum zu schützen? Nach dem Eingeständnis vieler Polizeidienststellen ist das nicht immer der Fall:

❖ Es gibt viel zu wenig Polizisten. Nur noch wenige junge Männer wollen den schlecht bezahlten, schlecht angesehen Beruf des Polizisten ergreifen. Fußstreifen wurden abgeschafft, man fährt mit dem Streifenwagen.
Polizeiwachen in den Vororten wurden geschlossen.
Polizisten sind nicht immer motiviert.

❖ Eine Prävention ist nicht mehr möglich.
Die Polizisten bekommen die ansteigende Kriminalität nicht mehr in den Griff.
Sie verwalten nur noch die Straftaten.

❖ Im Fernsehen und in der Presse werden Polizisten ständig angeprangert, während Verbrecher immer mehr toleriert werden.

❖ Leserbriefe über den Anteil von Ausländern im Jahre 1991 in BW an polizeilich gemeldeten Straftaten mit 32,8%, bei Bandendiebstählen mit 61,9%, bei Raubüberfällen mit 43,2%, wurden von 2 „unabhängigen Zeitungen“ aus Angst vor Fremdenfeindlichkeit gar nicht veröffentlicht.

❖ Die Abschiebung von überführten Verbrechern wird von linken und grünen Politikern und von Pfarrern verhindert.

❖ Politiker verhindern die Bewaffnung unserer Polizei mit der wirkungsvollen Action-Munition.

❖ Der Datenschutz wird zum Täterschutz gemacht.

❖ Die Zahl der verletzten Raubopfer nimmt zu.

❖ Die Grenzen unseres Wirtschaftswunderlandes stehen weit offen. Jeder Verbrecher kann kommen und sich bereichern.

❖ Der durch Verbrecher angerichtete Schaden geht in die Milliarden. Den Schaden muß der deutsche Steuerzahler bezahlen.

❖ Um die Toten oder zu Krüppeln geschlagenen Verbrechensopfer kümmert sich niemand! Allenfalls nimmt sich noch der „Weiße Ring“ ihrer an.

Verbrechen lohnt sich!

Zu diesem Schluß kommen die Kriminalbeamten, welche ständig mit Verbrechen zu tun haben.

1. Überführte Kriminelle werden von unser Justiz bei Lappalien kaum noch bestraft und sofort wieder entlassen.
2. Der Einstellungsbescheid der Gerichte könnte dem Anzeigenden gleich mitgegeben werden.
3. Mit den Gewinnen aus dem Drogenhandel lassen sich so wahnsinnige Summen verdienen, daß aus ihnen die besten Anwälte bezahlt werden können.
4. Die Bestechlichkeit nimmt zu.
5. Zeugen können bedroht oder gekauft werden, damit sie nicht aussagen.
6. Die organisierte Bandenkriminalität kann kaum noch erfolgreich bekämpft werden.
7. Bezahlte Killer reisen ein, führen ihren Auftrag aus und reisen wieder aus....
8. Früher einmal hatten Kriminelle Angst vor unserem Polizeiapparat. Heute ist die Zuständigkeit bei großen Verbrechen so unklar, daß sich niemand in den Ländern mehr zuständig fühlt und die Dienststellen sich gegenseitig blockieren. Siehe die Jagd auf den Mörder Zurwehme 1999.

Das Selbsthilfe-Verbot des Staates läßt sich nicht mehr durchhalten, wenn der Staat seine Bürger nicht mehr schützen kann!

Was kann der Bürger tun? In den USA gibt es die Nachbarschaftshilfe, da fahren Bürger im eigenen Wagen mit Handys ausgerüstet in der Nacht Streife.
Bei uns wurden früher – „in der guten alten Zeit“ – die Dörfer und Städte von der bewaffneten Bürgerwehr geschützt. Wenn der Staat es nicht mehr tut, muß es der Bürger selbst tun, oder die Bürger müssen Sicherheitsfirmen beauftragen!

2

Gefahren durch Einbrecher, Diebe, Räuber, Entführer

Neben vielen deutschen Einbrechern arbeiten auch zahlreiche internationale Einbrecherbanden in Deutschland. Durch das Wegfallen der Grenzkontrollen, hat man für sie ein Verbrecher-Paradies geschaffen. 30% der Einbrüche werden von Berufseinbrechern und 70% von Gelegenheitseinbrechern begangen.

Einbrecher können plötzlich zu Räubern und Entführern werden, wenn sich eine Situation ändert. So etwas hat für die Opfer furchtbare Folgen. Fast alle Eindringlinge sind mit Pistolen bewaffnet, von denen sie Gebrauch machen, wenn sie überrascht und in die Enge getrieben werden.

Wenn Einbrecher die Öffnung eines Tresor oder die Herausgabe einer EC-Karten-Geheimnummer erzwingen wollen, werden die Opfer skrupellos auf die grausamste Weise gefoltert.

Die Eindringensweisen der Einbrecher

- 90% sind im Erdgeschoß in die Wohnungen eingedrungen
- 70% der Wohnungseinbrecher drangen durch Fenster, den Balkon oder durch die Terassen-Türen ein.
- 60% von ihnen hebelten das Fenster oder die Balkontür auf.
- 10% zerschlugen ohne Rücksicht auf Lautstärke Verglasungen.
- 14% griffen durch offenstehende oder gekippte Fenster und stiegen so ein.
- 30% der Einbrecher drangen durch die Haustür ein, wobei
  50% die Tür mit starken Schraubenziehern aufhebelten und
  95% das Schloß aufhebelten und nur 5% die Türscharniere.
- 16% beschädigten den Schließzylinder und seinen Schutzbeschlag.
- 5% drückten die Schloßfalle zurück und entriegelten die Tür.

Als Tatwerkzeug wird meist ein starker Schraubenzieher verwendet, mit dem Türen und Fenster in kürzester Zeit mühelos aufgehebelt werden. Der Schraubenzieher kann gleichzeitig als tödliche Stichwaffe verwendet werden!
Ein Schußwaffeneinsatz ist deshalb Notwehr.

Wenn der Einbrecher im Haus ist, wird es für alle gefährlich.

Einbrecher in Wohnungen

Ein Wohnungseinbrecher muß mit seiner Entdeckung durch die Nachbarn rechnen. Er wird die Wohnung nach etwa 3 Minuten wieder verlassen. Der Einbruch geschieht meist am Tage.

Seine Beute wird sein: Schmuck, Bargeld, Schecks. Schmuck wird überwiegend im Schlafzimmer oder im Bad gefunden. Bargeld findet sich oft im Küchenschrank, die Schecks werden meist im Wohnzimmerschrank oder im Schreibtisch aufbewahrt. Selten werden Hi-Fi- oder TV- Geräte, Computer, Teppiche oder Bilder mitgenommen.

Einbrecher in freistehenden Häusern und Villen

Hier können sich die Einbrecher – wegen der fehlenden Nachbarschaftshilfe – bei Tag und bei Nacht für längere Zeit aufhalten und sogar Tresore herausbrechen. Räuberische Einbrecher können eine ganze Nacht zum Alptraum für ihre überraschten Opfer werden lassen. So geschehen in Schwaben.

Drei albanische Verbrecher überfielen ein Haus und schlugen die Bewohner bis zur Bewußtlosigkeit. Dann fesselten und knebelten sie die Überfallenen. Sie schnitten ihnen in die Haut und urinierten auf ihre Opfer. Anschließend vergewaltigten sie die Frauen vor den Augen der hilflosen Männer und Kinder. Vor dieser unsagbaren Brutalität war selbst die Polizei schockiert. Die Bevölkerung des Ortes zittert jetzt schon vor Angst, daß diese Balkan-Banditen wieder aus der Haft entlassen werden. Was ja bei uns nicht lange dauert. Zumal hirnlose Gutmenschen wie Pfarrer, Juristen und Politiker die Abschiebung dieser Bestien auf den Balkan verhindern.

Eine aus 25 Rumänen, Türken und Deutschen bestehende Einbrecherbande wurde in Baden Württemberg verhaftet. Etwa 50 Verbrechen, vom schweren Raub, schweren Einbrüchen, Hehlerei bis hin zur Auftragsbrandstiftung gehen auf ihr Konto. Die Verbrecher waren stets maskiert. Sie schüchterten ihre Opfer sofort durch Mißhandlungen ein, legten ihnen Handschellen an und sprühten ihnen Reizgas ins Gesicht. Zur Erpressung verwendeten sie Elektroschock-Geräte mit 100000 Volt. Alle Täter waren mit Schußwaffen ausgerüstet.

Rumänische Banden fuhren mit gestohlenen Autos frontal in die Schaufenster der Geschäfte, die sie anschließend plünderten. In 4 Minuten wurde von den 10 Tätern ein Computerladen leergeräumt. Im Jahr 1996 betrug die Aufklärungsquote bei Einbrüchen gerade einmal 16% .

Wann geben Einbrecher auf?

Fast immer, wenn sie an den vorhandenen mechanischen oder elektronischen Sicherungen scheiterten!

1. Wenn sie sich von Anwohnern und Nachbarn entdeckt fühlten.
2. Wenn die Besitzer nach Hause kamen.
3. Wenn die Bewohner sichtbar zu Hause waren.
4. Wenn ein Hund im Haus war.

Wenn elektronische Einbruchmeldeanlagen vorhanden waren, gaben die Eindringlinge in 80% der Fälle auf.
In 20% der Fälle wurde trotzdem eingebrochen. Einige lassen sich auch durch Sirenen-Geheul nicht vom Einbruch abhalten. Es dauert ja oft 15 Minuten, bis die Polizei kommt.
Manche Einbrecher werten Sirenen- und Rotlichtanlagen am Haus als Hinweis auf besonders schützenwertes Eigentum.

Wie werden Einbruchmeldeanlagen ausgetrickst?

Außensirenen werden abgedeckt oder mit Schaum ausgeschäumt, um eine Alarmierung der Nachbarschaft zu verhindern.
Die Infrarot-Bewegungsmelder (PIR) werden abgeklebt oder umgangen, manchmal auch unterbrochen.

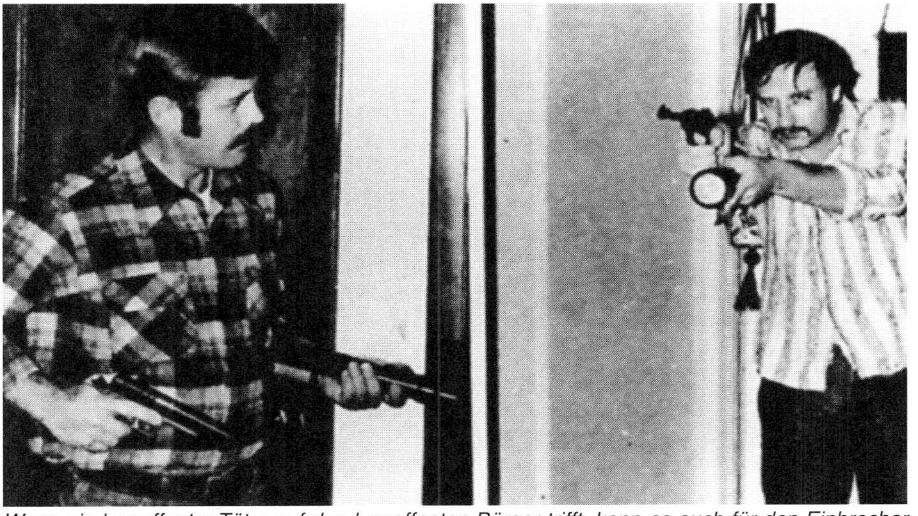

Wenn ein bewaffneter Täter auf den bewaffneten Bürger trifft, kann es auch für den Einbrecher gefährlich werden.

Kleinalarmgeräte werden leicht unschädlich gemacht, indem die Meldeleitungen überbrückt werden. Man überbrückt den Meldeausgang zum Meldeeingang wenn Drahtleitungen vorhanden sind.
Sensoren wie PIR, die mit 433 MHz-Signal den Einbruch – zur Zentrale und von der Zentrale zur Sirene und zum Telefon – melden, können nur schwer mit Spezialsendern ausgetrickst werden.
Scharfschalt-Einrichtungen werden oft manipuliert.
Wenn durch viele Fehlalarme, die nicht unerhebliche Kosten verursachen, die Nerven der Nachbarn strapaziert wurden, wird kein Nachbar mehr einen Sirenen-Alarm beachten und der Polizei melden.
Wer seine Alarmanlage telefonisch bei einem Sicherheitsdienst angeschlossen hat, bekommt nach etwa 10 Minuten oft erst einmal den Wachmann des Sicherheitsdienstes zu sehen, der meist unbewaffnet ist. Erst viel später wird dann der Streifenwagen der Polizei auftauchen.

3

Menschliches Überleben

Der Mensch ist eine seelisch-körperliche Einheit, bei dem Körper und Geist miteinander verbunden sind. Körperliche Störungen haben seelische Auswirkungen: Angst und Erschrecken bewirken Zittern und Übelkeit. Körperliche Schmerzen erzeugen Unkonzentriertheit und Gereiztheit sowie Depressionen.

Ab wann besteht Lebensgefahr?
Nach einer Faustregel tritt bei körperlichen Belastungen und hohen Temperaturen der Tod ein nach:

3 Minuten ohne Luft,

3 Tagen ohne Wasser,

3 Wochen ohne Nahrung.

Die Körpertemperatur
Sie muß zwischen 36 und 37 Grad Celsius liegen. Abweichungen um minus 3 Grad auf 33, oder plus 4 Grad auf 41 Grad Celsius sind bereits lebensbedrohend.

Blutungen
Der Mensch hat ca. 5 Liter Blut im Kreislauf. Ein Blutverlust von ca. 1 Liter kann bereits lebensbedrohlich sein.

Schlagaderbluten: (Arterie) Das Blut ist heller und spritzt im Rhythmus des Herzschlages.

Blutaderbluten: (Vene) Das Blut fließt gleichmäßig dunkelrot.

Äußere Blutung: Blutungen bei gleichzeitigen Gefäß- und Hautverletzungen

Innere Blutung: Bei Verletzungen innerer Organe kommt es zu Blutungen im Bauch und im Brust- und Schädelhöhlen-Bereich.

Schockzustände
Ursache können ein großer Blutverlust, starke Schmerzen bei Verletzungen, psychische Belastungen, Flüssigkeitsverlust durch Hitzeschäden oder Unterkühlung sein.

Blutkreislauf
Arterien (rot) führen das Blut vom Herzen weg, Venen (blau) führen es dem Herzen zu. Arterien enthalten sauerstoffangereichertes Blut, Venen sauerstoffarmes und kohlendioxidreiches. Ausnahme ist der Lungenkreislauf.
Rechtes Herz = blau, linkes Herz = rot.

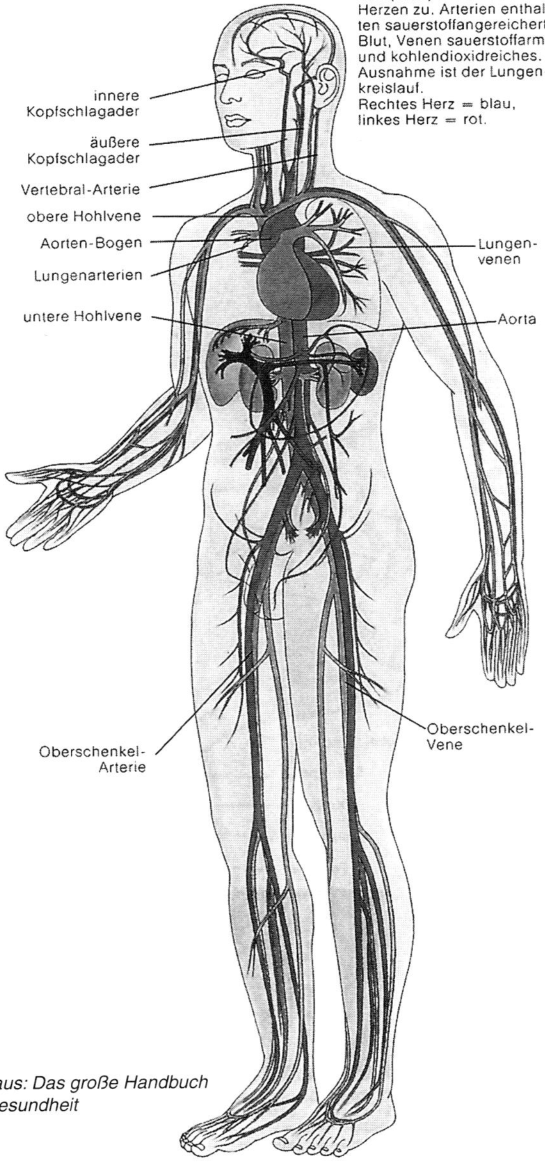

Abb. aus: Das große Handbuch der Gesundheit

Durst

Der Mensch besteht zu 60% aus Wasser, zu 20% aus Eiweiß und zu 10% aus Fett. Der Wasseranteil beträgt also bei einem Mann von 70 kg Körpergewicht 42 Liter.

Bei einer Umgebungstemperatur von 50 °C kann ein Mensch 2 Tage ohne Wasser überleben, bei 30 °C 5-7 Tage und bei 10 °C bis zu 10 Tage.

Um die normalen Wasserverluste auszugleichen und zur Aufrechterhaltung der lebensnotwerndigen Körperfunktionen benötigt man unter den beschriebenen Bedingungen 2,5-10 Liter Wasser täglich.

Hunger

Der Mindestnahrungsbedarf des menschlichen Körpers ist abhängig vom Alter, vom Gewicht und von der zu erbringenden Leistung, er beträgt – bei völliger Ruhe – ca. 4,2 KJ pro Stunde und kg Körpergewicht. Dies sind 7050 KJ pro Tag für einen Menschen von 70 kg Gewicht.

Das Hungergefühl läßt nach 1-3 Tagen ohne Nahrungsaufnahme deutlich nach, die Leistungsgfähigkeit nach einer Woche.

Schlafmangel

Bei Schlafmangel läßt die Leistungsfähigkeit nach 48 Stunden (2 Tagen) nach. Nach 72 Stunden ohne Schlaf kann man kaum noch kontrolliert denken.

Streß

Streß ist der Zustand höchster Alarmbereitschaft. Er erhöht den Wasserverbrauch des Körpers. Die ganze Körperenergie wird mobilisiert.

Schreck

Der Schreck ist eine unwillkürliche zweckmäßige Reaktion, die einen bei einem Knall den Kopf einziehen läßt. Oft bekommt man durch den Schrecken weiche Knie. Schrecken kann zu Fluchtreaktionen oder sogar zu Lähmungserscheinungen führen.

Furcht

Furcht ist eine heftige, oft lähmende Emotion, welche von starken Reaktionen begleitet wird.

Furchtreaktionen sind: Abwehr, Flucht, das Bedürfnis, sich zu verbergen. Das „vor Furcht erstarren“ verändert die Atemfrequenz.

Panik

Panik führt zu unüberlegten, ziellosen, oft unbeherrschten Handlungen. Es gibt die Fluchtpanik, oder die Panikstarre. Das heißt, Panik führt zur kopflosen Flucht, oder zum panischen Erstarren aus schrecklicher Angst.

Angst
Angst ist ein Trieb, ein emotionaler Zustand auch ohne feststellbare Ursache. Angst erzeugt Zittern, Schweißausbrüche, Herzklopfen, Herzjagen, Kollaps, Ohnmacht, Durchfall.

Die Arten der Angst

Bei Überfällen und Bedrohungen durch Gewaltverbrecher entstehen folgende Ängste:

Angst vor Verletzungen
Verletzungen können zu lebenslangem Siechtum führen. Um ein Verbrechensopfer kümmert sich keiner mehr. Der Täter bekommt ein paar Jahre Gefängnis und bald – wie der Mörder Zurwehme – Hafturlaub. Außerdem wird er von Psychologen betreut.

Angst vor dem Tod
Angst vor dem unwiderruflichen Ende des Lebens. Angst vor dem schmerzhaften Sterben durch Verbrecherhand.

Angst vor dem Töten
Normale Menschen haben angeborene Tötungshemmungen. Bei Gewaltverbrechern ist diese Hemmschwelle nicht mehr vorhanden, deshalb sind sie gegenüber den harmlosen Bürgern im Vorteil. Man kann nicht mit ihrem Erbarmen rechnen.
Die eigene Tötungshemmung kann durch eine polizeiliche oder militärische Combatausbildung beseitigt werden. Es ist leichter, einen Menschen aus der Entfernung zu erschießen als ihn im Nahkampf zu töten.

Angstreaktionen sind Nervosität, Herzklopfen, trockener Mund, Schwindel, Schweißausbruch, Atembeschwerden, Durchfall, starker Harndrang, Übelkeit, Erbrechen, Verwirrung, Konzentrationsschwäche, welche normalerweise wieder vorübergehen.

Langanhaltende verstärkte Reaktionen sind: Gedächtnisausfall, Ziel- und Planlosigkeit, Gefühlsschwankungen, Gliederschütteln, Wimmern, Schreckstarre, Antriebslosigkeit, totale Apathie.

Das *Großhirn* verarbeitet Wahrnehmungen, Empfindungen, Gedanken, Sprache, Gedächtnis. Es steuert den Instinkt und Triebhandlungen.

Das *Mittelhirn* ist für die Bewußtseinslage zuständig.

Das *Zwischenhirn* steuert das vegetative Nervensystem. Es regelt die Nahrungs- und Flüssigkeitsaufnahme sowie die Körpertemperatur .

Das *Kleinhirn* koordiniert oder stoppt die Bewegung.

Das *Rückenmark* steuert die Reflexe.

Das *vegetative Nervensystem* steuert die inneren Organe, Eingeweide, Blutgefäße, Ausscheidungen.

Das *sympathische Nervensystem* beschleunigt den Blutkreislauf sowie die Bereitschaft zur Flucht oder zum Angriff.

4

Seien Sie kein Opfer – Wie denken Täter?

Um kein Verbrechensopfer zu werden und um sich vor Verbrechern zu schützen, sollte man wissen, wie die Täter denken, nach welchen Kriterien sie ihre Opfer aussuchen und wie sie bei der Tat vorgehen.

Die Einbrecher

Die Einbrecher halten Ausschau nach, Bargeld, Schmuck, Schecks, Kreditkarten, Handys, seltener nach Radio, TV-Geräten, SAT-Empfängern. Diese Dinge können ohne Risiko gestohlen und vor allem leicht wieder zu Geld gemacht werden. Beim Einbruch wollen die Einbrecher mit keinem Bewohner konfrontiert werden. Sie wollen nicht erkannt werden und mehrere Fluchtwege zur Auswahl haben.
Wenn der Einbrecher, wie heute üblich, mit Schußwaffe oder Messer bewaffnet ist, wird jede Konfrontation lebensgefährlich. Vor allem dann, wenn der Täter maskiert ist und nicht erkannt werden kann. Auf keinen Fall sollte man den Einbrecher von seiner Beutesuche oder Flucht versuchen abzuhalten. Leichtsinnig ist es, ihm mit der Polizei zu drohen. Er wünscht keinen Zeugen, der ihn identifizieren kann, deshalb ist er Einbrecher und kein Räuber.
Der Einbrecher wird bei der Wahl seines Zielobjektes stets versuchen, sein persönliches Risiko so gering wie möglich zu halten.
Es liegt an dem möglichen Einbruchsopfer, ob der Einbrecher erkennt, daß sein Risiko, hier erkannt oder erschossen zu werden, für ihn viel zu hoch ist. Er wird sich dann lieber ein anderes, weniger hart verteidigtes Ziel aussuchen, wo er gefahrlos zuschlagen kann.

Tageslichteinbrecher

Tageslichteinbrecher sind oft Neulinge oder Drogenabhängige. Der Täter schlendert durch die Straßen oder durch die Wohngegend und schaut, ob Anzeichen vorhanden sind, daß niemand zu Hause ist. Er klingelt an den Haus- und Wohnungstüren und wartet, ob sich jemand meldet. Wenn jemand herauskommt, hat er eine Ausrede parat, er suche eine Frau Schmid u.s.w.
Er hält Ausschau, ob die Rolläden geschlossen sind, Garagentüren offenstehen, der Rasen nicht gemäht ist, nicht abgeholte Zeitschriften im Briefkasten stecken, ob Spielzeug herumliegt. Das wichtigste aber, er schaut, ob Hunde da sind!
Er geht zur Haustür, klingelt und schaut, ob er von Nachbarn beobachtet wird. Er sieht sich das Schloß an. Dann geht er zum Auto und holt einen kräftigen Schrau-

benzieher oder ein Stemmeisen, mit dem er die Tür oder das Fenster in Minutenschnelle aufhebelt. In 2 Minuten ist der Einbrecher im Haus.... Dort durchsucht er alle Räume nach Beute, (Geld und Schmuck etc.) und nach nur 3 Minuten bringt er die Beute in sein Auto und fährt weg.
Viele Einbrecher beginnen so ihre Karriere; Sie suchen sich nur die Wohnungen oder Häuser aus, bei denen sie sehen, daß niemand zu Hause ist. Nachbarn, die verdächtige Gestalten sehen, sollten deshalb sofort die Polizei alarmieren. Sie sollten jedoch nie versuchen, den Einbrecher zu stellen oder ihn zu verhaften.

Einbrecher im Haus

Wenn Sie nach Hause kommen und an der aufgebrochenen Tür, oder dem eingeschlagenen Fenster erkennen, daß noch Einbrecher im Haus sein könnten, so verschwinden Sie leise und schnell und rufen sofort die Polizei!
Wenn Sie jedoch beim Heimkommen plötzlich einem Einbrecher gegenüberstehen, müssen Sie wissen, daß Sie bereits zum Raubopfer geworden sind und leicht zum Mordopfer werden können. Von Ihrer Reaktion wird es abhängen, ob Sie die gefährliche Konfrontation überleben werden.
Schreien Sie nicht! Bleiben Sie ruhig, gehen Sie nicht auf den mit Pistole bewaffneten Einbrecher zu! Versuchen Sie nicht, wegzulaufen, wenn Sie nicht sicher sind, daß die Flucht gelingt. Tun Sie genau das, was der Einbrecher/Räuber sagt, nicht mehr – nicht weniger. Machen Sie den Ertappten nicht zornig. Er ist nervlich wahrscheinlich äußerst angespannt. Einbrecher wollen normalerweise keine Menschen verletzen, deshalb stehlen sie ja heimlich.
Jedoch sind heutzutage alle Einbrecher mit Messer oder (und) Pistole bewaffnet. Deshalb werden sie bei einer zufälligen Konfrontation zu einer tödlichen Gefahr für den Bürger.

Einbruch im Schutze der Nacht

Nachts sollten alle Fenster mit Rolladen und Vorhängen so abgedeckt sein, daß niemand von außen hereinsehen kann. Wenn innen kein Licht brennt, weiß der Einbrecher nicht, ob die Bewohner schon zu Bett oder evtl. verreist sind. Brennendes Außenlicht über dem Hauseingang kann der Täter als Hinweis auf die Abwesenheit der Bewohner deuten.
Um Einbrecher abzuschrecken, sollten in mehreren Räumen Lichter brennen. Am wichtigsten ist, daß ständig Licht im WC brennt. Der meist nicht sehr große WC-Raum ist durch sein kleineres Fenster leicht zu erkennen. Dieses Fenster wird von Einbrechern immer zuerst überwacht.
Licht im Schlafzimmer zeigt an, daß mehrere Personen im Haus sind. Wenn Fernseh-Empfänger in Betrieb sind, vermittelt das ständig wechselnde Licht den Eindruck, daß sich jemand im Raum bewegt. Radio-Musik macht gleichfalls den Eindruck, daß jemand anwesend ist. Mit Zeitschaltuhren und Helligkeitsschalter sowie Akustikschalter kann der Eindruck eines bewohnten Hauses erzeugt werden.

Ein vermummter Täter mit Handschuhen bedeutet Lebensgefahr.

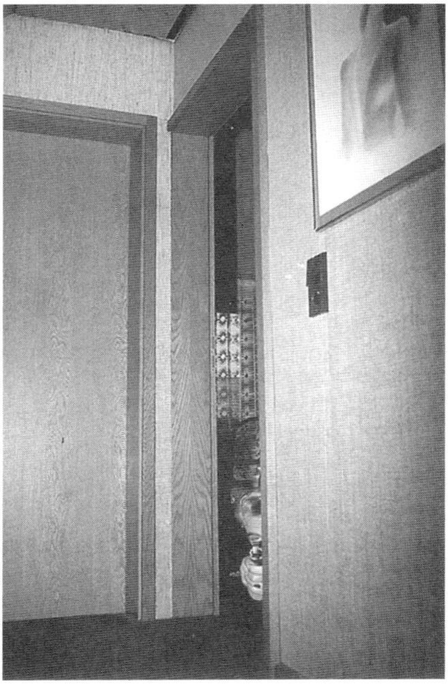

Schießen Sie nur aus einer guten Deckung.

Professionelle Einbrecher

Sie dringen ein, wenn sie einen Tip bekommen haben! Einen Tip von einem Knastbruder oder aus der lokalen Zeitung, in der steht, daß die Familie eine Hochzeit oder Geburt feiern wird und deshalb nicht zu Hause sein wird. Begräbnisanzeigen ist zu entnehmen, wann die Bewohner nicht zu Hause sind.

Wenn Hausierer, Zigeunerinnen, Vertreter oder Zeitungswerber teure Bilder, Antiquitäten, Perserteppiche, Münzen und Briefmarken gesehen haben, sind das wertvolle Tips für die professionellen Einbrecher.

Jeder, der solche Sachen unverschlossen im Haus aufbewahrt, tut gut daran, keine Fremden, (Zeitungswerber, Teppichhändler) den Zutritt zu gewähren! Auch Putzfrauen und Handwerker sollte er genau aussuchen. Neidische Personen können in Kneipen erzählen, was in einem Haus für teure Bilder und Antiquitäten herumhängen.

Wenn der Eindringling genügend Zeit zur Verfügung hat, kann er alle Schlösser, Tresore und Stahlkammern aufbrechen. Vor Allem, wenn der dabei entstehende Lärm durch Umweltgeräusche überdeckt wird. Etwa 60% der installierten Alarmanlagen können von Profis umgangen und wirkungslos gemacht werden. Des-

Eine Doppelflinte ist die beste Verteidigungswaffe.

Eine Pumpgun hat die größte Wirkung.

halb sollte eine Alarmanlage durch eine zweite Anlage überwacht werden. Am besten ist es, wenn diese im Alarmfall die Räume mit Tränengas einnebelt.

Wenn Sie nachts verdächtige Geräusche hören oder den Schein einer Taschenlampe wahrnehmen:

- ❖ Bleiben Sie im Schlafzimmer und verriegeln Sie alle Türen zum Schlafzimmer. Riegel = nötig.
- ❖ Telefonieren Sie sofort mit der Polizei! Das Telefon ist nötig im Schlafzimmer.
- ❖ Wenn die Telefonleitung gekappt ist, schreien oder schießen Sie durchs offene Fenster! Machen Sie viel Lärm, schreien Sie nach den Nachbarn!
- ❖ Machen Sie nie das Licht im Haus an und rufen Sie nie: IST DA JEMAND? Oder WER DA?
- ❖ Suchen Sie nach einer Verteidigungswaffe. Am besten ist eine Doppelflinte Kaliber 12 G.
- ❖ Gut ist eine scharfe Schußwaffe, wie Revolver oder Selbstladepistole.
- ❖ Schießen Sie durch die Tür, wenn der Einbrecher sie aufbrechen will.

- Wenn Sie ein ausgebildeter Combatschütze sind, können Sie sich im Dunkeln mit der Waffe im Anschlag in eine Ecke legen und von dort den Einbrecher beschießen, ohne selbst gesehen oder getroffen zu werden. Denken Sie jedoch daran, daß der Täter einen Komplizen haben könnte. Einbrecher sind heute alle bewaffnet!

Wenn Sie das Haus verlassen...

...schließen Sie auch die Innentüren ab. Schlüssel dürfen nicht im Schloß stekken. Fenster müssen verriegelt werden.

...lassen Sie immer ein Licht brennen; verwenden Sie dazu eine Zeitschaltuhr. Schließen Sie die Rolläden und sichern sie diese ab.

...ziehen Sie nachts die Vorhänge zu, damit niemand in die Räume sehen kann.

...lassen Sie das Radio oder das Fernsehgerät eingeschaltet. Schalten Sie die Geräte über einen Zeitschalter.

...legen Sie nie einen Ersatzschlüssel in irgendein Versteck!

...hinterlassen Sie nie auf dem Anrufbeantworter wie lange sie weg sind!

...bitten Sie einen Nachbarn, auf das Haus aufzupassen und die Post in Empfang zu nehmen.

5

Das Recht auf Notwehr

Ein angegriffener und bedrohter Bürger kann sich mit allen Mitteln verteidigen. Das scharfe Notwehrrecht berechtigt ihn dazu.

1. Notwehr § 32 StGB
Notwehr ist die Verteidigung, die erforderlich ist, um einen gegenwärtigen, rechtswidrigen Angriff von sich oder einem anderen abzuwehren. Der Angriff auf Leben, Gesundheit, Freiheit, Besitz, muß in diesem Augenblick statffinden oder unmittelbar bevorstehen. Der Angriff muß rechtswidrig sein. Dabei sind Menschenleben höher zu bewerten als Sachwerte. Das mildeste Mittel, das zum Ziel führt sollte angewandt werden. Das eigene Leben ist immer höher zu bewerten als das des Angreifers.

2. Putative Notwehr
Die putative Notwehr ist eine vermeintliche Notwehr, bei der die Abwehrhandlung in der irrigen Annahme durchgeführt wird, daß die Voraussetzung der Notwehr vorliegt. Wenn sich der Bürger in Lebensgefahr wähnt und den Notwehrfall als gegeben erachtet.

3. Notwehrüberschreitung § 33 StGB
Die Überschreitung der Notwehr ist nicht strafbar, wenn der Bürger aus Verwirrung, Furcht oder Schrecken über die Grenzen der Notwehr hinausgegangen ist. Ohne diese Voraussetzungen ist die Überschreitung strafbar.

4. Nothilfe § 330 StGB
Nothilfe ist die Abwehr eines gegen einen Anderen gerichteten Angriffes. Rechtlich gehört sie zur Notwehr, wenn die Notwehrkriterien erfüllt sind.
Wer bei Unglücksfällen, gemeiner Gefahr oder Not keine HILFE leistet, obwohl ihm das zugemutet werden kann, wird mit Freiheitsstrafe bis zu 1 Jahr oder Geldstrafe wegen unterlassener Hilfeleistung § 330 c StGB bestraft.

5. Notstand § 34 StGB
Notstand ist eine Situation der gegenwärtigen Gefahr für irgendein Rechtsgut, die sich nur durch die Verletzung eines anderen Rechtsgutes abwenden läßt.

6. Rechtfertigender Notstand § 34 StGB

Beim rechtfertigenden Notstand handelt nicht rechtswidrig, wer in einer gegenwärtigen, nicht anders abzuwendenden Gefahr für Leib, Leben, Freiheit, Ehre, Eigentum oder ein anderes Rechtsgut eine Tat begeht, um die Gefahr von sich oder einem anderen abzuwenden.

7. Entschuldigender Notstand § 35 StGB

Nach § 35 StGB handelt ohne Schuld, wer in einer gegenwärtigen nicht anders abwendbaren Gefahr für Leben, Leib oder Freiheit eine rechtswidrige Tat begeht, um die Gefahr von sich, einem Angehörigen oder einer nahestehenden Person abzuwenden.

8. Gestellte Straftäter § 27 Abs. 1 StPO

Wird ein Straftäter auf frischer Tat gestellt oder verfolgt, so kann er, um seine Personalien festzustellen und seine Flucht zu verhindern, von jedem Bürger vorläufig festgenommen und der Polizei übergeben werden!

9. Gerechtfertigter Schußwaffeneinsatz

Bei einem ernsthaften, rechtswidrigen Angriff auf das Leben und die Gesundheit eines Bürgers dürfte als letztes Mittel der Einsatz von Schußwaffen gerechtfertigt sein.

Das Recht muß nicht dem Unrecht weichen!

Niemand muß sich von einem Verbrecher verletzen oder gar töten lassen!

Kein Mensch, schon gar nicht ein Verbrecher, hat das Recht oder die Erlaubnis, andere Menschen zu bestehlen, zu berauben, zu verletzen, oder gar zu töten. Jeder Bürger kann sich mit allen Mitteln dagegen wehren!!!

6

Das Waffenrecht

Besitz
Wer eine scharfe Schußwaffe **erwerben**, das heißt die tatsächliche Gewalt über sie erlangen will, benötigt dazu eine *grüne Waffenbesitzkarte* nach § 28 WaffG.

Führen
Soll die Waffe außerhalb der eigenen Wohnung, der eigenen Geschäftsräume, oder des eigenen befriedeten Besitztums **geführt** werden, wird ein *Waffenschein* nach § 35 WaffG benötigt. Zum Erwerb der Waffe ist zusätzlich die Waffenbesitzkarte nötig.

Transport
Die Ausnahme-Vorschrift § 35 Abs. 4 WaffG von der Waffenscheinpflicht, erlaubt das Führen der Waffe zur berechtigten Jagdausübung, zum Schießen in einer Schießstätte sowie zum Transport von Waffen zwischen zwei dieser waffenscheinfreien Räumen, wie von der Wohnung zum Büchsenmacher. Dabei darf die Waffe nicht schußbereit und nicht zugriffsbereit sein.

Munition
Für den Erwerb von Munition ist zusätzlich zu den Erlaubnissen ein *Munitionserwerbschein* nach § 29 WaffG vorgeschrieben. Auf den Schießstätten darf Munition zum sofortigen Verbrauch ohne Erwerbsberechtigung erworben werden.

Bedingungen
Für alle genannten Genehmigungen muß der Antragsteller das 18. Lebensjahr vollendet haben, die erforderliche Zuverlässigkeit nach § 5 WaffG besitzen und die Sachkunde nach dem § 31 WaffG nachgewiesen haben.
Ein Waffenerwerb ist als aktives, langjähriges Mitglied von Sportschützenvereinen möglich.
Beim Deutschen Schützen Bund DSB wird vor allem mit kleinkalibrigen Revolvern, Selbstladepistolen und Gewehren geschossen.
Beim Bund Deutscher Sportschützen BDS wird mit großkalibrigen Revolvern und Selbstladepistolen geschossen.

Privater Schußwaffenbesitz
In den Jahren 1973 und 1976 wurden 3,2 Millionen Schußwaffen in der BRD registriert.

Im Jahre 1980 schätzte die Bundesregierung, daß 17 - 20 Millionen Schußwaffen vorhanden seien. Nach der Maueröffnung, den Kriegen in Jugoslawien, der vermehrten Zuwanderung und den offenen EU-Grenzen werden 30 - 40 Millionen Waffen in Deutschland geschätzt.
Gefährlich sind vor allem die billig verkauften Kalaschnikow-Sturmgewehre.
Nach Beendigung des 2. Weltkrieges konnte selbst die Androhung der Todesstrafe durch die Alliierten den illegalen Waffenbesitz nicht beenden. Deshalb wurde 1973 und 1976 eine Amnestie, (mit begrenzter Wirkung) eingeführt. Erschwerend kommt hinzu, daß für viele in Deutschland lebende Ausländer das Recht auf den Besitz einer Schußwaffe zum, speziell männlichen, kulturellem Erbe gehört.
Heutzutage befinden sich in Deutschland 10 Millionen registrierte, legale Feuerwaffen. Hinzu kommen **20 Millionen illegale,** nicht gemeldete Schußwaffen!
Schußwaffen-Verbrechen werden zu 90% mit **illegalen Schußwaffen** verübt.
Diese Feuerwaffen kommen vor allem aus den Kriegsgebieten im Balkan bzw. stammen sie von illegalen Einkäufen in der Tschechei oder Belgien.
Wenn Sie von einem Verbrecher mit einer Schußwaffe bedroht werden, ist diese zu 90% eine illegale, nicht registrierte Feuerwaffe, deren Herkunft unbekannt ist.

In den Vereinigten Staaten von Nordamerika wurde per Verfassung beschlossen:
Die Zulässigkeit einer wohlgeordneten Miliz, soweit sie für die Sicherheit eines freien Staates notwendig ist.
Das Recht der Bevölkerung, Waffen zu haben und zu tragen, darf nicht angetastet werden.

Wenn in der Landgemeinde des Schweizer Kantons Appenzell-Innerhode abgestimmt wird, geschieht dies durch das Heben einer Blankwaffe. Wer keine mitführt, ist nicht stimmberechtigt.
Die Waffe galt schon immer als Symbol für Freiheit und Macht. Das Waffenrecht wird zum Prüfstein für die Freiheit erklärt. Das ist eine historisch belegbare Tatsache.
Manche brave, sozial-angepaßte Bürger sind der Meinung:
„Wenn mich die Polizei – wie sie und ihre Gewerkschaft selbst sagt – aus Personal- und Geldmangel nicht mehr genügend schützen kann, dann mache ich nur von dem mir zustehenden Notwehrrecht Gebrauch, wenn ich mir selbst eine Waffe anschaffe."
Als Bürger und Steuerzahler ist er da im Nachteil, weil er viel zu verlieren hat, wenn er eine Straftat gegen das Waffenrecht begeht. Ein Verbrecher braucht hier keine Skrupel zu haben, ob er wegen illegalen Waffenbesitzes noch ein paar Jahre zusätzlich bekommt. Auf dem Schwarzmarkt bekommt er, wenn er genügend Geld hat, jede Waffe und jede Handgranate.
Wo Schußwaffen verboten sind, sind nur noch Verbrecher im Besitz von Schußwaffen. Man kann da froh sein über jeden gut bewaffneten Polizisten.

Polizeibeamte und die mit der Kriminalpraktik vertrauten Personen gehen davon aus, daß die überwiegende Mehrzahl **aller** Straftaten mit **illegalen Waffen** verübt werden.
Berufseinbrecher in den USA checken vor der Tat ab, ob das Opfer Schußwaffen besitzt und ob er als Offizier oder Sportschütze im Combatschießen ausgebildet ist. Sollte dies der Fall sein, suchen sie sich ein ungefährlicheres Opfer aus.

Die völlige Entwaffnung
Die Rechnung: „Weniger Schußwaffen = weniger Straftaten" geht nicht auf.
Nach dem Ende des 2. Weltkrieges verlangten die Siegermächte unter Androhung der Todesstrafe die völlige Entwaffnung der deutschen Bevölkerung. Wie viele vergrabene und versteckte Waffen heute noch existieren, ist nicht bekannt.
Selbst in totalitären Staaten hat das nicht funktioniert. So verlangten Lenin, Trotzki, Stalin die sofortige und völlige Entwaffnung der Bourgeoisie, der Polizei und der Offiziere. Dies sei unerläßlich für das Gelingen der Kommunistischen Revolution!

Eine Untersuchung der US-Justiz bei 1800 eingesperrten Schwerverbrechern ergab folgende Tatausführungen:

1. Unbewaffnete Täter (aus Angst ohne Waffe, oder Waffe weggeworfen)	17%
2. Improvisierer (nehmen jede Waffe zum Töten, dies sind die Mörder)	3%
3. Täter mit Messer (sie verwenden immer nur Messer, keine Pistole)	6%
4. Einmalige Schußwaffen-Verwendung	8%
5. Notorische Schußwaffen-Verwendung (setzen immer Schußwaffe ein)	15%
6. Faustfeuerwaffen-Plünderer (verwenden immer Revolver und Selbstlade-Pistole)	41%
7. Schrotflinten-Plünderer (verwenden immer abgesägte Schrotflinten)	10%

Die meisten Schwerverbrecher führten immer 2 Waffen bei sich!
Am häufigsten benutzen sie Selbstlade-Pistole und Messer!
Mafia-Killer führen die Lupara-Flinte, AK47 gegen Schutzwesten-Träger und Autopanzer.
Professionelle Killer führen einen fabrikneuen .38 spez. Revolver, der nach der Tat zerlegt wird.
Auftragsmörder führen Kleinkaliber-Pistolen mit Schalldämpfer. Sie schießen dem Opfer 3 mal in den Kopf
Gemordet wird mit der Faustfeuerwaffe auf kurze Entfernung! (0 - 6 m)
Eine Lebensgefahr geht weniger von Berufsverbrechern aus, als von den affektgetriebenen Amateuren.
Strenge Waffengesetze können den illegalen Waffenerwerb nicht verhindern. Sie können auch, wie England zeigt, das Verbrechen nicht verhindern!

7

Vorwarnungen beachten

Die persönliche Sicherheits- und Schwachstellen-Analyse

Jeder bedrohte Bürger sollte sich überlegen:

- *Warum kann ich als Verbrechens-Opfer ausgewählt werden?*
- *Wer kann mich auswählen, um mich zu bestehlen oder zu berauben?*
- *Wo könnten Verbrecher bei mir zuschlagen?*
- *Wie könnten Verbrecher bei mir zuschlagen?*
- *An welchen Orten bin ich besonders gefährdet?*

Überall könnten Verbrecher auf Sie warten, oder zufällig auf Sie treffen!

Es ist nicht zu ängstlich, wenn Sie Ihre Umgebung aufmerksam beobachten und alles Ungewöhnliche registrieren. Verbrecher und Terroristen beobachten das Opfer vorher tagelang, ehe sie zuschlagen. Gelegenheitsverbrecher, wie Drogenabhängige und Amateure schlagen zu, wenn sich eine gute Gelegenheit bietet; z.B. wenn Sie ein offenes Fenster sehen.

Gefährdete Orte sind:

Schlafzimmer • Wohnzimmer • Küche • Bad • Wohnung • Hausgang • Treppe • Im Haus • Garten • Garage • Vor der Haustür • Auf dem Weg zur Arbeit • Arbeitsplatz • Betriebspforte • Bei der Rückkehr nach Hause • An der Haustür • Im Auto • In der U-Bahn • Bei der Freizeit • Auf Dienstreise • Im Urlaub • Beim Sport • Beim Spazierengehen

Ein unauffälliges, vorsichtiges Verhalten verringert die Gefahr.

1. Haus und Wohnung muß mit guten Schlössern abgesichert sein.
2. Riegel sind, wenn sie umgelegt werden, ein sicherer Schutz. (Riegel über die volle Türbreite).
3. Fenster müssen aufbruchsicher verschlossen sein.
4. Alarmanlagen sollten zur Außensicherung **und** zur Innenraumsicherung dienen.
5. Vermeiden sollte man protzig zur Schau gestellten Reichtum. Goldketten, Rolexuhren, teure Autos usw. locken Räuber und Diebe an. Zeigen Sie nie eine volle Brieftasche beim Bezahlen im Gasthaus oder im Laden.

Laut Politiker-Geschwätz ist die Kriminalität der Preis für unsere Demokratie. Die hohe Ausländerkriminalität ist der Preis für unseren Wirtschaftswunder-Wohlstand.

Lernen Sie, sich zur Wehr zu setzen

- ➡ Erlernen Sie einfache Tritte, um sie zur Selbstverteidigung einzusetzen.
- ➡ Führen Sie erlaubte Stichinstrumente mit sich, z.B. Stahlkugelschreiber, Kamm, Taschenmesser.
- ➡ Führen Sie ein 200.000 V-Elektro-Schock-Stun-Gun.
- ➡ Führen Sie ein OC-Red Pepper-Spritzgerät. Es ist besser als CN oder CS Spray-Geräte.
- ➡ Führen Sie ein Abschußgerät für Leuchtmunition, da Menschen Feuer fürchten.
- ➡ Wer eine scharfe Schußwaffe führen darf, sollte griffbereit einen 2 Zoll-Revolver führen.
- ➡ Wer keine Schußwaffe auf der Straße führen darf, sollte sie gut versteckt und geladen, jederzeit zugriffsbereit zu Hause haben.
- ➡ Es sollten Nachbarschafts-Hilfsgruppen gebildet werden.
- ➡ Bürgerwehren schützten früher die Dörfer vor Räubern und Plünderern.

Das Recht braucht dem Unrecht nicht zu weichen.
Die Notwehr ist die Verteidigung, die erforderlich ist, um einen rechtswidrigen, gegenwärtigen Angriff von sich oder einer beliebigen anderen Person abzuwenden.

Kein Mensch hat das Recht oder die Genehmigung, seine Mitmenschen zu schlagen, zu verletzen und zu töten. Niemand hat das Recht, andere Menschen zu bestehlen oder zu berauben. Doch jeder Mensch hat das Recht, sich gegen solche Verbrecher mit allen erlaubten Mitteln zur Wehr zu setzen!

Vorwarnung, persönliche Bedrohung

Durch seinen sechsten Sinn für Gefahren wurde schon mancher Bürger gerettet.

Vorbeugung

Eine eigene Sicherheitsanalyse machen
Mechanische Sicherungen im Haus einbauen
Elektronische und mechanische Alarmanlagen im Haus einbauen
Versteckte Verteidigungswaffen lagern
Frau und Kinder in gefährliche Situationen einweihen

Verdacht

Fremde beobachten Ihr Haus
Sie selbst oder Ihre Frau werden beobachtet und verfolgt
Mysteriöse Telefonanrufe, (falsch verbunden oder es meldet sich niemand)
Fremde versuchen, als Zeitungswerber, Handwerker oder Beamte in Ihr Haus zu kommen. Lassen Sie nie Teppichhändler in Ihr Haus: sie spähen Einbrüche aus.

Fremde erkundigen sich beim Nachbarn über Ihre Lebensgewohnheiten
Sie werden ständig beschattet
Ihr Auto wird ständig verfolgt
Ihr Telefon wird abgehört

Bedrohung

Drohbriefe (mit Geldforderungen)
Drohanrufe, vor allem in der Nacht
Erpresserische Anrufe mit Geldforderungen
Ihr Haus oder Ihr Geschäftshaus wird beschmiert
Bombendrohungen per Brief
Bombendrohungen per Telefon
Entführungsdrohungen für Frau und Kinder
Kann die Polizei helfen durch Personenschutz?
Können Bodyguards den Schutz übernehmen?
Gibt es einen zuverlässigen Sicherheitsdienst?
Bekommen Sie wegen der Bedrohung einen Waffenschein?

Gefahr

Verdächtige Geräusche nachts im Haus
Licht von Taschenlampen im Haus, wenn Sie nach Hause kommen
Das Telefon geht nicht mehr, die Leitung ist abgeschnitten
Kein Licht im Haus, Sicherungen wurden herausgeschraubt, (Kurzschluß)
Autoreifen sind zerstochen
Schläger und Rocker oder Punks greifen Sie an
Wann soll man die Polizei verständigen?
Es wird versucht, Sie im Auto von der Straße abzudrängen
Verdächtige Täter folgen nachts, um Sie zusammenzuschlagen

Lebensgefahr

Einbrecher sind ins Haus eingestiegen
Einbrecher wollen ins Schlafzimmer eindringen
Einbrecher flüchtet, weil Alarmsirene losgeht und Rundumbeleuchtung brennt
Zwei Räuber versuchen mit Gewalt in das Haus einzudringen
Ein Räuber ist eingedrungen. Höchste Gefahr!
Überfall auf Sie als Autofahrer durch eine Autofalle
Raubüberfall auf der Straße
Kidnapping-Versuch. Die ersten 5 Minuten sind entscheidend
Soll man die Verbrecher verfolgen?
Hat Gegenwehr bei bewaffneten Verbrechern eine Chance?
Kann die Polizei schnell helfen?

8

Selbstschutz auf der Straße

Um auf den gefährdeten Straßen zu überleben, sollte man einen guten Survivalinstinkt besitzen.
Wenn man auf so einer Straße das Gefühl hat, in Gefahr zu sein, und die Nackenhaare sich sträuben, sollte man unbedingt auf dieses innere Gefühl hören und die Straße verlassen.

Jeder Mensch hat eine unsichtbare, sensible Zone von etwa 1,8 m – 2 m Durchmesser um sich herum, die ihn warnt, wenn Fremde auf der Straße oder in einem Raum in diese Zone eindringen wollen. Ruhig und still sollte man stehen bleiben und darauf warten, was kommt.
Die größte Lebensgefahr besteht, wenn der einsame Mensch auf einen Gewaltverbrecher trifft, der vermutet, ein leichtes Opfer vor sich zu haben.
Noch schlimmer ist es, wenn der einsame Mensch auf eine kleine Gruppe von Gewalttätern trifft.
Soll der Mensch sich zusammenschlagen und ausplündern lassen?
Polizisten sind im Streifenwagen und weit weg vom Tatort. Passanten mischen sich kaum ein, sie suchen das Weite.

Menschen wurden schon wegen ein paar Mark von Messerstechern aufgeschlitzt. Sie starben oder wurden zu Krüppeln. Messer mit genügend langen Klingen sind überall zu kaufen. Messer sind lautlos und können leicht versteckt geführt werden. Bei einer Verhaftung hat die Justiz Mühe, Messer als tödliche Waffen anzusehen. So wie unsere Justiz anscheinend mehr Mitleid mit den „fehlgeleiteten Tätern" als mit deren Opfern hat. Die Urteile versteht heute sowieso niemand mehr.

Das Einzige, was so einem Überfallenen helfen würde, wäre eine scharfe Schußwaffe, an der er ausgebildet wurde. Wer darf heute als Zivilist eine Schußwaffe führen? Das sind nur wenige Menschen. Sicherlich keine Frauen und Mädchen die heutzutage vergewaltigt und ermordet werden.
Eine Schußwaffe – am besten, der immer funktionierende, großkalibrige Revolver – würde der Überfallenen helfen, wenn sie den ersten Angreifer in den Bauch schießen würde. Doch wer brächte so etwas fertig? Auf einen Menschen schießen? Was würde unsere Sensations-Presse daraus machen? Was würde unser Schmuddel-Fernsehen berichten?
Man sieht, der Mensch in unserer schutzlosen Gesellschaft ist den Verbrechern hilflos ausgeliefert!

Vorsichtiges Verhalten auf der Straße

- Brutale Gewalt kann plötzlich und überall geschehen.
- Vermeiden Sie hochkriminelle Gegenden.
- Gehen Sie womöglich auf der Mitte der Straße.
- Vermeiden Sie dunkle Hauseingänge.
- Gehen Sie um die Ecken mit etwa 1,5 m Abstand herum.
- Benutzen Sie Schaufenster und Spiegel, um zu sehen, ob Sie verfolgt werden.
- Schauen Sie nach, ob in der Straße ein Hinterhalt möglich ist.
- Wenn Sie das Gefühl bekommen, daß etwas nicht normal ist, drehen Sie um, gehen Sie weg.
- Wenn eine dunkle Gegend kommt, stehen bleiben und die Augen an die Dunkelheit gewöhnen.
- Nehmen Sie keine Abkürzungen durch den Park, einen Tunnel, durch verlassene Gebäude.
- Vermeiden Sie schlecht beleuchtete Treppen und Hinterhöfe sowie dunkle Bushaltestellen.
- Vermeiden Sie öffentliche schlecht beleuchtete WC's.
- Machen Sie nicht den Eindruck eines ängstlichen Opferlamms.
- Zeigen Sie nie, daß Sie viel Geld bei sich haben, oder Goldschmuck tragen.
- Beobachten Sie immer ihre Umgebung, stets bereit, zu kämpfen oder zu fliehen.
- Schlafen Sie nicht ein an Haltestellen und in Straßenbahnen.
- Wenn Sie aussteigen, beobachten Sie, wer mit aussteigt und wer auf den Bus wartet.
- Verändern Sie ständig ihre Wege, damit Sie niemand abpassen kann.
- Wenn Sie meinen, verfolgt zu werden, überqueren Sie schnell im 90 Grad Winkel die Straße.
- Streiten Sie sich nicht mit einem Unbekannten.
- Werden Sie mit Schußwaffe oder Messer bedroht, gehen Sie nie auf den Täter zu.

Straßenüberfälle in der Nacht

- Wenn Sie nachts auf einen Bus oder ein Taxi warten müssen, stellen sie sich unter eine Lampe, aber nicht zu nahe an der Straße. Tragen Sie keinen auffälligen Goldschmuck.
- Wenn Sie nachts in einer dunklen Straße gehen müssen, so gehen Sie in der Straßenmitte.
- Behalten Sie immer eine Hand in der rechten Tasche. (Dort könnten Sie eine Waffe oder ein Messer haben. Ein Täter weiß dann nicht ob Sie bewaffnet sind!)
- Gehorchen Sie Ihrem Instinkt, der Sie warnen will.
- Lassen Sie sich nicht von einer fremden Person welche Feuer für seine Zigarette will, nach der Uhrzeit fragt oder um eine DM bittet, auf der Straße anhalten.
- Wechseln Sie nie nachts einem Fremden Geld. Ihr Geldbeutel würde in seine Reichweite kommen.
- Vermeiden Sie Augenkontakt mit Fremden, aber merken Sie sich ihr Gesicht.
- Meiden Sie dunkle Parkplätze und menschenleere Straßen.
- Gehen Sie nachts nie zu nahe an Nischen, Ausfahrten und Eingängen entlang.
- Wenn Sie nachts allein im Auto fahren, drehen Sie alle Fenster hoch und verriegeln Sie alle Türen.
- Lassen Sie sich nachts nie im Auto von Unbekannten stoppen.
- Nachts sind Sie beim Aus- und Einsteigen in Ihren Wagen besonders gefährdet.
- Überprüfen Sie, ob Ihnen niemand hinter anderen Autos auflauert.
- Überprüfen Sie vor allem, ob sich nicht bereits ein Täter auf dem Auto-Rücksitz befindet.
- Nehmen Sie niemals fremde Personen mit.
- Halten Sie bei roten Ampeln nur mit verriegelten Autotüren.

Raubüberfälle auf der Straße durch jugendliche Täter

Immer mehr Jugendliche ohne sozialen Halt, ohne Zukunft, wie Drogenabhängige und jugendliche Ausländer-Banden stellen für viele Bürger eine Gefahr da. Die Täter überfallen Alte, Alleinstehende und schwache Personen, um von ihnen ohne Risiko Geld zu erbeuten. Junkys brauchen jeden Tag 200 - 400 DM für ihre Drogen.
Autoradios sind codiert, Villen sind durch Alarmanlagen gesichert, Banken haben Überwachungs- Kameras, Kaufhäuser haben Haus-Detektive.
Kurzum, diese Verbrechen sind riskanter geworden. Deshalb haben sich die Raubüberfälle vermehrt. Jugendliche unter 14 Jahren haben keine Strafe zu befürchten. Jugendliche bis 22 Jahren kommen meist mit einer Ermahnung davon. Der Dumme in einem Staat, in dem Verbrecher gezüchtet werden, ist der arme, alte, wehrlose Bürger.
Die Raubüberfälle geschehen bei Tag, vor allem aber bei Nacht auf öffentlichen Straßen, Wegen und Plätzen. Die Polizeistellen sind unterbesetzt und unterbezahlt. Häufig kann die Polizei den Bürger gar nicht mehr schützen.
Bevorzugte Opfer sind Rentnerinnen und Rentner, die man an ihrer Wohnungstüre überfällt.
In leeren Bahnabteils werden oft alten Frauen ihre Handtasche entrissen. In den Parks werden Frauen überfallen. Taxifahrer werden überfallen und beraubt. Wenn sie überleben, haben sie noch Glück gehabt.
Raubüberfälle werden mit äußerster Brutalität durchgeführt, die Opfer werden niedergemacht, zum Krüppel geschlagen und manchmal sogar getötet!
Wer eine scharfe Schußwaffe führt, muß schnell, bevor er niedergemacht wird, auf die Räuber schießen. In Notwehr muß er sie vielleicht sogar erschießen. Zum Glück für die Verbrecher führen nur wenige Bürger eine Schußwaffe. Frauen würden sich sowieso weigern, zu schießen.
Die heutigen Schreckschuß-Waffen sehen echten Waffen sehr ähnlich, haben aber kaum Wirkung. Vorsicht, wenn so eine Gas- oder Platzpatronen-Waffe auf der Schläfe eines Angreifers aufgesetzt, abgefeuert wird, kann es zum Gehirntod des Beschossenen führen. Wer dem Angreifer eine Leuchtkugel aus 1 m Entfernung in die Brust schießt, beschäftigt ihn mit löschen.
Die neuen OC Red-Pepper-Geräte schießen einen Strahl von bis zu 4 m Entfernung dem Angreifer ins Gesicht. Die Schockwirkung ist hervorragend, (siehe Pfefferspray-Geräte).
Wenn mehrere Jugendliche angreifen, sollte zuerst der Anführer und Wortführer unschädlich gemacht werden. Die Mitläufer fliehen dann oft.

9

Selbstschutz in der Wohnung

Your home is your castle!

Das Schlimmste, was Ihnen geschehen kann, ist, wenn Einbrecher oder Räuber in ihre Wohnung eindringen und Sie dort schlafend und wehrlos überraschen!

Daß dies nicht geschehen kann, können Sie durch Alarmanlagen, die Sie vorwarnen und durch die hier gezeigten, einfachen Sicherheitsmaßnahmen verhindern.

- Halten Sie immer alle Türen und Fenster mit Schlössern abgeschlossen.
- Betreten Sie nie Ihre Wohnung, wenn es den Anschein hat, daß jemand Fremdes drinnen ist! Gehen Sie zum Nachbarn, und telefonieren Sie mit der Polizei.
- Verschließen Sie während der Nachtruhe Ihre Schlafzimmertür.
- Am Abend und in der Nacht lassen sie innen und außen verschiedene Lichter brennen.
- Öffnen Sie ihre Tür keinem Fremden. Polizisten und Handwerker müssen Ausweise zeigen.
- Lassen Sie nie das Garagentor offen.
- Lassen Sie nie Fremde in ihre Wohnung. Auch wenn sie ein Päckchen für den Nachbarn haben und nur ein Glas Wasser haben wollen. Das sind alte Zigeunertricks.
- Behalten Sie nie große Summen Geldes in ihrer Wohnung.
- Um Einbrecher zu täuschen, verändern Sie die Vorhänge und Rolläden öfter am Abend.
- Melden Sie Voyeure und Herumtreiber um ihr Haus der Polizei oder dem Nachbarschaftsschutz.
- Halten Sie gute Freundschaft zu Ihren Nachbarn. Sie sind besser als jede Alarmanlage!
- Schneiden Sie das Gebüsch um ihr Haus so, daß man sich dahinter nicht verstecken kann.
- Verwenden Sie nur Initialen auf Ihrem Briefkasten.
- Montieren Sie feste, stabile Eingangstüren.
- Montieren Sie innen an alle Türen starke Riegel.
- Vermeiden Sie Springriegel-Türschlösser, da diese zu leicht zu öffnen sind.

- ◆ Installieren Sie in die Eingangstür einen Spion, damit Sie sehen wer vor der Tür steht.
- ◆ Wenn der Schlüssel verlorengeht, müssen neue Schlösser montiert werden.
- ◆ Legen Sie den Eingangstüren-Schlüssel nie unter die Fußmatte oder in ein anderes Versteck!
- ◆ Verlassen Sie sich nie auf Ihren Wachhund! Er kann vergiftet werden!
- ◆ Verlassen Sie sich nie auf Ihre elektronische Alarmanlage, sie kann überwunden werden. Alarmanlagen dienen nur zur Vorwarnung, sie können keinen Verbrecher aufhalten!
- ◆ Vorsicht in Treppenhäusern und in Aufzügen.
- ◆ Lassen Sie niemals Leitern offen herumliegen. Sie müssen weggeschlossen werden.
- ◆ Markieren Sie Ihre Schlüssel niemals mit Ihren Namen.
- ◆ Installieren Sie IR-gesteuerte Flutlichter in Ihren Garten.
- ◆ Testen Sie routinemäßig alle Türen- und Fenster-Schlösser um das Haus herum.
- ◆ Hängen Sie keine Botschaft an ihre Eingangstür. Jeder weiß dann: es ist niemand da!
- ◆ Die Wohnungs- oder Hausnummer muß für die Polizei gut sichtbar angebracht werden.
- ◆ Halten Sie in Ihrem Nachttisch immer eine Taschenlampe bereit.
- ◆ Wenn es möglich ist, haben Sie unter dem Bett, einen geladenen Revolver (im Holster).
- ◆ Wenn Sie überfallen werden, schreien Sie nicht HILFE (da kommt keiner) sondern FEUER!
- ◆ Wenn Sie auf einen Einbrecher stoßen, versuchen Sie nicht, ihn zu verhaften! So etwas ist – wenn Sie unbewaffnet sind – immer gefährlich. Versuchen Sie zu fliehen, um die Polizei zu holen.
- ◆ Wenn Sie mit Revolvern und Pistolen schießen gelernt haben, oder noch besser eine Doppel-Schrotflinte besitzen, können Sie versuchen, den Täter der Polizei zu übergeben.
- ◆ Sie müssen jedoch bereit sein, ohne zu zögen zu schießen, wenn der Täter die geringste falsche Bewegung macht. Vermeiden Sie jedes überflüssiges Wort!
- ◆ Vor bewaffneten Bürgern haben amerikanische Gangster mehr Angst als vor der Polizei!
- ◆ Wenn Sie schießen müssen, telefonieren Sie sofort Ihren Anwalt herbei.
  Machen Sie keine Aussagen. Was geschehen ist, soll Ihr Anwalt erklären.
  Sie haben einen schweren Schock...

10

Selbstschutz im Haus

Hausverteidigung mit Schußwaffen

◆ Wenn Sie bemerken, daß ein bewaffneter Verbrecher in Ihr Haus eingedrungen ist, telefonieren Sie sofort mit der Polizei. Sagen Sie: „Notruf! Ein bewaffneter Verbrecher dringt in das Haus der Familie Schmidt, Hausnummer 7, in der Gartenstraße ein! Telefon-Nr. 0711- 676554".

◆ Versuchen Sie, den Verbrecher zu beobachten, ohne daß er Sie sehen kann. Bleiben Sie verborgen, machen Sie keine Geräusche und kein Licht! Schauen Sie, wer eingedrungen ist.

◆ Gehen Sie erst einmal in volle Deckung. Treten Sie einem bewaffneten Verbrecher **nie offen** entgegen, er könnte Sie sofort erschießen, erstechen oder niederschlagen.

◆ Wenn Sie sich im Haus bewegen müssen, tun Sie es nie mit der Waffe in der Hand. Denn wenn der Täter Sie zuerst sieht, wird er sofort auf Sie schießen.

◆ Wenn der Eindringling Ihnen bereits mit einer schußbereiten Waffe in der Hand entgegen tritt – weil er Sie zuerst gesehen hat, bevor Sie ihn sehen konnten – warten Sie ruhig eine bessere Chance ab. Bedenken Sie, daß Sie Ihren Angehörigen als Toter nicht mehr helfen können.

◆ Spielen Sie niemals den Helden. Wenn Sie jedoch sehen, daß Sie sowieso getötet werden sollen, kämpfen Sie mit allen Mitteln wie Baseball-Schläger, Spaten, Messer, Schußwaffe.

◆ Vor allem schießen Sie mit scharfen oder Schreckschuß-Waffen und schreien Sie laut STOPP.

◆ Es besteht dann die Chance, daß der Verbrecher aus Angst daneben schießt. Keiner bleibt ruhig, wenn auf ihn geschossen wird!

◆ Bleiben Sie nachts immer im Dunkeln und meiden Sie die von außen erhellten Stellen.

◆ Passen Sie auf, daß Sie keine Silhouette werfen.

◆ Versuchen Sie den Verbrecher durch seine Geräusche und seine Silhouette zu orten.

◆ Schießen Sie nicht sofort auf ein Geräusch! Es könnte eine Falle sein.

◆ Sie können selbst versuchen, den Verbrecher zum Beispiel durch in eine Ecke geworfene Gegenstände zum Schießen zu verleiten.

◆ Schießen Sie in der Nacht nur aus einer Deckung heraus. Bedenken Sie, daß Sie durch das das Mündungsfeuer Ihrer Waffe erhellt und verraten werden.

◆ Schießen Sie auf das Mündungsfeuer aus der Waffe des Täters.

◆ Legen Sie sich in eine dunkle Ecke hinter irgendwelche Gegenstände. Unsichtbar.

◆ Im Haus wird es kaum größere Entfernungen als 10 m geben.

◆ Am besten wird bei schlechter Beleuchtung mit dem Zweihand-Cirillo-Deutschuß getroffen.

◆ Bedenken Sie, daß sich nicht alle Verbrecher ergeben werden, selbst wenn sie in den Lauf Ihrer Waffe sehen müssen! Es können Drogensüchtige oder betrunkene Täter sein oder selbstmörderisch Veranlagte, die trotzdem angreifen. Sie werden nur noch schießen können, bis der Täter fällt, wenn Sie und Ihre Angehörigen überleben wollen.

◆ Der Fall ist rechtlich klar: Ein bewaffneter Verbrecher wird in Ihrem Haus in Notwehr erschossen. Rufen Sie sofort Ihren Anwalt! Rufen Sie die Polizei zu Hilfe.

◆ Verändern Sie nichts am Tatort!

◆ Schießen Sie nicht auf einen bereits fliehenden Verbrecher, denn das ist nur schwer als Notwehr zu erklären.

◆ Wenn Sie den Verbrecher im Laufe des Feuergefechtes in den Rücken schießen müssen, werden die Ballistiker vom KDU die Notwendigkeit feststellen.

◆ Wenn Sie eine Schußwaffe besitzen, verbergen Sie die geladene Waffe immer griffbereit unter Ihrem Bett. (Wenn keine kleinen Kinder da sind).

◆ Wenn Verbrecher ins Haus eindringen: legen Sie Ihre Waffe nie ab, (auch nicht zum Telefonieren) sondern führen Sie die Waffe immer griffbereit am Körper!

Räuber im Haus

Hier sind die Einwohner in höchster Gefahr, denn der Räuber, vor allem, wenn er vermummt ist, will sich die Beute auch mit Gewalt nehmen.
Eine bewaffnete Verteidigung ist deshalb reine NOTWEHR.
Auch in Deutschland haben die Raubüberfälle durch rumänische und albanische Banden zugenommen. Oft dringen die Räuber in die Häuser ein und warten, bis die Bewohner nach Hause kommen.
In der Wartezeit sucht der Räuber alles zusammen, was er mitnehmen will.

Wer beim Nachhausekommen bemerkt, daß sich jemand gewaltsam Zutritt verschafft hat, sollte deshalb schnell weglaufen und die Polizei holen. Eindringen kann ein solcher Räuber immer, er braucht nur einen 15 kg-Hammer um die Türe damit aufzuschlagen. Es gibt kein normales Schloß, das einem solchen Schlag widersteht. Mit dem Hammer kann man Riegel und Beschläge aufschlagen!
Andere Räuber klingeln einfach an der Haustür und überfallen den Bewohner wenn er die Tür öffnet. Ein Tür-Spion mit 180 Grad Sicht kann einen Überfall erschweren.
Vorteilhaft ist ein Fernauge mit Monitor, mit dem man den Vorplatz beobachten kann.
Es gibt viele Methoden, mit denen Räuber in das Haus kommen. Sie geben sich aus als: Gasableser, Stromableser, Handwerker, Lieferant, Telefonmechaniker und Postbeamter.
Ein Zigeuner-Trick ist, um ein Glas Wasser zu bitten. Selbst als Polizisten haben sich schon Räuber Zutritt verschafft. Man sollte deshalb immer bei der betreffenden Firma oder bei der Dienststelle anrufen, bevor man einen Fremden in das Haus läßt. Wird eine Ware geliefert, lassen Sie die Ware hinstellen und warten Sie, bis der Lieferant gegangen ist. Oft werden von den Räubern Frauen zum Öffnen der Türen eingesetzt. Räuber sind brutale und gewissenlose Verbrecher, die sich ihre Beute mit Gewalt holen.
Von großen Hunden werden viele Räuber eingeschüchtert, weil sie Angst davor haben, gebissen zu werden. Auch das laute Bellen der Hunde wirkt abschrekkend.

Der Raubüberfall

Die Standard-Prozedur ist es, daß der Räuber so lautlos wie möglich in das Haus eindringt. Bewohner, die er antrifft, bedroht er mit einem Messer oder einer Schußwaffe.
Dann fesselt er seine Opfer mit Stricken, Klebeband oder Handschellen und knebelt sie mit Klebeband. Er bringt alle Bewohner in einen Raum, auch die, die später noch eintreffen.
Wenn der oder die Räuber finden, was sie suchen, nämlich Geld und Schmuck, werden sie den Bewohnern wenig antun. Finden Sie jedoch nichts oder zu wenig, werden sie mit dem Foltern beginnen, um zu erfahren, wo das Geld versteckt ist! Sie wollen die Nummer des Safes.
Wenn Sie dem Räuber zeigen, daß alles versichert ist und Ihnen von der Versicherung ersetzt wird, wird er Ihnen glauben, daß Sie ihm alles verraten haben.
Wichtig ist, daß Sie neben der Haustür einen Panik-Knopf für die Alarmsirene haben. Das laute Heulen der Sirene wird die Nachbarn und dadurch auch die Polizei alarmieren.
Wenn Sie eine Schußwaffe besitzen, sollten Sie die in der Nacht griffbereit haben.

Nachbarschafts-Hilfe in den USA.

Bedrohen Sie einen Räuber nie mit einer Schreckschuß-Pistole, da sie wirkungslos ist! Manchmal ist auch leicht zu erkennen daß es keine echte Waffe ist. Wenn Sie eine scharfe Schußwaffe haben, müssen Sie ohne Zögern mehrmals auf die Brust gedeutet schießen, sonst wird sie Ihnen weggenommen.

Auge in Auge mit einem Räuber

Wenn Sie Auge in Auge mit einem Räuber stehen, sind Sie in Lebensgefahr. Machen Sie kein Geschrei, das könnte ihn zwingen, Sie mundtot zu machen. Verhalten Sie sich passiv und ruhig. Versuchen Sie nicht, mit ihm sarkastisch oder humorvoll zu diskutieren. Wenn ein Räuber Ihr Geld will, erschießt er Sie beim geringsten Widerstand!
Deshalb sollten Sie, solange er seine Waffe auf Sie richtet, ihm alles Geld und alle Wertsachen geben. Nicht zu schnell, damit Sie ihn nicht erschrecken, auch nicht zu langsam, sonst denkt er, Sie wollen flüchten. Räuber sind genauso aufgeregt wie ihre Opfer. Er will seine Beute machen und so schnell wie möglich abhauen. Je mehr Sie aber Probleme machen, desto geringer wird Ihre Überlebenschance sein. Außerdem gibt es welche, die Ihre Opfer sowieso umbringen um keinen Zeugen zu haben und ungestört flüchten zu können.
Wenn Sie einen 2 Zoll-Revolver führen, lenken Sie den Täter ab und schießen Sie ihn nieder – das ist Ihre letzte Chance!

Getroffen – Verwundet
Wenn Sie von Geschossen oder Stichen verwundet werden, fallen Sie sofort zu Boden. Bleiben Sie, ohne sich zu bewegen, liegen und atmen Sie nicht mehr. Dies kann Ihr Leben retten, weil der Räuber annimmt, daß Sie bewußtlos oder tot sind. Der Raub wird für ihn problemloser, er kann schneller verschwinden.
Wenn Sie jedoch laut um Hilfe schreien, wird er Sie bewußtlos schlagen, erstechen oder erschießen. Von unserer Justiz braucht ein solcher Totschläger kaum etwas zu befürchten, ein Rechtsverdreher kann es als Betriebsunfall hinstellen, es gibt keinen Belastungszeugen, die Gefängnisstrafe ist nicht hoch, nach einem Drittel der Zeit wird sie vielleicht erlassen, vorher gibt es viele Freigänge. Daß das oft zum Töten verwendete Messer eine viel furchtbarere Waffe ist als eine Pistole, hat man bei der Justiz noch nicht bemerkt. Ein Messer bringt weniger Strafe.

Entführung
Ein Grund warum mancher Räuber sein Opfer als Geisel nimmt, ist, daß er durch die Geiselnahme seine Flucht erzwingen will, wenn das Haus bereits von der Polizei umstellt ist.
Ein anderer Grund ist, daß er sein Opfer an einem anderen Ort vergewaltigen oder töten will.

Gehen Sie nie mit! Fallen Sie in „Ohnmacht" oder täuschen Sie einen „Herzanfall" vor. Lassen Sie sich einfach zu Boden fallen und bleiben Sie dort liegen, egal was passiert. Für einen Räuber ist es schwer, eine Waffe in der Hand zu halten und Sie mit der anderen Hand heraus zu tragen.
Er wird Sie wahrscheinlich liegen lassen und flüchten! Wenn er seine Waffe wegsteckt, haben Sie die Chance, zu kämpfen oder zu flüchten. Sie haben nichts zu verlieren, wenn Sie liegen bleiben, können aber Ihr Leben verlieren, wenn Sie brav mitgehen.
Wenn Sie der Räuber als Schutzschild verwendet und von dem Polizisten verlangt, er solle seine Waffe fallen lassen, wird das nur ein Idiot tun. Denn wenn der Polizist seine Waffe fallen läßt, kann der Räuber seelenruhig den Polizisten und die Geisel erschießen. Als Geisel müssen Sie sich fallen lassen, (der Geiselnehmer kann Sie nicht mit einer Hand hochhalten) damit der Polizist den Räuber erschießen kann.

Verfolgen Sie nie unbewaffnet einen Räuber. Wenn Sie eine Schußwaffe haben, können Sie, wenn er sich umdreht, schießen. Eine Kugel ist immer schneller als der schnellste Läufer.
Vorsicht! Er kann Ihnen hinter der nächsten Ecke auflauern und Sie erschießen!
Merken Sie sich seine Autonummer (von dem gestohlenen Auto). Prägen Sie sich sein Gesicht ein, (wenn es nicht maskiert war), merken Sie sich seine Kleidung (die er sofort wechseln wird).

Messerstecher im Haus bedeutet Lebensgefahr.

Selbstverteidigung mit bloßen Händen

Wenn ein Räuber Sie auf der Straße angreift, wird er kaum erwarten, daß Sie ihn gnadenlos attackieren! Jedes Mittel und jeder Trick ist erlaubt, denn Sie wollen überleben.

Wenn Sie unbewaffnet sind, schlagen Sie ihn mit dem härtesten Faustschlag so die Nase ein, daß sie bricht und Teile nach innen in den Kopf dringen. Oder stechen Sie dem Verbrecher mit aller Kraft einen Zeigefinger in ein Auge. Ziehen Sie den Täter an seinen Haaren den Kopf zurück und schlagen Sie ihm mit aller Kraft mit der Handkante auf seinen Adamsapfel, so daß er bricht. Reißen Sie mit seinen Haaren den Kopf nach vorn und schlagen Sie ihn mit der Faust in das Genick, wo der Übergang vom Gehirn zum Körper ist. Stoßen Sie ihm mit aller Kraft mit dem Knie in die Hoden.

Gegenwehr mit einem Messer

Halten Sie das stichbereite Messer so nach hinten, daß es versteckt ist. Das Messer wird von unten nach oben in Brustmitte unter den Rippenbogen nach oben gestoßen.

Stoßwunden sind immer wirkungsvoller als Schnittwunden. Derjenige, der zuerst verletzt wird, ist immer im Nachteil. Er bekommt einen Schock oder hat Angst und

Panik, weil er sein eigenes Blut fühlt und Schmerzen spürt, wobei er nicht weiß, wie schwer seine Verletzung ist. Wenn ein starker Blutverlust eintritt, kann dies in 30 Sekunden zur Bewußtlosigkeit führen.
Wenn eine der beiden Hals-Arterien durchschnitten wird, tritt ein so starker Blutverlust ein, daß er nach 5 - 12 Sekunden zur Bewußtlosigkeit führt. Der Messerkampf ist sehr blutig, vermeiden Sie ihn.
Diese Verletzungen des Verbrechers können aber Ihre Flucht möglich machen.

Häuserkampf
In einem Krieg oder bei kriminellen Unruhen ist der Häuserkampf die Kampfweise, welche einer Armee oder kriminellen Banden die größten Verluste bringt. Die wichtigsten Taktiken, egal ob gegen Soldaten oder Kriminelle gekämpft wird, sind:

▮ 1. Geduld
Das heißt, warten auf den Gegner, ohne den eigenen Standort zu verraten.
Das heißt stundenlang bewegungslos in Deckung zu liegen, ohne zu rauchen und zu essen.

▮ 2. Planung
Die geringste Bewegung muß bedacht und geplant werden. Jedes Durchqueren eines Raumes oder einer Straße kann durch gegnerische Scharfschützen tödlich werden.

▮ 3. Lautlosigkeit
Jede Bewegung, jedes Vorgehen kann ein Geräusch erzeugen, das vom Gegner gehört wird.
Jede Bewegung kann gesehen werden.
Im stillen Haus und im ruhigen Wald können Bewegungen gesehen und gehört werden. Ganz langsame Bewegungen können unentdeckt bleiben, Geräusche aber werden bemerkt.
Wenn beobachtet werden muß, darf der Standpunkt nur einmal benützt werden. Beim zweiten Male ist er vielleicht schon im Zielstachel des Scharfschützen.
Ein Vorgehen darf nur von einer beschußsicheren Deckung zur anderen erfolgen. Immer muß der Kopf eingezogen werden, denn er ist am meisten gefährdet.

▮ Das Legen von Hinterhalten ist die Haupttaktik des Häuser-Kampfes.
Im Gebäude muß man Abstand von den Wänden halten, um Verletzungen durch Querschläger zu vermeiden. Querschläger können auch von Fußböden abprallen, eben durch alle Wände eines Raumes.
Wenn Sie plötzlich einen Gegner sehen, der Sie gleichfalls sieht, müssen Sie sofort schießen um ihn in Deckung zu zwingen, damit sie selbst in Deckung gehen können.

Hausverteidigung

1. Höhe dominiert!
2. Aus der Höhe kann man besser beobachten.
3. Höhe gibt der Waffe die größte Reichweite.
4. Aus der Höhe kann man gut auf niedrigere Gebäude schießen.
5. Von oben kann man CS-Granaten und Handgranaten werfen.
6. Gegnerische Geschütze können kaum erfolgreich eingesetzt werden.
7. Die Entfernung wird größer, in der man auf dem Dach gesehen wird.
8. Der Gegner wird darauf achten, ob Fenster geöffnet sind, niemand schießt gern durch Fenster.
9. Der Angreifer wird sehen, ob Dachziegel entfernt sind.

Waffen für den Häuserkampf sind:

Zielfernrohr-Gewehre
Pumpgun-Flinten
15 - 19schüssige Selbstladepistolen
CS-Granaten
Knall-Wurf-Körper
Kleine Spiegel an Stecken, um um die Ecke zu sehen.

11

Selbstschutz im Auto

Wenn man sich im Auto richtig verhält, wird die Karosserie zum Schutz gegen Angriffe. Auch die Glasscheiben bieten einen gewissen Widerstand. Vor Allem kann man in seinem Auto davonfahren, wenn es brenzlig wird. Um Auto-Räuber (Carjacking) abzuwehren, sollte man einiges tun:

● Verschließen Sie, wenn sie eingestiegen sind, sofort alle Autotüren! Man kann sie dann nicht mehr so leicht zum Aussteigen zwingen.

● Schließen Sie sofort alle Autofenster. Ein Räuber kann nicht durch die Fenster langen und die Tür öffnen.

● Gurten Sie sich sofort an. Ein Täter weiß, wie schwer es ist, eine angegurtete Person aus dem Auto zu werfen. Daß Sie angegurtet sind, ist schon von weitem zu sehen.

● Ihr Gasfuß kann Ihre Rettung sein, wenn sie plötzlich fliehen müssen, weil Ihnen ein Autoräuber Ihr Auto wegnehmen will.

● Der Räuber wird versuchen, weil er ungehindert wegfahren will, das erste, stehende Auto an der Verkehrsampel zu rauben.

● Wenn Sie das erkennen, müssen sie schnell reagieren und wegfahren. Normale Bürger sind in solchen Situationen wie erstarrt! Sie sind deshalb eine leichte Beute.

● Wenn sich Ihnen ein Autoräuber mit gezogener Pistole in den Weg stellt, ist es Ihr Entschluß, ob sie auf ihn losfahren. Sie müssen den Vorfall sofort der Polizei melden.

● Beim Anfahren eines Parkplatzes ist es gut, wenn man die herumstehenden Personen beobachtet und erst danach aussteigt. Hat man einmal erst die Autotür geöffnet, ist es zu spät. Jetzt kann jemand herankommen und das Auto in Besitz nehmen.

● Der gefährlichste Autoräuber kommt plötzlich von hinten an Ihre Fahrertür und hält Ihnen überraschend eine Pistole ins Gesicht. Dann zwingt er Sie, Ihr Auto zu verlassen. Er verlangt von Ihnen Ihre Autoschlüssel. Wenn er sie hat, fährt er mit Ihrem Auto weg. Will er Sie jedoch zwingen, mitzufahren, dann will er Sie vielleicht kidnappen oder vergewaltigen. Fahren Sie nie mit!

- Werfen Sie Ihre Autoschlüssel weit nach vorn ins Gebüsch. Der Räuber wird sich kaum die Zeit nehmen, die Autoschlüssel zu suchen.

- Überfälle auf Autofahrer kommen am häufigsten in der Nacht auf unbeleuchteten Parkplätzen vor, wenn keine Menschen da sind.

Fast 40% der Autodiebstähle sind Gelegenheitsdiebstähle.
Sehr oft werden die Autoschlüssel bei kurzen Einkäufen stecken gelassen.
Oft wird der Wagen mit laufendem Motor abgestellt, um Zigaretten zu kaufen.
Die Autodiebe müssen nur einsteigen und wegfahren.
Viele Autofahrer verstecken ihre Autoschlüssel in der Stoßstange oder in den Radkappen. Die Diebe kennen solche Verstecke auch.

Autofenster-Zertrümmerer
Sie schlagen ein Seitenfenster ein, um die Autotür durch das Fenster zu öffnen.
Sie wollen die im Auto frei herumliegenden Wertsachen stehlen. Wie z.B. die Kamera, die Handtasche oder Pelze. Im Handschuhfach finden sie dann die Wagenpapiere, die Scheckkarte und Devisen.
Niemals sollte man Wertgegenstände frei im Auto herumliegen lassen. Sie gehören in den Kofferraum, wo niemand sie sehen kann.

Elektronische Wegfahrsperren
Sie haben den Autodiebstahl stark verringert, allerdings haben sie zum häufigerem Autoraub geführt.

Hat es einen Sinn, sich mit einer Waffe zu verteidigen? Es sollte eine Selbstladepistole im Kaliber 9 mm Para sein, deren Geschosse die Autotüren glatt durchschlagen. Ein Räuber, der vor der Fahrertür steht, erlebt eine Überraschung, wenn er durch die Tür beschossen wird. Beim Schießen durch die Autofenster kann es Splitter geben.

12

Selbstverteidigung mit Schußwaffen

Jedermann kann Opfer eines verbrecherischen Angriffs werden. Egal, wo er lebt, in der Stadt oder auf dem Land, im Bungalow oder im Hochhaus. Faustfeuerwaffen bieten gegenüber Verbrechern einen gewissen Schutz – wenn man sie beherrscht und zum Schießen bereit ist.

✖ Die beste Schußwaffe nützt nichts, wenn man nicht bereit ist, sie gegen bewaffnete Verbrecher ohne zu zögern einzusetzen, oder in Notwehr auf Menschen zu schießen.

✖ Die beste Schußwaffe nützt nichts, wenn sie nicht zur Hand ist. Wer einen Waffenschein hat, seine Waffe aber nicht mitnimmt, wird sie nicht dabei haben, wenn er angegriffen wird. Eine kleine Waffe, die man bei sich tragen kann, ist wertvoller als eine große Waffe im Tresor.

✖ Wer keinen Plan zu seiner Verteidigung hat und nicht weiß, wie er seine Waffe einsetzen muß, wird in Panik planlos herumlaufen und getroffen werden.

✖ Der Besitzer einer Waffe muß an ihr ausgebildet worden sein, damit er sie auch im Notwehrfall beherrschen kann, am besten ist eine Combatschießausbildung.

✖ Mit der Waffe sollten etwa 200 Schuß abgegeben worden sein, damit keine Ladehemmungen auftreten.

✖ Am besten verwendet man nur eine Waffe, mit der man oft geschossen hat, die gut in der Hand liegt, deren Rückstoß man gewöhnt ist und deren Abzug man kennt.

✖ Verschossen werden sollte nur Munition, mit der man schon oft geschossen hat. Spezialmunition, die man nur für Notfälle hat, kann zu Ladehemmungen führen, ihr Mündungsfeuer kann viel zu hell sein. Sie kann einen ungenügenden Öffnungsimpuls haben.

✖ Wirkungsvoller als jedes Kaliber und jede Geschoßform ist der **Trefferort**!
Ein einziger Kopftreffer kann ein Feuergefecht in 90% der Fälle schlagartig beenden. Um einen beweglichen Kopf im Feuergefecht zu treffen, muß man ein guter Schütze sein.

✖ Trainiert werden muß mit der Waffe, die geführt wird. Es ist Unsinn, mit dem 4 Zoll M65 wegen seiner guten Trefferquote zu üben, aber nur den 2 Zoll Bodyguard Revolver zu führen. Genauso ist es Quatsch, mit der .38 spezial Wad cutter zu üben, und die .38 spz.Hi speed in der Trommel zu haben.

Selbstschutz mit der Selbstladepistole.

✖ Geschossen werden darf nur im klar vorliegenden Notwehr-Fall! Schießen Sie nur auf verbrecherische Angreifer, die Sie tödlich mit Messer, Knüppel oder Schußwaffen bedrohen!

✖ Treffer aus Ihrer Waffe können zum Tode der Verbrecher führen. So etwas führt zwangsweise zu polizeilichen und juristischen Ermittlungen. Es ist gut, wenn Sie da Zeugen haben.

✖ Schweigen Sie – denn Sie haben einen Nervenschock! In diesem Zustand könnten Sie Dinge sagen, die Sie belasten können. Deshalb machen Sie keine Aussagen und holen, egal zu welcher Tageszeit, sofort Ihren Rechtsanwalt dazu. Er wird dann alles juristisch erklären.

1. Daß Sie Angst um Ihr Leben hatten!
2. Daß der unberechtigte, tödliche Angriff lediglich gestoppt werden sollte.
3. Daß Sie sofort die Ambulanz angerufen haben.
4. Daß Sie sofort die Polizei angerufen haben.
5. Daß Sie alles taten, um den Schaden durch Ihr erzwungenes Schießen klein zu halten.

✖ Sprechen Sie nie mit Journalisten über Ihren Notwehrfall. Viele Sensationsjournalisten drehen Ihnen Ihr Wort im Munde herum, um die Auflage zu erhöhen.

✖ Diskutieren Sie Ihren Fall nie mit Bekannten oder Freunden im Wirtshaus.

✖ Die Verantwortung, die ein Waffenträger, egal ob Polizist oder Waffenscheininhaber, hat, ist groß. Die Probleme und der Ärger, den Ihnen ein Schußwaffeneinsatz bringen kann, ist nicht vorherzusehen.

✖ Trotzdem ist es besser, sich lebend vor Gericht zu verantworten, als tot in die Gerichtsmedizin zu kommen!

Jeder Polizist, der in ein Feuergefecht mit Verbrechern verwickelt war, tut gut daran, gleich einen Nervenzusammenbruch zu bekommen, der ihn daran hindert, Aussagen in der ersten Aufregung zu machen, die ihn nachher belasten können.

Verbrecher verweigern die Aussage! Sie haben ihre gut bezahlten Rechtsverdreher und dazu noch die Sensationspresse auf ihrer Seite. Gleiches Recht für Alle!

Die wenigsten Waffenbesitzer ahnen, was auf sie zukommen kann, wenn Sie einmal ihre Waffe gebrauchen müssen, und dabei auf jemanden in angenommener oder wirklicher Notwehr schießen müssen. Wegen der immer milder gewordenen Strafe für überführte Straftäter ist es möglich, daß der Bürger plötzlich einem „Freigänger" oder frühzeitig entlassenen Sträfling in einer Notwehrsituation gegenüber steht.

Wenn der Bürger dabei einen Fehler macht, kann die Härte der Justiz auch **ihn** treffen. Deshalb ist es immer gut zu wissen, was geschehen könnte.

Ein Beispiel: Es ist spät in der Nacht, plötzlich werden Sie durch das Geräusch von klirrendem Glas geweckt. Sie lauschen und hören, daß sich ein Fremder im Haus bewegt. Sie stehen auf und ergreifen Ihren im Schlafzimmer versteckt liegenden, geladenen Revolver. Ohne Licht zu machen, schleichen Sie sich in Ihr Wohnzimmer. Dort sehen Sie im Halbdunklen eine fremde Person, die aus der Küche herausschleicht. Ihr Adrenalinstoß kommt, Ihr Herz schlägt rasend, die Knie werden weich. Sie machen Ihre Taschenlampe mit der linken Hand an und schreien laut STOPP und richten Ihre Waffe auf die Gestalt. Diese schnellt herum und wirft aus ca. 7 m ein Messer nach Ihnen. Sie reagieren automatisch und betätigen den Abzug Ihrer Waffe.

Der erste Schuß blendet Sie bereits durch das Mündungsfeuer. Die Ohren werden in dem geschlossenen Raum taub. An den ersten Schuß können Sie sich später noch erinnern, an die folgenden Schüsse nicht mehr. Alles was Sie noch in dem Mündungsfeuer und dem Pulverdampf sehen ist ein Schatten, der sich auf Sie zu bewegt. Auf diesen Schatten richten Sie die Waffe und schießen instinktiv, bis es nur noch klick macht, weil die Waffe leer geschossen ist. Sie merken, daß Sie mit einer leeren Waffe dem Eindringling gegenüberstehen. Eine neue kleine

Panik erfaßt Sie, weil Sie keine Ersatzmunition in Reichweite haben und nicht wissen, wie viele Verbrecher sich in Ihrem Haus befinden.

Als alles ruhig bleibt, warten Sie erst einmal ab, ob noch eine Bedrohung vorhanden ist. Sie werden sich darüber klar, daß Sie eben in Lebensgefahr waren. Sie tasten sich nach feuchten Stellen am Körper ab. Einen Messertreffer bei einem weiteren Messerwurf hätten Sie in der Aufregung kaum bemerkt. Dann machen Sie alle Lichter an. Beim Näherkommen sehen Sie, daß der Eindringling öfter getroffen wurde.

Ihre Gedanken rasen. Notarzt – Polizei – Anwalt!

Sie rufen 110 – Polizei – an und melden: Einbruchsversuch bei Familie Schmidt in der Hallstraße 8 im Vorort Hanebusch, Telefon-Nummer. Ein schwer verletzter Einbrecher. Die Angerufenen versprechen, zu kommen. Nun müssen Sie vorsichtig sein und ihre Waffe weglegen, sonst passiert es, daß Sie der Streifenpolizist für einen Einbrecher hält und auf Sie schießt.

Versammeln Sie alle Mitbewohner in einem anderen Zimmer. Öffnen Sie der Polizei mit leeren Händen die Tür.

Nun kommt der Nervenschock bei Ihnen und den Mitbewohnern richtig hoch. Viele Leute bekommen jetzt die Tendenz, pausenlos zu reden. Sie sprechen, um sich selbst zu beruhigen. Dabei erzählen sie Dinge, die sie besser vor den Beamten nicht gesagt hätten, Dinge, die Sie vor den Richter bringen können. Der Polizist wird zuerst einmal jeden verdächtigen und befragen.

Es ist schwer, nach so einem Erlebnis den Mund zu halten. Es ist jedoch wichtig, da Sie einen Schock haben, daß Sie nur Ihren Anwalt sprechen lassen. Sie können nichts sagen! Sie haben einen Schock!

Zur Beweisfindung wird Ihre Waffe beschlagnahmt (und alle anderen, in Ihrem Besitz befindlichen Waffen, die in der Wohnung sind). Sie können nun verhaftet werden, auch fotografiert und erkennungsdienstlich behandelt werden. Schließlich sind Sie in eine Schießerei verwickelt gewesen. Es wird Zeit und Geld für den Anwalt kosten, bis alles aufgeklärt ist und sich herausgestellt hat, daß Sie in Notwehr auf einen Einbrecher geschossen haben.

Sie können gefragt werden: *Fürchteten Sie um Ihr Leben?* Die Antwort ist JA.
Schossen Sie, um zu töten? Die Antwort ist NEIN.

Ich schoß, um einen tödlichen Angriff in meinem Haus gegen mich und meine Familie zu stoppen. Ich war so außer mir, daß ich nicht einmal merkte, wie oft ich geschossen habe.

Lassen Sie alles andere von Ihrem Anwalt erklären, denn der kann es juristisch ausgewogen tun. Ihrem Anwalt müssen Sie natürlich den Hergang genauestens berichten. Er muß alles wissen. Sprechen Sie mit keinem Journalisten. Ein gemeiner Artikel kann Sie ins Gefängnis bringen.

Die Angst

Was ist Angst? Wie wirkt die große Aufregung mit viel Streß auf den Menschen? Es ist ein Gefühl, eine seelische Regung, die mit einem stofflichen Geschehen verbunden ist. Die Gefahr wird über das Zwischenhirn und den Sympathikusnerv eine direkte Stimulation der Nebenniere und einige Gehirnregionen eine Wirkung ausüben. In Bruchteilen von Sekunden werden bei einer auftauchenden Gefahr zwei Hormone in den Blutkreislauf geschickt.

Adrenalin und Noradrenalin. Es sind die Streßhormone, die den Körper schlagartig zur Hochleistung präparieren.

Adrenalin zum Angriff – Noradrenalin zur Flucht.

Schlagartig wird der Blutdruck stark erhöht. Fett und Zucker-Reserven werden mobilisiert. Heiße Wallungen, die bis zum Fieber gehen können, werden erzeugt.

Je nachdem wie der Mensch programmiert ist, wird er angreifen und das Angstproblem mit Gewalt lösen, oder er wird fliehen und wehrlos erschlagen oder erschossen werden.

Ein Angreifer kann seinen Angriff stoppen, wenn er Erfolge oder Wirkungen sieht.

Ein Verteidiger wird sich mit aller Kraft wehren, wenn er weiß, daß es um seine Existenz geht.

Übermannt ihn jedoch die Angst, wird er in Panik flüchten und verloren sein.

Ausgelöst wird die Flucht durch die Angst und den dadurch ausgelösten „Blackout“, was man als Kopflosigkeit bezeichnen kann.

Kopfloses Fliehen steckt andere Verteidiger an! Ein gut geführter Gegenangriff ist gleichfalls ansteckend.

Wie kann man diese Angst überwinden?

Durch tiefes Durchatmen!
Durch den lauten Schrei: STOPP!
Durch das Ein- und Ausatmen wird das Noradrenalin verbrannt!

Der schnelle Schuß wird vom Kleinhirn gesteuert.

Viele Schützen fragen sich, woher es kommt, daß manche Schützen schneller treffen? Nun, diese schnellen Schützen haben ihr Kleinhirn programmiert!

Das Kleinhirn steuert die gesamten Muskelbewegungen, also das Ziehen der Waffe.

Ist nun das Kleinhirn darauf vorbereitet, im Falle eines bewaffneten Überfalls sofort instinktiv zu ziehen und instinktiv zu schießen, geschieht dies blitzschnell, ohne dazwischen zu denken und zu überlegen.

Der gesamte Ablauf: Sehen der Gefahr, ziehen, schießen, geschieht völlig automatisch und ist nicht zu stoppen. Deshalb sind die Schießzeiten der Gunfighter so phantastisch kurz.

Selbstschutz mit der Flinte.

Das Stoppen eines bewaffneten Angreifers
Wenn man einen vielleicht gleichfalls programmierten schnellen Schützen blitzartig stoppen will, muß man seine Steuerzentrale, sein Kleinhirn zerstören.
Das Kleinhirn befindet sich, von vorn gesehen, *unter den Nasenlöchern.* Von der Seite gesehen, *bei den Ohrläppchen.*
Treffer in dieser Gegend schalten den Getroffenen in 0,0025 Sekunden aus.

Beim Schießen des Polizeiparcours wurde Folgendes festgestellt:
Wenn im Angriff, also im Vorgehen, geschossen wurde, wurden mit 10 Schüssen meist 9 Treffer erzielt.
Wenn im Zurückgehen geschossen wurde, wurde meist nur 1 Treffer erzielt.
Grund dafür ist, daß das Adrenalin das aggressive Vorgehen mit guten Treffern belohnt. Ein aggressiver Ausfallschritt bringt gleichfalls Treffer.
Polizeistatistiken zeigten, daß der verbrecherische Angreifer meist im Vorteil war! Nur durch ein eingeprägtes Verhaltensmuster war ein automatisch ablaufender Gegenangriff vorprogrammiert und erfolgreich! Angst darf gar nicht erst aufkommen. Jedes Nachdenken ist schädlich und kann das Leben kosten.

Taktik

Fragen, die man sich als Waffenträger beantworten sollte
Wann ist der Notwehrfall gegeben?
Was ist putative Notwehr?
Wohin soll man in Notwehr zielen?
Wann soll man schießen?
Wie oft soll man schießen?

Welche Waffe, welche Munition soll man einsetzen?
Wo soll man seine Waffe führen?
Kann man den Verbrecher gefangennehmen?
Absuchen eines Gefangenen nach Waffen?
Polizei anrufen, wenn geschossen wurde?
Sofort seinen Anwalt anrufen?
Hat man mit seinen Schießkünsten eine Chance?
Soll man in ein Feuergefecht mit mehreren Tätern gehen?
Auf welchen Täter soll man zuerst schießen?
Soll man nicht erst in Deckung gehen und dann erst schießen?

Eigene Deckung

Die größten Überlebenschancen hat man in der Deckung

❑ Nahkampfentfernung	0 - 3 m	kaum Deckung möglich
❑ Übliche Kampfentfernung	2 - 6 m	wegrollen
❑ Mittlere Entfernung	6 - 10 m	in Deckung springen
❑ Größere Entfernung	10 - 20 m	in volle Deckung gehen

Deckung nehmen beim

❑ Betreten eines verdächtigen, gefährdeten Zimmers
❑ Betreten eines gefährlichen Hauses
❑ Einsteigen in ein gefährliches Auto
❑ Betreten eines gefährlichen Parks oder Wald
❑ Verhalten in der Dunkelheit (Kleidung)
❑ Versteck im Schlafzimmer
❑ Schrankversteck im Schlafzimmer bzw. im Arbeitszimmer

Faktoren, die ein Feuergefecht entscheiden

✘ Wer nicht bereit ist, auf Verbrecher zu schießen, sollte keine Feuerwaffe in die Hand nehmen.

✘ Wer eine Schußwaffe hat, muß sich auch an ihr ausbilden lassen, da Waffen gefährlich sind.

✘ Jedes Zögern, von der Waffe Gebrauch zu machen, kann tödlich sein.

✘ Die eigene Schußwaffe ist immer am Körper zu führen.

✘ Die Waffe ist nur zu zeigen, wenn man schießen muß.

✘ Im Feuergefecht müssen die eigenen Schüsse mitgezählt werden, damit man nicht mit leerer Waffe einem Täter gegenübersteht. (Ersatzmagazin und Speed Loader sind wichtig).

✘ Wichtig ist das Schießen aus einer beschußsicheren Deckung.

- ✘ Wird man überraschend beschossen, ist es wichtig, sich sofort hinfallen zu lassen und wegzurollen. Ein sich bewegender, liegender Mann ist schlechter zu treffen als ein stehender.
- ✘ Nur ein Treffer in lebenswichtige Organe kann einen Täter am Schießen hindern.
- ✘ Die beste Schießtechnik ist bis auf 10 m Entfernung das beidhändige, instinktive Schießen nach dem Gunfighter Jim Cirillo.

Schußwaffen-Einsatz durch den Bürger

Was sollte man tun, um solche schrecklichen Situationen zu vermeiden?

- ✘ Wenn Sie Ihren Schußwaffen-Einsatz vermeiden können, so tun Sie es.
- ✘ Wenn die Drohung mit der Waffe genügt, daß der Einbrecher flüchtet, lassen Sie ihn laufen.
- ✘ Wenn Sie vermeiden können, daß der Einbrecher verwundet wird, tun Sie es. Kam es doch schon vor, daß der Einbrecher vom Wohnungseigentümer Schmerzensgeld verlangt hat. Wenn er allerdings nicht überlebt, kann er nicht klagen. Vielleicht klagt seine Frau?
- ✘ Wenn Sie vermeiden können, daß der Einbrecher getötet wird, tun Sie es. Denken Sie daran, daß Sie vielleicht nicht mehr schlafen können und von dem Toten träumen werden.
- ✘ Verhindern Sie, daß sich bei Ihnen ein Trauma ausbilden kann.
- ✘ Selbst Polizeibeamte, die im Dienst einen Menschen erschießen mußten, sind nicht frei von solchen traumatischen Nachwehen.
- ✘ Sie mögen fähig sein, schnell und sicher zu treffen. Wie sieht es aber aus mit dem Ärger danach?

Sicherer Umgang mit Faustfeuerwaffen

Schußwaffen müssen verschlossen aufbewahrt werden, damit sie nicht von Kindern oder Fremden mißbraucht werden können.

- ❖ **Es gibt keine ungeladenen Waffen! Jede Waffe ist so zu behandeln, als wenn sie geladen wäre und losgehen könnte.**
- ❖ Eine Schußwaffe darf nur an andere Leute weitergereicht werden, wenn sowohl der Übergeber als auch der Übernehmer kontrolliert, daß sie nicht geladen ist. Ein Revolver wird mit herausgeklappter, leerer Trommel, eine Selbstladepistole wird mit offenem Verschluß und entferntem Magazin überreicht.
- ❖ *Kontrolle Revolver:* Trommel herausklappen, Hülsen und Patronen auswerfen. *Kontrolle Pistole:* Magazin heraus, hinter kleinen Finger klemmen, zwei Ladebewegungen, in das Patronen-Lager sehen ob es leer ist.

- Eine Verteidigungswaffe befindet sich geladen und schußbereit im Holster.
  Der Revolver ist geladen, der Hammer ist entspannt.
  Die DA-Pistole ist durchgeladen, entspannt und entsichert.
  Die Safe-Aktion-Pistole ist durchgeladen.
- Alle Manipulationen an einer Waffe geschehen in Richtung der leeren Zimmer-Ecke und nur dann, wenn niemand in dieser Richtung steht.
- *Kontrolle, ob die Waffe schußbereit ist:*
  Revolver: Ist die Trommel voll? Dreht sie sich leicht?
  DA-Pistole: Ist eine Patrone im Lauf? Ist das volle Magazin eingerastet? Ist der Hammer entspannt?
  SA-Pistole: Ist eine Patrone im Lauf? Ist das volle Magazin eingerastet?
- *DA-Pistolen* kommen nur entspannt in das Holster. Sie sind über den Spannabzug schußbereit.
  SA-Pistolen kommen nur gesichert in das Holster. Sie sind nach dem Ziehen der Waffe schußbereit.
  Safe-Aktion-Pistolen kommen immer schußbereit in das Holster.
- Beim Ziehen der Waffe darf der rechte Zeigefinger erst dann den Abzug berühren, wenn die Waffe in Zielrichtung zeigt.
- Es darf nur auf klar erkannte Ziele geschossen werden.
- *DA-Pistolen* müssen bei Unterbrechungen sofort entspannt werden.
  SA-Pistolen müssen bei Unterbrechungen sofort gesichert werden.
  Safe-Aktion-Pistolen bleiben schußbereit.
- Auftretende Waffenstörungen müssen vom Schützen in Richtung Ziel behoben werden.
- *Revolverschützen* müssen ihre 5 - 6 Schüsse mitzählen, um schnell nachladen zu können.
  SA-Pistolenschützen müssen ihre 7 - 8 Schüsse mitzählen und schnell das Magazin wechseln.
  DA-Pistolenschützen müssen ihre 8 - 15 Schüsse zählen, um schnell das Magazin zu wechseln .
  Safe-Aktion-Pistolenschützen müssen ihre 17 - 19 Schüsse nicht mitzählen.
  Pistolenschützen sollten das Magazin bereits wechseln, wenn noch ein Schuß im Lauf ist!
- Beim Zweihandschießen darf der linke Daumen nicht hinter dem Schlitten liegen, weil es schmerzhaft ist. Vorsicht vor dem Gasspalt des Revolvers.
- Nach Beendigung des Schießens wird die Waffe kontrolliert und wieder schußbereit gemacht.
- Beim Übungsschießen sollte ein Gehörschutz getragen werden.
  Einmal sollte auch ohne Gehörschutz geschossen werden.

13

Selbstverteidigung ohne Waffen

Von Maik Martin – Kampfsportausbilder

Wer zuerst angreift und zuschlägt – gewinnt!

Fälschlicherweise kursiert immer noch die Annahme, daß man mit einigen Supertricks oder Techniken jeden Angreifer besiegen kann. Richtig ist jedoch, daß der Erfolg in der Automatisierung von wirkungsvollen, in der Bewegungsstruktur einfachen Handlungen liegt.
Jeder, der einmal eine ernsthafte Gefahrensituation erlebt hat, wo es um das eigene Leben oder das Leben von Nahestehenden ging, weiß, daß in solch einem Moment persönliche Faktoren wie Schreck und Angst eine Rolle spielen.
Man handelt zwangsläufig unter starkem Streß.
Dabei können Reaktionen auftreten wie sie im Buch „Der erste Treffer zählt" (im Teil *Reaktionen im realen Feuergefecht*) beschrieben sind.
Da in solchen Situationen auch der Verlust komplizierter motorischer Fähigkeiten auftreten kann, ist es nicht ratsam, wenn man sich auf die schwierigsten Verteidigungshandlungen konzentriert.
Wenn man einem Angriff nicht zuvorkommen kann, muß man wissen, daß bei einem ernsthaften Angriff in jedem Falle Schrecksekunden auftreten können und dadurch das Verlieren von entscheidenden Sekunden abhängig ist.

Das bedeutet: **Wer beim Verteidigen erst überlegen muß, hat bereits verloren!**
Es können nur die Handlungen zum Erfolg führen, die automatisiert sind!
Dies soll natürlich nicht ausschließen, daß es verschiedene Situationen geben kann, die auf Grund ihrer Entwicklung oder Distanz andere Überlegungen zulassen. In einer direkten Konfrontation ist dazu keine Zeit vorhanden.
Selbstverständlich haben die langjährig erfahrenen und stetig übenden Personen im Verteidigungsfall die besten Chancen, da hierbei die Automatisierung der Verteidigungshandlungen gegen die verschiedenen Angriffe „in Fleisch und Blut" übergegangen sind und die nötige Fitness vorhanden ist.
Fakt ist: Es gibt keine Garantie auf Erfolg, keine 100%ige Sicherheit, den Angreifer zu besiegen.

Durch entsprechendes Training werden jedoch die Chancen beträchtlich erhöht, da durch das rechtzeitige Erkennen der Gefahr und gezieltes Training die Reaktionszeit verkürzt und die Verteidigungsbereitschaft erhöht wird.
Das Erlernen von Selbstverteidigungstechniken gegen die verschiedensten Angriffe bildet die Grundlage der erfolgreichen Verteidigung.

In einer Menschenmenge, die in Panik geraten ist.

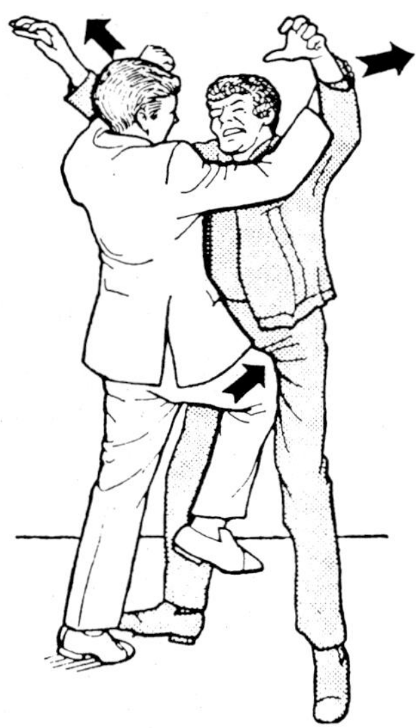

So oft wie möglich mit den Füßen verteidigen.

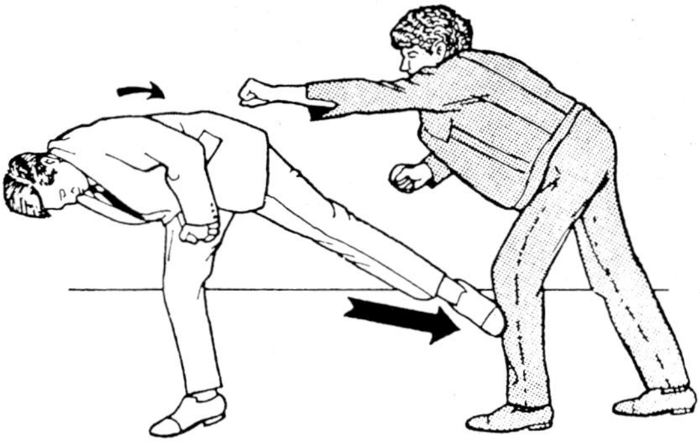

Von wesentlicher Bedeutung sind hierbei logischerweise auch die Bewegungseigenschaften, die Kraft, die Ausdauer, die Schnelligkeit, die Beweglichkeit und Gewandtheit, sowie die Koordination.
Durch ein ständiges, ausdauerndes Training der Abwehrhandlungen gegen die verschiedenen Angriffe mit verschiedenen Waffen (Messer, Stock...) oder gegen mehrere Angreifer muß man auch die psychische Komponente entwickeln, nämlich die bedingungslose Bereitschaft, den Angreifer mit allen Mitteln zu stoppen. Man spricht hier vom „Killerinstinkt". Dies ist die unabdingbare Basis für einen Kampf, bei dem es um „Alles" geht. Mit einer legeren Einstellung hat man keine Chance!
Ein schnelles Erfassen der Situation ist selbstverständlich für die richtige Handlung notwendig. Durch gezieltes Training erhöht sich relativ schnell das eigene Selbstbewußtsein, was positiv zu beurteilen ist.
Es gibt einem eine gewisse Ruhe, Besonnenheit und Selbstvertrauen. Dies darf jedoch nicht zur Selbstüberschätzung führen, denn so gut die einzelnen Techniken beim Training auch funktionieren, die reale Situation ist auf jeden Fall komplizierter und von mehreren zusätzlichen Einflüssen geprägt. Schließlich kann man nicht den Ernstfall trainieren, man kann ihn nur simulieren!

Grundregeln

✔ Ein vermiedener Kampf ist ein gewonnener.

✔ Suche nicht den Kampf, sonst findest du ihn.

✔ Führe den Kampf kompromißlos und konsequent.

✔ Nicht zu unüberlegten Handlungen provozieren lassen.

✔ Überrasche immer deinen Gegner.

✔ Beobachte, lasse dich nicht überraschen.

✔ Benutze alle Gegenstände, die vorhanden sind.

✔ Vermeide die Mitte von mehreren Personen.

✔ Lasse dich nicht in die Ecke treiben.

✔ Biete die geringste Angriffsfläche.

✔ Schütze deine empfindlichen Körperstellen.

✔ Nutze die Angriffspunkte beim Gegner.

14

Trefferzonen

Jedermann hat 13 natürliche Körperwaffen zur Verfügung:

1. Kopf	6. Fäuste	11. Fußrist
2. Zähne	7. Handkante	12. Fußspitze
3. Stimme	8. Finger	13. Ferse
4. Ellbogen	9. Knie	
5. Handflächen	10. Schienbein	

Den Körper eines Menschen kann man in 3 Zonen unterteilen:

Zone 1 Kopfzone (Die Sinne)

1. Augen 2. Schläfen 3. Nase 4. Kinn 5. Genick am Kopf

Zone 2 Brust (Atmung)

6. Kehle 7. Solar Plexus 8. Rippen 9. Hoden

Zone 3 Beine (Bewegung)

10. Oberschenkel 11. Knie 12. Schienbein 13. Fußspann

In einem waffenlosen, mörderischen Kampf mit einem angreifenden Täter gibt es nur 3 Ziele, um ihn mit Sicherheit kampfunfähig zu machen:

1. Die Kehle

Ein harter Handkanten-Schlag auf den Kehlkopf oder die Luftröhre kann zur Bewußtlosigkeit, Ersticken, Lufthunger, Stoppen der Blutzufuhr zum Gehirn führen. Die Luftröhre schwillt an, es kann der Tod durch Ersticken eintreten.

2. Die Schläfen

Die Schläfenknochen sind am dünnsten 3 cm hinter den Augen. Dahinter sitzt das Gehirn. Ein harter Schlag auf die Schläfe kann Bewußtlosigkeit, Gehirnerschütterung und Schock verursachen. Der Schlag kann tödlich sein.

3. Genick

Ein harter Schlag mit der Handkante oder der Faust in das Genick, auf einen der 7 Knochen des Rückgrates, zwischen Kopf und Körper, kann Bewußtlosigkeit, einen Schock oder einen Genickbruch erzeugen. Der Schlag kann tödlich sein.

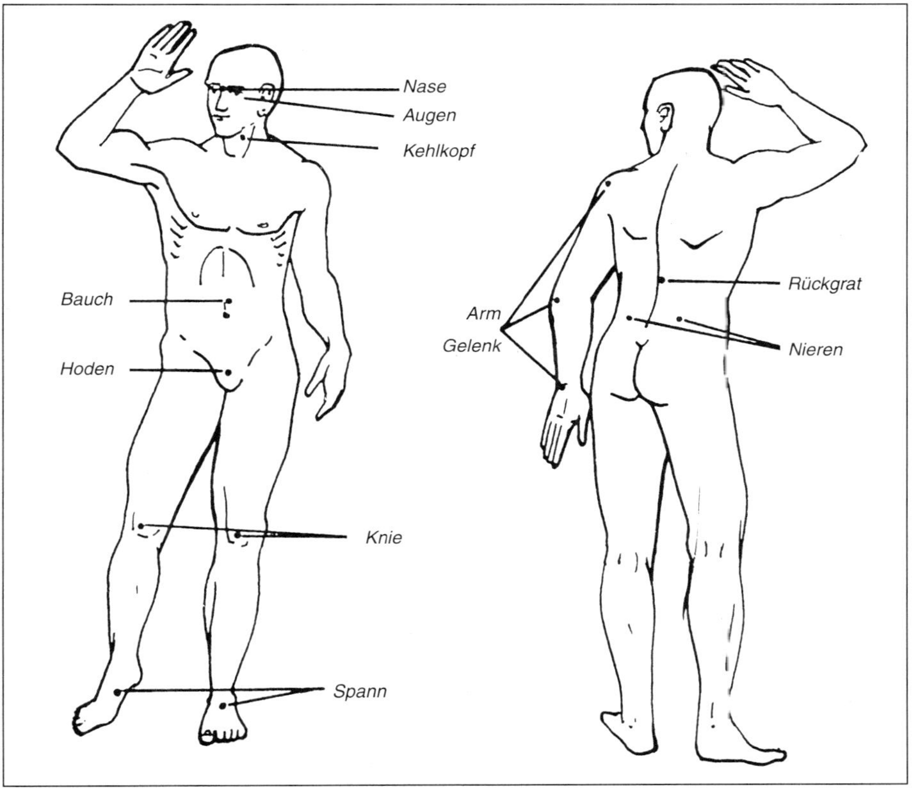

Die als Schlagwaffen verwendeten Körperteile

1. *Der Ellbogen*
2. *Die Fingerspitzen*
3. *Die Handkanten*
4. *Die Fäuste*
5. *Die Fingerspitzen in die Augen*
6. *Der Fußballen*
7. *Die Ferse*

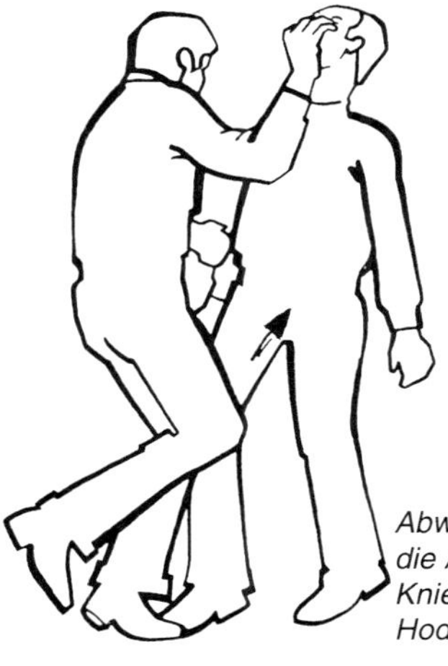

Abwehr: Finger in die Augen, Kniestoß in die Hoden.

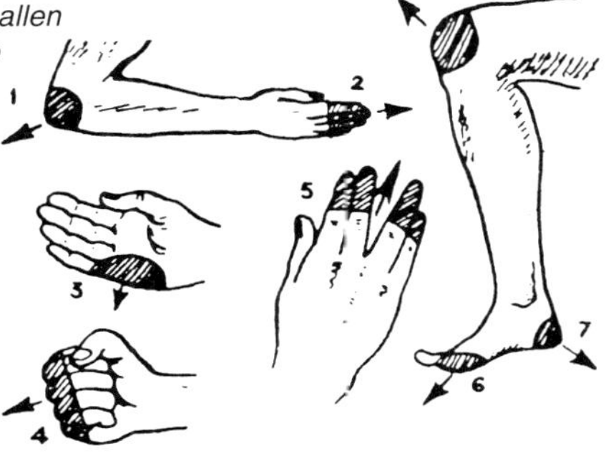

Nichttödliche Schläge zur Abwehr eines Angreifers

Nase
In der Nase befinden sich viele Blutgefäße und Nerven. Die Nase steht vor und kann von drei Seiten getroffen werden. Ein starker Schlag kann betäubenden Schmerz mit Tränen und eine zeitweise Blindheit erzeugen oder zu einem Schock mit Bewußtlosigkeit führen.

Augen
Augen sind sehr empfindlich und schwer zu schützen. Um die Augen aus drei Richtungen zu treffen braucht man nur wenig Kraft. Ein Treffer in die Augen kann zeitweise Blindheit, starken Tränenfluß, Schmerzen und Angst, aber auch Schock und Bewußtlosigkeit erzeugen.

Genitalien
Männliche Hoden sind außerordentlich empfindlich! Bereits ein leichter Schlag mit der Faust in die Hoden kann furchtbare Schmerzen mit Erbrechen und Atemlosigkeit verursachen.
Ein starker Schlag in die Hoden mit der Faust oder mit dem Knie kann die Hoden quetschen und zum Schock und zur Bewußtlosigkeit führen.

Angriff
Die Schläge müssen blitzschnell und erbarmungslos durchgeführt werden. Wer zögert, hat verloren. Für das Zuschlagen mit der Faust und Zustechen mit den Fingern ist keine große Kraft nötig, nur der starke Wille zum Überleben.

15

Jeder Gegenstand kann zur Waffe werden

Zur Selbstverteidigung können alle Gegenstände des täglichen Lebens verwendet werden. So ist zum Beispiel eine Papierschere mit zwei 13 cm „Klingen" eine gefährliche Stichwaffe.

Polizeipfeife
Am wichtigsten ist für Frauen eine Polizeipfeife, mit der sie um Hilfe pfeifen können. Verbrecher werden manchmal von den Pfiffen abgeschreckt, weil sie meinen, ein Polizist pfeift seine Kameraden herbei.

Stichinstrumente
Ein normaler Kugelschreiber aus Stahlblech kann zur Verteidigungswaffe werden, wenn er zwischen Zeigefinger und Mittelfinger festgehalten und auf den Handballen aufgesetzt wird. Im Nahkampf wird der Kugelschreiber, wenn mit ihm in Richtung Kehle gestochen wird, zur Waffe.

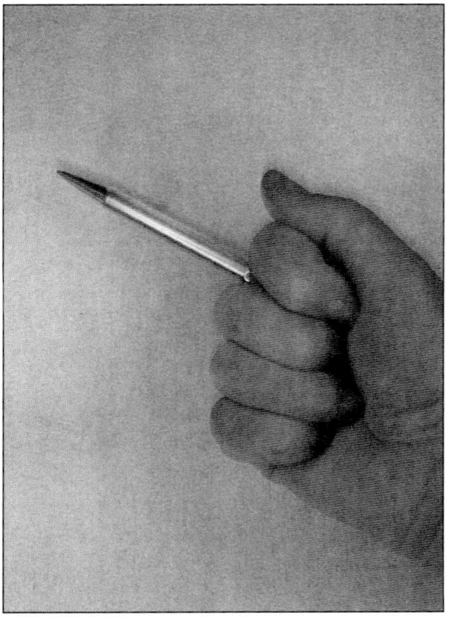

Metall-Kugelschreiber

Polizei-Signal-Pfeife

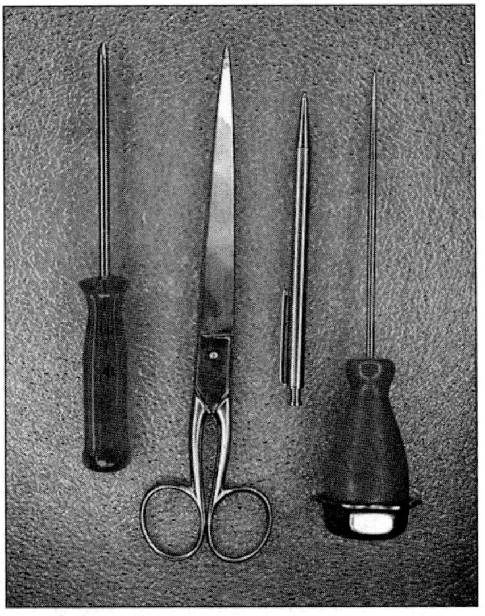

Alles kann zur Waffe werden:
1. Spitzer Schraubendreher
2. Papierschere
3. Metall-Kugelschreiber
4. Eispickel

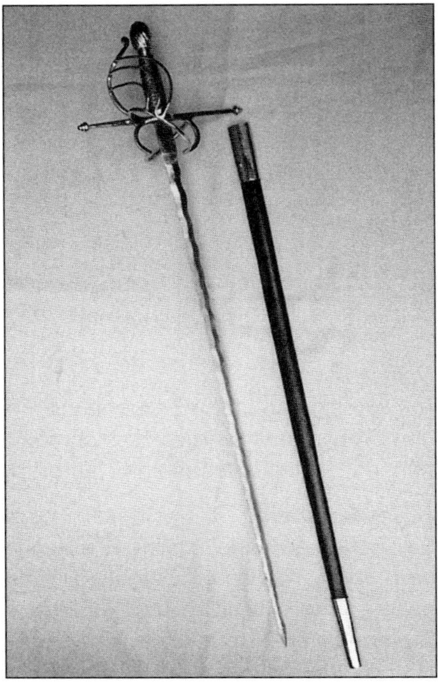

Degen

Ein normales, aufklappbares Taschenmesser kann nicht als Waffe eingesetzt werden, weil die im Kampf zusammenklappende Klinge die Finger der haltenden Hand schwer verletzen könnte.
Deshalb sollte nur ein Taschenmesser mit einer sich verriegelnden Klinge (von unter 10 cm Länge) mitgeführt werden. Diese Taschenmesser sind frei verkäuflich. Von Ganoven werden Schraubenzieher spitz geschliffen und als Dolche verwendet.
In Frankfurt wurden ca. 20 cm lange Fahrradspeichen spitz zugefeilt und gegen Türhüter eingesetzt. Mit dieser Speiche wurde die Kevlarschutzweste problemlos durchbohrt.
Geheimdienstleute verwenden oft einfache Wurfmesser, die ausgewogen in der Hand liegen und zweiseitig scharf sind.

Gummigeschosse
Die französische Firma SAPL baut Pistolen, aus denen Gummikugeln oder Gummischrote des Kalibers 12/ 50 Gauge verschossen werden können. Flintenpatronen mit 12/70 können aus diesen Pistolen nicht verschossen werden.

Die Pistole GC 54 Kal. 12/50 hat 2 Läufe, der Hammer muß mit dem Daumen gespannt werden. Auf 15 m Entfernung hat die 18,4 mm Gummikugel eine Energie von 23 mkp.
Die Gummischrote haben auf 5 m Entfernung eine Wirkung von 23 mkp.
Durch den lauten Knall und die aufprallenden Gummischrote können Angreifer erschreckt werden.

Vorderlader Derringer Mc Nab Kal. 41.
Einschüssige Vorderlader-Pistolen sind frei käuflich. Perkussionszündhütchen sind gleichfalls frei. Schwarzpulver kann man aus Knallern nehmen. Mit einer Bleikugel oder Bleischroten gefüllt, dient diese Waffe durch den Knall und den weißen Rauch der Abschreckung. Die Wirkung liegt unter 3 m Entfernung.

Der Hi-Standard Derringer Kal. .38 spez. 2 Schuß
Wer einen Waffenschein hat, kann sich den kleinen Hi-Standard Derringer kaufen, der nur 400 Gramm wiegt und 2 Patronen über einen Spannabzug verschießt. Diese kleine, leichte Waffe kann man immer unauffällig in der Hand halten, wenn es einmal gefährlich wird.

Gefahren durch Horror-, Baller- und Porno-Videos sowie CD-Roms
Die heutige Jugend wird viel stärker, als es früher möglich war, durch grausame Schieß-Orgien auf CD-Roms zu unüberlegten, verbrecherischen Handlungen gegenüber Mitschülern und Lehrern veranlasst.

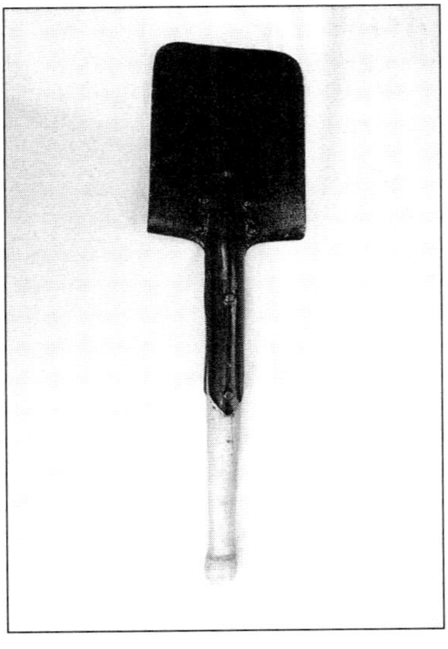
Spaten

SAPL-Gummikugel-Pistole 2 Schuss – 12 kurz

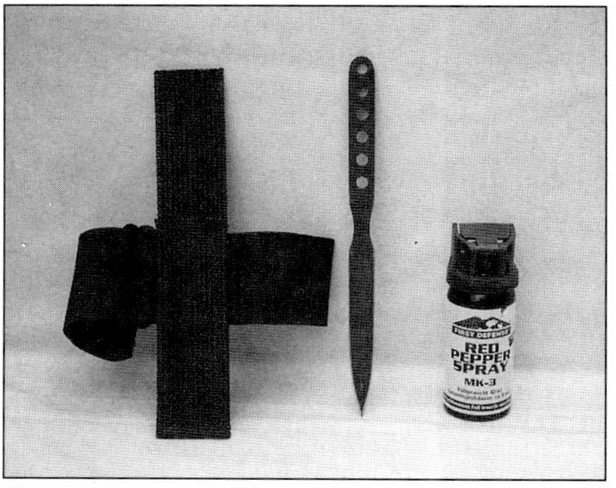

Das Pfefferspray in Verbindung mit einem Messer ist eine wirkungsvolle Kobination.

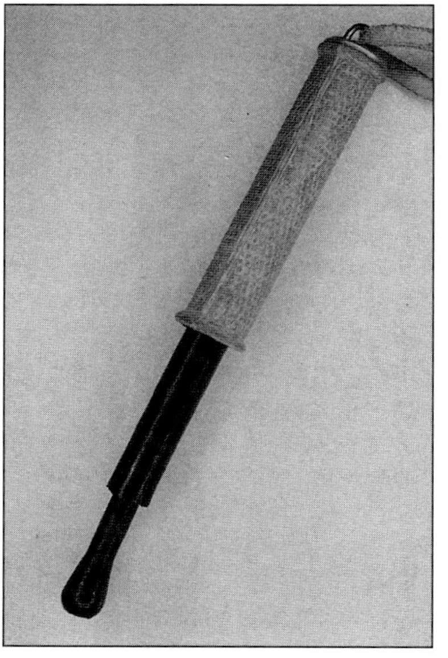
Ein ausziehbarer Polizei-Stock.

Durch Drücken auf die linke Maustaste werden da Gegner in Rauch aufgelöst. Diese Ballerwettkämpfe gegen scheußliche Ungeheuer können die menschliche Sperre zu töten, welcher jeder in sich hat, aufheben! Diese hindert vor allem Menschen daran, auf andere zu schießen und sie umzubringen. Wenn diese Sperre fehlt und dann noch Waffen in Reichweite sind, wird es sehr gefährlich für die verhaßten Personen. Deshalb müssen Waffen so verwahrt werden, daß sie vor dem Zugriff von hassenden Jugendlichen sicher sind! Eine Moral gibt es nicht mehr, sie wurde durch Porno- und Monsterfilme beseitigt.

16

Selbstverteidigung mit schmutzigen Tricks

Man sollte die schmutzigen Tricks in der Selbstverteidigung kennen, um sie selbst anzuwenden.

Solche Tricks sind nicht „gentlemanlike". Doch wenn Sie in Lebensgefahr sind, ist jeder Trick erlaubt, auch der schmutzigste!

Das Wichtigste von allem ist: Sie müssen die lebenswichtigen Teile des Gegners schnell mit der Hand oder mit dem Fuß treffen, um bei ihm lebensnotwendige Funktionen auszuschalten.

Mit den wenigen schmutzigen Tricks kann sich eine Frau oder ein unsportlicher Mann erfolgreich zur Wehr setzen. Wichtig ist dabei auch, daß Sie einen lauten Angriffs-Schrei ausstoßen, um den Angreifer zu erschrecken und einzuschüchtern. Sein erschrecktes Zögern kann ihnen zum ersten, schnellen Schlag verhelfen.

Angriffsziel: die Nase

Die meisten wissen nicht, daß ein einziger kräftiger Schlag auf die Nase einen Kampf sofort beendet, wenn dabei die Nase zertrümmert wird.

Setzen Sie den linken Fuß etwas vor, um den Schlag mit der rechten Hand zu verstärken. Von unten kommend zerschlagen Sie mit der Handwurzel der geöffneten Hand die Basis der Nase.

Mit aller Wucht wird die Nase zerstört und Knochensplitter und Knorpel in das Gehirn gedrückt. Der Getroffene erleidet unerträgliche Schmerzen, die ihn kampfunfähig machen.

Kniestoß in die Hoden

Sofort sollte jetzt das hochschnellende rechte Knie in die Hoden gestoßen werden. Dieser Schmerz kommt zu den Schmerzen der zerstörten Nase dazu, er sorgt für weitere Kampfunfähigkeit.

Der lähmende Kopfstoß

Wenn ein Gegner sich nähert, ergreifen Sie seinen Kopf mit beiden Händen und ziehen Sie ihn an den Ohren in Ihre Richtung. Gleichzeitig stoßen Sie Ihren Kopf heftig vor, damit Sie ihn mit Ihrer Stirn die Nase zerschmettern. Die zersplitterte Nase erzeugt einen unerträglich starken Schmerz beim Angreifer. Er wird aufgeben oder zusammenbrechen.

Angriffsziel Kehlkopf

Der Adamsapfel wird mit einem starken Handkantenschlag, der von links oder rechts kommt, zerstört. Wenn der ungeschützte Adamsapfel zerschmettert wird, führt dies zum Ausfall der Atmung und der Sprache. Der Schlag erzeugt einen unerträglichen Schmerz und Schock, der den Gegner zusammenklappen läßt. Es ist ein schneller, sicherer „Kampfstopper".

Wenn der Gegner auf dem Boden liegt, kann er durch Stöße mit der Schuhspitze an die Schläfen, von weiteren Angriffen abgehalten werden.

Der Schlag in das Genick

Ein starker Faustschlag in das Genick auf die 7 Knochen zwischen Körper und Kopf läßt den Getroffenen bewegungslos zusammenbrechen oder vielleicht sogar ins Koma fallen.

Der Schlag in den Magen

Faustschläge in den Magen sind nicht sehr wirksam, selbst wenn sie unter der Gürtellinie von unten nach oben erfolgen und dem Gegner den Atem nehmen.

Der Straßenkampf

Ein Straßenkämpfer weiß, daß der Kopf des Gegners härter ist als seine Fäuste. Deshalb wird er auf das Boxen und auf Jujutsu-Angriffe verzichten. Der KO-Schlag auf die Kinnspitze funktioniert fast nur im Fernsehen.

Er weiß aber auch, daß Faustschläge und Fußstöße auf die drei wichtigsten Ziele, nämlich Nase, Kehlkopf oder Hoden einen schmutzigen Kampf sehr schnell beenden werden. Erfolgreich ist immer der, der danach davongehen kann.

17

Selbstschutz mit Tränengas-Waffen

Bisher ist bei uns der Erwerb von freien Tränengas- und Schreckschuß-Waffen allen Personen über 18 Jahren gestattet. Jedermann kann sich eine Tränengas- oder Schreckschuß-Waffe für seinen persönlichen Schutz kaufen Die freien Waffen sind so konstruiert, daß aus ihnen keine scharfe Munition abgefeuert werden kann. Allerdings werden diese den echten Waffen so täuschend ähnlich nachgebaut, daß nur ein Fachmann an dem Gewinde im vorderen Lauf erkennen kann, ob es sich um eine Schreckschuß- oder Tränengaswaffe handelt.

Weil die freien Waffen so echt aussehen, werden die meisten Bank- und Ladenüberfälle mit ihnen ausgeführt. Allerdings gibt es auch welche, die bereits für scharfe Munition umgebaut wurden. Jeder kann sich also Tränengasrevolver oder Tränengaspistolen mit der Knall-, Gas- und Signal-Munition kaufen und sichtbar oder verdeckt in der Kleidung oder im Holster mitführen.

Bei Polizeikontrollen muß er die freie Waffe und den Personalausweis übergeben. Auf allen öffentlichen Veranstaltungen ist das Mitführen der freien Waffen verboten.

Die täuschende Ähnlichkeit mit der echten Waffe kann dazu führen, daß ein Polizeibeamter, wenn er sich bedroht fühlt, von seiner Dienstwaffe Gebrauch macht.

Mit der freien Waffe darf in der Wohnung und auf dem eigenen Grundstück geschossen werden.

Man muß diese Waffe auch ausprobieren dürfen.

Aus den Schreckschuß-Waffen kann man oft auch CS/CN/OC Reizgas verschießen.

Der ERMA-Revolver für Knall-Gas, Typ EGR66X Kal. 9 mm, kann 9 mm PV Pfeffer Patronen verschießen.

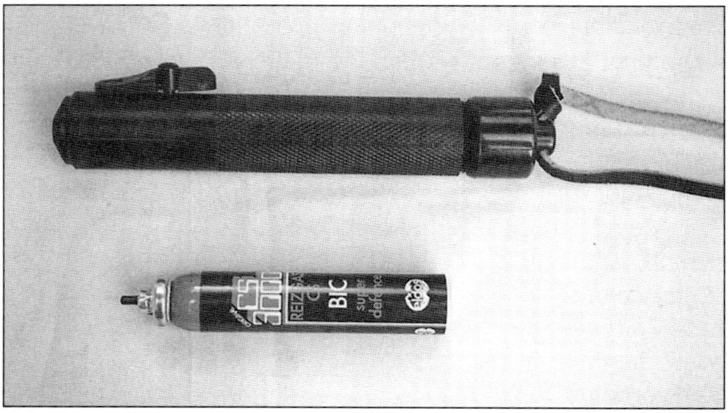

Ein CS Spray-Stab.

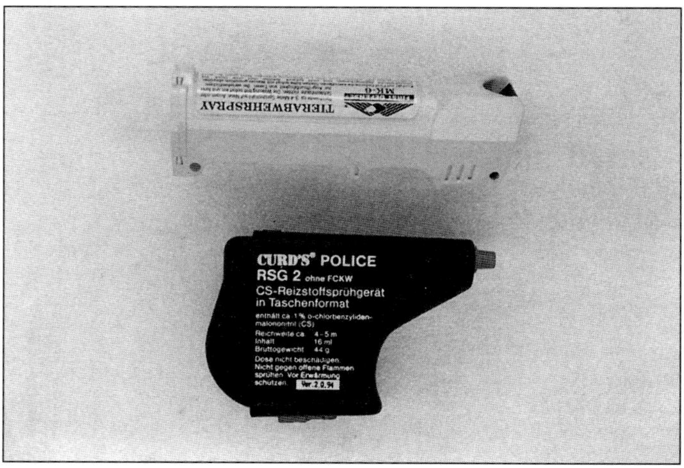

Oben: OC-Spray
Unten: CS-Spray

Bei etwaigen Überfällen kann sie mit lautem Knall die Nachbarn wecken und als Signalwaffe dienen. Bei persönlichen Angriffen kann der Täter mit CN-, CS- oder noch besser mit OC-PV-Pfefferspray gestoppt werden.
Im Falle einer Notwehr oder Nothilfe darf überall geschossen werden. Zur Gefahrenabwehr im Gebirge darf mit roter Leuchtmunition senkrecht in die Höhe geschossen werden, um den Rettern den Weg zu zeigen.

Munition. Es gibt für die freien Waffen Knallmunition, CN- und CS-Tränengasmunition sowie OC-PV-Pfeffermunition, Kaliber .22 lang / 9 mm, .45 short, .315, 8 x 20, 9 mm PA, .35 Zentralfeuer. Am häufigsten werden Waffen des Kalibers 9 mm PA gekauft. Mit einem Abschußbecher können 15 mm Signalsterne, 15 mm Pfeif- und Knallpatronen verschossen werden.

Die Wirkung der Tränengaswaffen. CN- und CS-Patronen enthalten Kristalle, die beim Abschuß verdampfen sollen. Übriggebliebene Kristalle können auf kurze Entfernungen zu Haut- und Augenschäden führen. Kleinkalibrige Patronen enthalten weniger Kristalle. Deshalb haben sie eine geringere Reichweite und Wirkung. Ein Tränengasschuß treibt eine Reizgaswolke in Richtung des Angreifers. Dabei ist das CS-Gas 10 mal wirkungsvoller als das CN-Gas. Am wirkungsvollsten ist das OC-PV-Pfeffergas.

CN erzeugt Augenreizungen mit Tränenfluß, Reizung der Atemwege und Nasenschleimhaut.

CS erzeugt starken Tränenfluß, Erstickungshusten sowie starkes Brennen der getroffenen Haut und Atembeschwerden mit Brustenge-Gefühl.

OC-PV-Pfeffer von Wadie (Frankonia) erzeugt sofort eine starke Wirkung auf Schleimhäute in den Augen und in der Nase. Die Kehle und die Lunge „brennt". Dem Angreifer verschließen sich die Augen und seine Atmung wird stark eingeschränkt.
Wadie Pfefferpatronen gibt es im Kaliber: 8 x 20, 9 mm, 9 mm Supra, 9 mm PA. 9 mm PA supra.

Die Wirkung der Reizgase:
4 m ist die maximale Entfernung, darüber wird die Gaswolke verteilt und abgebremst.
3 m – 1 m ist die optimale Entfernung zum Schießen.
0 – 0,5 m besteht Verletzungsgefahr. Beim aufgesetzten Schuß auf die Schläfe (dort ist der Schädelknochen am dünnsten), können Pulvergase in das Gehirn eindringen.

Wirkung im Freien und in Räumen
Im Freien wird man öfter schießen müssen, weil sich das Reizgas be Wind schnell verflüchtigt. Bei Gegenwind wird man selbst zum Opfer.

Der CS-Strahl aus der Dose.

Der CS-Strahl aus dem TW1000 Gigant.

In Räumen sollte man öfter schießen, damit sich das Reizgas im ganzen Raum verteilt. Auch der Schütze wird einen Schwall Reizgas abbekommen.
Je mehr Schüsse abgefeuert werden, desto größer ist die Tränengaswirkung.
Je geringer die Entfernung zum Angreifer ist, desto eher ist es ihm möglich, den Schützen mit seinen Fäusten oder seinem Messer doch noch zu erreichen. Vertrauen Sie nicht allein der freien Gaswaffe, führen Sie außerdem ein starkes Taschenmesser mit sich.
Als optimale Verteidigungswaffe kann der Wadie P1 Revolver im Kaliber 9 mm PA mit Pfeffer-Munition betrachtet werden. Der Revolver schießt immer, er ist „idiotensicher".

18

Selbstschutz mit Abwehrsprays

Um dem Bürger eine Abwehrmöglichkeit gegen Verbrecher und Räuber zu geben, wurde der Verkauf von verschiedenen „Tränengas Abwehrsprays" erlaubt. Leider ist nur den wenigsten Personen bekannt, ob und wie sie überhaupt wirken. Bisher gibt es folgende Abwehr-Sprays oder -Gase:

1. CN-Tränengas

Es wurde 1869 von deutschen Chemikern entwickelt, als weißes Pulver aus den Substanzen Bromazeton, Brombenzylzyanid oder Chlorazetophenon.
Wenn es einem Angreifer in das Gesicht gesprüht wird, erzeugt es einen starken Tränenfluß, brennende Augen und eine geringe Atembeeinflussung. CN wirkt nicht bei brutalen Verbrechern, welche schmerzunempfindlich sind, bei Drogenkonsumenten sowie bei sehr stark alkoholisierten Personen. Die besprühten Täter werden nur noch zorniger und brutaler in ihren Angriffen. Das CN wirkt erst nach 5 Sekunden. In der Zeit wird man zusammengeschlagen.
Bei bissigen Hunden wirkt das CN nicht, weil sie keine Tränendrüsen haben.
In einer 0,9% Lösung wurde CN als Chemical Mace bei der Polizei eingesetzt. Oft war es zu schwach in der Wirkung.

2. DM-Gas

Es wurde 1918 von Amerikanern entwickelt. DM = Diphenylaminechloroasine.
DM ist eine gelbe Gaswolke, die am brutalsten wirkt. Weil es zur Wirkung einige Minuten braucht, wird es mit CN vermischt. Das rauchig schmeckende gelbe Gas erzeugt ein starkes Brennen in Nase und Kehle, gefolgt von Niesen und starkem Husten. Das DM erzeugt starkes Unbehagen und wirkt ekelerregend. Auf dem Höhepunkt erzeugt DM starke Kopfschmerzen sowie starke Schmerzen in Nase, Nebenhöhlen und Brust. Es führt zum Erbrechen und zu Depressionen mit Sinnesstörungen. Das DM wird in den USA nur im Notfall eingesetzt.

3. CS-Tränengas

Es wurde 1928 von Briten entwickelt und ist 10mal stärker als das CN-Tränengas. CS ist das Chlorbenzalmalonitril Tränengas. Wenn das CS einem Angreifer in das Gesicht gesprüht wird, erzeugt es einen starken Tränenfluß, ein starkes Augenbrennen und eine brennende Gesichtshaut. Dazu kommt ein starker Husten mit Atemnot und Brustverengung.

Der Gegner muß aber ca. 30 Sekunden besprüht werden, damit das CS sicher wirkt. Wenn er dabei die Augen schließt und nicht atmet, ist die Wirkung ungenügend. Das CS wirkt nicht bei Tieren.

4. OC-Pepper-Spray

Das OC-Spray wurde erst vor ca. 5 Jahren in den USA entwickelt. OC = Oleoresin Capsicum, welches aus Cayenne-Pfeffer und Öl besteht. Es wird mittels Treibgas dem Angreifer in das Gesicht gesprüht. Das OC erzeugt ein sehr starkes Brennen auf allen Schleimhäuten, in den Augen, der Nase, in der Kehle und in den Lungen. Wenn er im Gesicht getroffen wird, schließen sich die Augen krampfhaft, sein Atem wird stark eingeschränkt, die Schleimhäute fangen an zu brennen. Etwa 30 Minuten wird seine Atmung verringert. Etwa 10 Minuten kann er nichts sehen.

Alle Tränengassprays und das OC-Pfefferspray wirken leider nicht immer wie gewünscht!

Zu Einschränkungen kommt es...

...wenn das Pfeffer-Öl die Haut gegen den Pfeffer isoliert, wie es beim OC-Spray oft der Fall ist.

...wenn der Angreifer mit Adrenalin vollgepumpt ist.

...wenn der Angreifer sturzbetrunken ist.

...wenn der Angreifer genetisch bedingt unempfindlich ist.

Inzwischen wurde auch die deutsche Polizei mit Pfeffer-OC-Spraygeräten ausgerüstet, damit nicht gleich die Schußwaffe eingesetzt werden muß. Jedoch wirkte das OC-Pfeffer-Spray bei angreifenden Psychopathen nicht wie erwartet.

▮ Ein Polizist wurde von einem gestörten Täter mit einem Beil angegriffen. Nachdem der Einsatz des OC-Pfeffers den Angreifer nicht stoppen konnte, mußte der Polizist ihn mit zwei Beinschüssen aufhalten.

▮ Ein Polizist wurde von einem gestörten Täter mit einem Messer angegriffen. Der Versuch, ihn mit dem neuen OC-Pfefferspray zu stoppen mißlang, der Polizist mußte ihn – in Notwehr – mit einem Schuß in die Brust stoppen.

19

Selbstschutz mit Stun-Gun-Waffen

Die Wirkung der Elektroschock-Geräte wird manchmal überschätzt. So kam ein Mann der GIGN an den Stand mit 100.000 Volt Paralysern, hielt das blaue Funken sprühende Gerät an seinem linken Oberarm und sagte lachend: „Ich spüre nichts!“
Stun-Gun, Paralyser oder Elektroschock-Geräte erzeugen zwischen zwei offenen Metall-Polen Hochspannungsüberschläge von 100.000 bis 250.000 Volt.
Die Größe und die Dauer des dabei fließenden Stromes ist für die Schmerzwirkung verantwortlich. Je länger der Strom fließt, desto schmerzhafter wird er sein.

Der Paralyser ist eine Kontaktwaffe. Deshalb muß man seinen Gegner mit den zwei Kontakten berühren, wenn man ihn einschaltet. Am besten berührt man die Brust, dort ist die stärkste Wirkung zu erwarten. Je nachdem, wie dick die Kleidung ist (Leder?) und wie lange man den Gegner unter Strom setzt, desto größer ist die Wirkung. Der Angreifer kann mit einem Muskelkrampf bewußtlos zusammenbrechen oder auch nur für kurze Zeit geschockt sein. Es kommt auf seinen körperlichen und geistigen Zustand an.

*Schocktronic:
Elektroschocker mit CS-Reizgas.
Abwehr bis 2 m Entfernung mit CS-Tränengas.
Dann mit 200.000 Volt Elektro-Schock, beim Körperkontakt.*

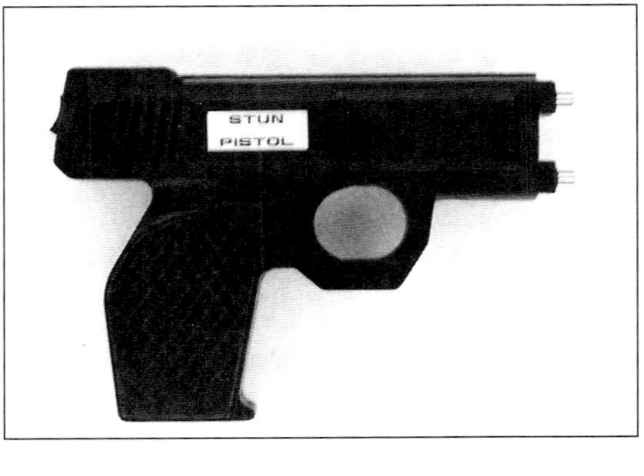

Die Hochspannung entsteht nur zwischen den beiden Kontakten, deshalb braucht man keine Angst zu haben, daß man selbst elektrisiert wird. Betrieben wird das Gerät von einer 9 V-Batterie.

Schocktronic Plus

Der Schocktronic ist eine Doppelwaffe. Zwischen den beiden Kontakten wird eine Hochspannung von 200.000 Volt erzeugt.
Um einen Angreifer abzuwehren muß der Kontakt gesucht werden.
Dieses Gerät hat aber noch ein eingebautes CS-Tränengas-Sprühgerät. Mit ihm kann der Angreifer schon in 2 m Entfernung besprüht und dadurch kampfunfähig gemacht werden.
Die Dose sollte man gegen eine OC-Pfeffer-Spray-Dose auswechseln, da sie besser wirkt.
Der Einsatz ist also: zuerst 2 m Pfeffer-Spray. Dann 200.000 Volt. Beides sollte helfen.

20

Selbstschutz mit Leuchtmunition

Jeder Mensch hat eine berechtigte Angst vor dem Feuer. Leuchtpistolen verschießen brennende Leuchtmunition. Diese ist weithin sichtbar und hat daher eine gute Signalwirkung, solange man senkrecht in die Luft schießt. Schießt man mit der Leuchtmunition in Richtung des Gegners, kann es dazu führen, daß dessen Kleider zu brennen beginnen. So etwas ist nicht tödlich, aber sehr schmerzhaft und gefährlich, weil der Getroffene seine Kleidung ausziehen muß.
Es gibt Leuchtmunition, die brennend in der Kleidung hängen bleibt und andere, die so gefertigt ist, daß sie abfällt.

Einschüssige Leuchtpistolen
Die beste Wirkung mit Leuchtkugeln, Rauch und Knall hat eine Leuchtpistole im Kaliber 4, wie die bei der Bundeswehr vorhandene GECO-Leuchtpistole, oder die Heckler + Koch P2A1 Leuchtpistole.
Im Krieg wurden diese Kaliber 4-Pistolen zum Abschießen von Notsignalen, zum Erhellen der Gegend, aber auch zur Selbstverteidigung gegen plötzliche Angreifer eingesetzt.

Erprobung der Nico Leuchtmunition am Ersatzkörper.

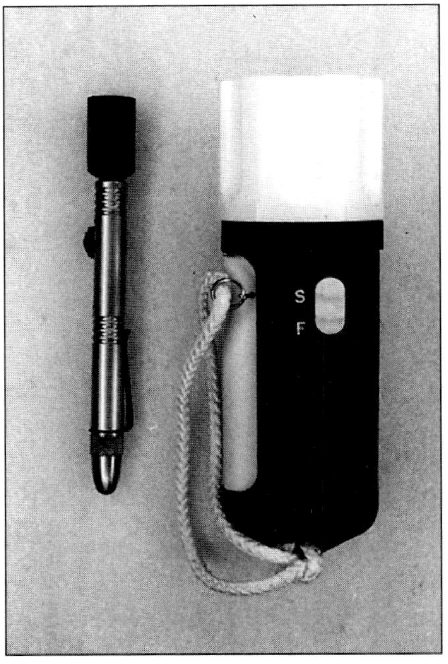

Links: Signalstift mit Leuchtrakete
Rechts: Nico Signalgerät 6 Schuß Kal. 15 mm

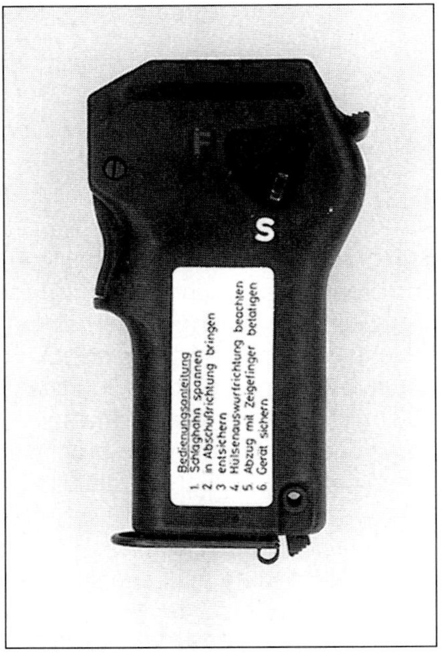

H+K Notsignalgerät 5 Schuß Kal. 19 mm

Armee-Leucht-pistole Kal. 4

Beide Leuchtpistolen sind einschüssige Kipplaufwaffen, deren Hammer gespannt werden muß. Die Leuchtgeschosse kleben an der Kleidung.

Mehrschüssige Leuchtsignalgeräte
Für die Luftwaffe hat H + K ein 5schüssiges Notsignalgerät Kaliber 19 mm mit 5 Schuß Magazin entwickelt. Durch die Geschoßabdeckung kleben diese Leuchtkugeln nicht.
Das NICO Signal-Gerät aus Plastik hat eine einstellbare Trommel für 6 Leuchtpatronen im Kaliber 15 mm. Über einen flachanliegenden Spannabzug werden die Leuchtkugeln gezündet. Diese Leuchtkugeln kleben im Ziel an Kleidungstücken. Von ihnen getroffen zu werden ist schmerzhaft, aber nicht tödlich.

Schreckschußwaffen
Aus den EM-GE Schreckschuß-Revolvern oder Pistolen im Kaliber 9 mm Knall, lassen sich durch das Aufsetzen des Rotor Star Geräte-Abschußbecher, 6 Pyro-Signalpatronen, Kaliber 15 mm, hintereinander abschießen.
Auf jede Schreckschußwaffe läßt sich ein Schießbecher aufschrauben, aus dem mit der Knallpatrone eine 15 mm Leuchtpatrone oder Knall-Patrone abgeschossen wird. Diese Leuchtgeschosse sind relativ klein.

Flinten
Aus Jagdflinten lassen sich Leuchtpatronen im Kaliber 12/70 abfeuern.

Vorsicht – jede Leuchtmunition kann Kleidung, Vorhänge und Polstermöbel in Brand setzen.

21

Das neue CF-Pfefferspray „Shock out"

Chemiker in Österreich erkannten die mangelhafte Wirkung des OC-Pfeffersprays. Beim Sprühen wird eine Ölschicht erzeugt, wodurch die Haut des Getroffenen isoliert wird. Es wurde das neueste und wirkungsvollste CF-Pfefferspray (Capsicum, Fructren) entwickelt, welches ungebremst auf Haut und Schleimhäute einwirkt und dadurch eine Schockwirkung bei dem Getroffenen erzeugt. Bereits aus 4 m Entfernung sollte man sprühen.

Das Atmen wird schlagartig durch starke Schmerzen in den Atemwegen und den Lungenflügeln fast unmöglich gemacht, sodaß der Getroffene damit beschäftigt ist, nach Luft zu ringen und er 30 Minuten keinen neuen Angriff starten kann. Die besprühte Gesichtshaut brennt so feurig und stark, daß der Getroffene 10 Minuten nichts mehr sehen kann. Diese relativ lange Zeit genügt einer bedrohten Person, die Flucht zu ergreifen. Der Pfeffer ist ein Naturstoff aus gemahlenem, roten Cayenne-Pfeffer. Die Wirkung ist stark aber nicht gefährlich für die Gesundheit.

Sollten Sie selbst, durch Gegen- oder Seitenwind, etwas von dem Pfefferstrahl abbekommen haben, hilft am besten kalte Luft und klares, kaltes Wasser zum Kühlen des Gesichtes. Sie können etwa 10 Minuten Probleme haben.

Der Einsatz des Shock out CF-Abwehrgerätes

Das Shock Out CF-Pfeffer-Spray versprüht sekundenlang einen ca. 4 m langen dünnen Strahl, der in das Gesicht des Angreifers gelenkt wird. Der Täter wird also bereits, bevor er Sie ergreifen kann, außer Gefecht gesetzt.

Der Behälter des Shock Out-Gerätes ist so gebaut, daß Sie das Abwehr-Spray immer unauffällig in Ihrer Hand halten können. Es genügt das Zusammenziehen der beiden Finger, um gezielt zu sprühen. Sprühen Sie bereits aus 4 m Entfernung und so lange, bis der Angreifer vor Schmerzen zusammensinkt.

Das Shock Out Sprüh-Gerät ist immer „sprühbereit". Es hat keinen Sicherungshebel, den man im Notfall, etwa aus Angst, vergessen kann. Im Gegensatz zu den üblichen Tränengas-Sprays, welche senkrecht zu halten sind, kann das Shock Out waagrecht und zielgenauer verwendet werden.

Bewahren Sie das Shock Out-Gerät immer in Ihrer Jacken- oder Manteltasche auf. Nie im Auto!

Abwehrwaffen gehören an den Körper der gefährdeten Person!

Frauen sollten keine Angst davor haben, dieses nichttödliche Abwehrspray einzusetzen.

Die Wirkung des Shock out-Abwehrgerätes

Das CF-Pfeffer-Sprühgerät schaltet jeden Angreifer aus! Egal, ob er unempfindlich gegen Schmerzen oder betrunken ist. Drogenabhängige Angreifer werden sicher gestoppt.

Bissige Hunde werden sicher in die Flucht geschlagen, besonders weil ihr Riechorgan total schmerzhaft gestört wurde. Deshalb ist Pfefferspray das beste Mittel gegen wildgewordene Hunde.

Menschliche Angreifer, die einen CF-Stahl in das Gesicht bekommen haben, bekommen ein starkes Brennen in den Schleimhäuten der Augen, der Nase, der Lungen, wodurch das Sehen für ca. 10 Minuten und das Atmen für ca. 30 Minuten so stark eingeschränkt wird, daß diese Person kampfunfähig ist.

Dieses CF-Abwehrgerät ist viel humaner als der Einsatz von Schußwaffen, da diese dauerhafte Verletzungen und den Tod herbeiführen können.

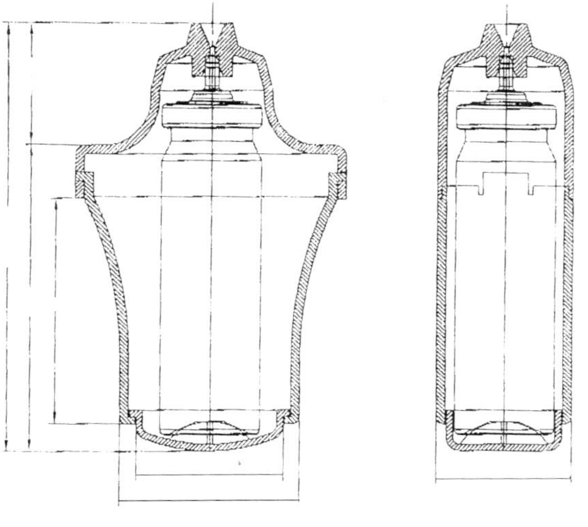

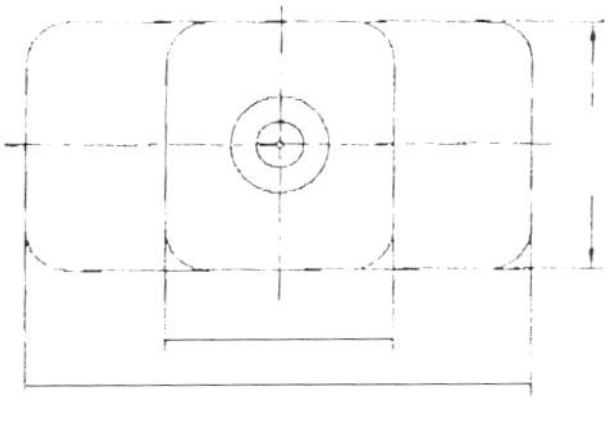

Pfeffer-Spray Variante S.F.H.

Vorteil: Blitzschnelle Einsatzbereitschaft.

Das neue Polizei-Pfefferspray RSG-5

22

Selbstverteidigung mit Schlagstöcken und Morgenstern

Bei der Selbstverteidigung ist es immer äußerst wichtig, einen angreifenden Täter auf Distanz von 2 - 3 m zu halten, damit es gar nicht erst zu einem Körperkontakt kommt.
Wenn außer den körperlichen Waffen, wie Fäusten und Füßen nichts anderes zur Verfügung steht, können sich Stöcke als sehr wirkungsvoll erweisen.

A. Spazierstock
Schon immer war ein Spazierstock auch eine gute Abwehrwaffe, weil er eine Stahlspitze und einen Knauf hatte.
Mit der Stahlspitze des Spazierstockes kann zugestoßen und dem Angreifer schwere Verletzungen beigebracht werden. In grauer Vorzeit gingen Bauern mit einem langen Messer und einem langen Stock bewaffnet durch die damaligen Urwälder. Wenn es gefährlich wurde, banden sie ihr Messer an den Stock und hatten somit eine Waffe gegen wilde Tiere und räuberische Menschen.
Mit der Stahlspitze des Spazierstocks wird in den Solarplexus, in den Unterleib oder in den Hals des Angreifers gestoßen. Immer sollte hineingestoßen werden, weil ein Zuschlagen mit dem Spazierstock abgefangen werden kann und dann der Stock entwunden werden könnte.
Wurzelstöcke mit einem dicken schweren Knauf eignen sich hingegen gut zum Zuschlagen. Ein Treffer auf den Kopf des Angreifers mit einem schweren Metall- oder Wurzelknauf kann zur Bewußtlosigkeit des Angreifers führen.

B. Baseballschläger
Mit außerordentlicher Wucht werden diese amerikanischen Sportgeräte beim Zuschlagen auf den Ball gehandhabt. Von Jugendlichen werden sie oft auch als Kampfschlagwaffen verwendet.
Ein Schlag mit einem Baseballschläger kann Knochen brechen. Wird ein solcher Schlag auf den Kopf eines Gegners geführt, kann der Schädel des Getroffenen zertrümmert werden.
Bei Bandenkämpfen von Jugendlichen wurden und werden Baseballschläger neben Messern als Waffe verwendet. Ein Schlag mit so einem Baseballschläger auf den Kopf entwickelt eine solche Energie, daß der Schädel zertrümmert werden kann. Mit beiden Händen ausgeführt, kann er auch einen Arm brechen. Deshalb kann der Baseballschläger als tödliche Waffe bezeichnet werden.

Ein Baseball-Schläger ist eine gefährliche Waffe, weil man mit ihm Knochen brechen und Schädel einschlagen kann.

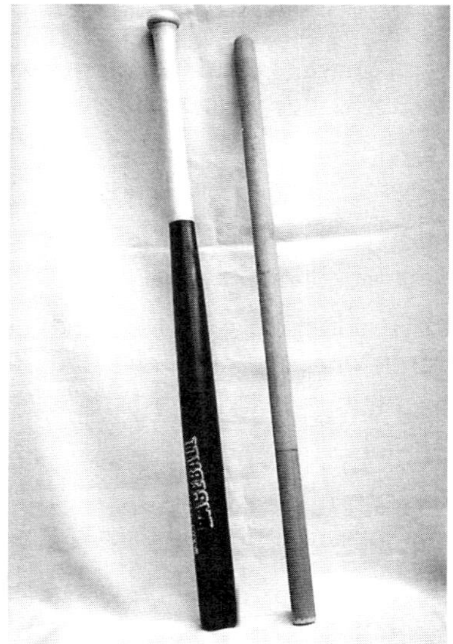

Baseballschläger und Stock.

C. Selbstverteidigung mit dem 50 cm Hartholzstab

So ein 4 - 5 cm dicker Hartholzstab – mit 50 cm Länge – kann, wenn keine andere Waffe zur Verfügung steht, eine gute Verteidigungswaffe sein.

Einsatz mit 3 cm langem Vorderteil, mit einer Hand

Der Stab wird mit einer Hand wie ein Messer umfaßt, so daß nur noch 3 cm hervor schauen.

Der übrige Stab liegt am Unterarm an. Er wird in der rechten Hand gehalten, der linke Fuß wird etwas vor gesetzt.

Beim Angriff wird der Stab waagrecht mit dem 3 cm Teil in den Angreifer hineingestoßen, wobei der Rest des Stabes am Unterarm entlang liegt.

- Der Stab wird überraschend in den Solarplexus des Angreifers hineingestoßen, wobei der rechte Fuß vorgesetzt wird, um den Stoß zu verstärken. Ein einziger solcher Stoß kann manchmal genügen, einen Angreifer zur Aufgabe zu bewegen.
- In geduckter Stellung wird dem Angreifer der 3 cm lange Stab mit aller Kraft in die Hoden gestoßen. Die Schmerzen sind kaum auszuhalten.
- Im weiteren Abwehrkampf wird dem Angreifer der kurze Stab seitlich in die Kehle gestoßen.

Überall dort, wo der Stab trifft, erzeugt er einen starken Schmerz, welcher zur Aufgabe führen soll.

Einsatz des 50 cm Stockes mit beiden Händen

- Umfaßt mit beiden Händen, kann ein Schlag mit dem 50 cm Stock von oben auf die Nase dieselbe zertrümmern.
- Von unten kann der beidhändig umfaßte Stab unter das Kinn des Angreifers geschlagen werden.
- Bei einem Messerangriff, bei dem von oben nach unten zugestochen wird, kann der beidhändig gehaltene Stab den Stich abblocken.
- Bei einem Messerangriff, bei dem von unten nach oben gestochen wird, kann der beidhändig gehaltene Stab den Stich abfangen.
- Fußtritte können gleichfalls mit dem beidhändig gehaltenen Stab abgefangen werden.
- Anschließend kann der beidhändig gehaltene Stab mit aller Gewalt dem Angreifern in den Kehlkopf geschlagen werden, was zur Kampfunfähigkeit führt.

Der Stock als Verteidigungswaffe: Sein Vorteil ist, daß er die Reichweite des Spazierstock-Trägers um 1 - 2 m erhöht. Messerstecher können schon aus 1 m Entfernung wirkungsvoll bekämpft werden, ehe es zum Körperkontakt kommt. Auch Schläger können mit der Stahlspitze in genügender Entfernung abgewehrt werden.
Ein Stich kann nicht so einfach abgewehrt werden wie ein Schlag mit dem Knauf des Stockes, der seitwärts gegen den Kopf geführt wird.
Mit diesem Stock konnte man früher Angriffe mit dem Schwert oder mit dem Streitkolben abwehren. Jede Waffe, welche die Reichweite erhöht, bringt Vorteile. So kann der Messerarm abgeblockt werden, bevor er sein Ziel erreicht. Schläger können mit der Spitze zurückgescheucht werden.
Spazierstöcke sehen harmlos aus. Sie sind jedoch wirkungsvolle Schlag- bzw. Stich- Waffen, wenn man mit ihnen umgehen kann.

Golfschläger

Golfschläger erreichen beim Zuschlagen mit dem Messing-Schlagstück an dem langen Rohr eine sehr hohe Geschwindigkeit, die dazu führt, daß Knochen und Schädel gebrochen werden können.

Gummiknüppel

Es sind die Waffen der Polizei, die schmerzhaft sind, aber niemanden umbringen werden.

Tonfa

Das Tonfa ist eine neue wirkungsvolle Polizeiwaffe gegen Schläger und Messerstecher.

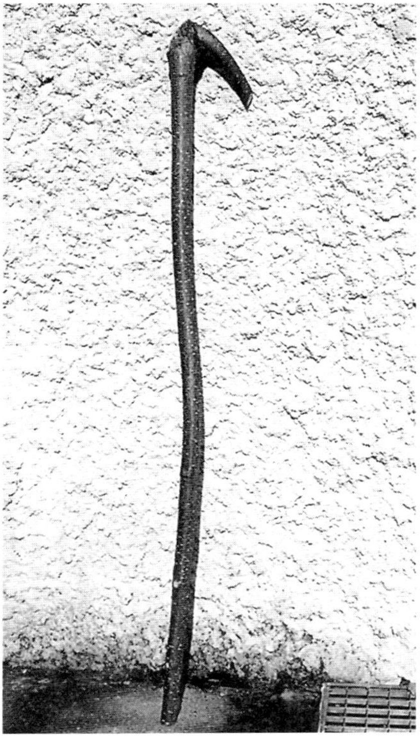

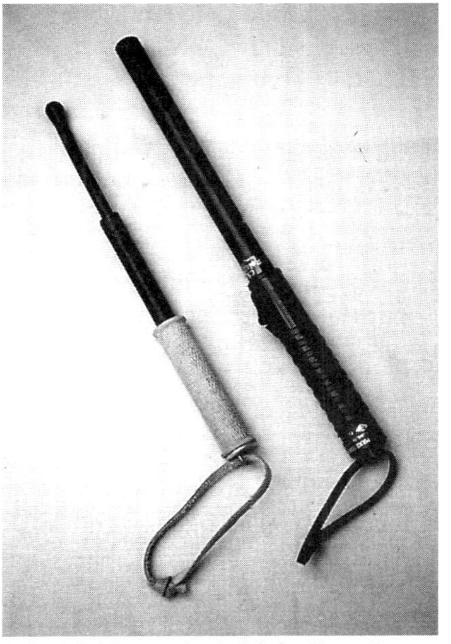

Polizei Schlagstock mit CS Sprühgerät.
Einschiebbarer Polizeistock.

Ein selbstgeschnitzter Haselnuß-Stock ist eine gute Verteidigungswaffe mit 2 - 3 m Reichweite.

Der ca. 48 cm lange Hartholz- oder Polycarbonat-Stab hat einen Griff im rechten Winkel. Mit diesem Griff kann gezielt zugestoßen werden. Vor allem können mit dem Tonfa Stiche und Hiebe blitzschnell abgeblockt werden.

Blackjack

Der Blackjack ist eine unauffällige Waffe, die in den USA sowohl von der Polizei als auch von den Gangstern eingesetzt wird. Er kann gekauft oder auch selbst hergestellltt werden. Er besteht aus einer kurzen starken Feder und hat vorn eine Bleifüllung von ca. 200 Gramm. Griff und Blei sind mit Leder umhüllt. Der Polizei-Blackjack hat eine runde oder flache Form und ist zwischen 15 - 22 cm lang. Es ist also eine Waffe die der Kriminalbeamte gut im Mantel oder im Jackett neben der Dienstpistole verbergen kann.
Durch die Feder wird das Bleigewicht so wirkungsvoll, daß ein einziger Schlag auf den Kopf genügt, um den Täter außer Gefecht zu setzen. Dabei sieht der Täter den Schlag, der eine ähnliche Wirkung wie ein .45er Geschoß hat, gar nicht

kommen, da er blitzschnell erfolgt. Ein Schlag auf die Schulter oder auf den Schädel hat eine starke, betäubende Wirkung.
Bei einer Bedrohung mit dem Messer oder dem Revolver genügt ein Schlag auf den Arm oder auf die Hand, damit der Angreifer die Waffe fallen läßt und seine Hand betäubt ist.
In der BRD ist der Blackjack verboten.

Selbstverteidigung mit dem Morgenstern

Der Morgenstern wurde von den Fußkämpfern erfunden, die sich gegen schwer gepanzerte Ritter wehren mußten, deren Rüstung keine Lanze und kein Schwert durchdringen konnte.
Er war eine einfache, flexible Schlagwaffe, die sich fast jeder selbst bauen konnte. Vor allem war er eine tödliche Waffe, die keine besondere Ausbildung verlangte. Gegenüber den Messerkämpfern war der Mann mit dem Morgenstern an einer kurzen Stange in der Reichweite überlegen. Allerdings durfte die Entfernung zum Messerkämpfer nicht zu kurz werden, da sonst der Morgenstern nicht mehr geschwungen werden konnte.
Gerade dieses Schwingen an einer Kette gab dem Morgenstern seine umwerfende Wucht.

J. Sanchez entwickelte in den düsteren Gegenden in Nordamerika einen neuen, kleinen Morgenstern, den man nachbauen kann und mit dem jeder in der Lage ist, körperliche Angriffe erfolgreich abzuwehren. Dieser „Morgenstern" besteht nur aus einem Rohr mit Kette und einer Eisenkugel, (∅ 4 cm, Gewicht 230 Gramm). Mit dieser „Kugel" wird die Reichweite zum Angreifer auf 2,5 m Entfernung erhöht. Das kann kampfentscheidend sein.
Ein Messerkampf zwischen 2 Messerkämpfern ist normalerweise in 25 Sekunden vorbei.
Ein Kampf zwischen einem Messerkämpfer und einem „Kugelkämpfer" dauert normalerweise nur noch 4 Sekunden, weil ein einziger Kugeltreffer genügt, um den Kampf zu beenden.
Der Kampf mit der „Kugel" geht so schnell, daß mit ihr kein besonderes Taktieren nötig ist. Dabei läßt sich die „Kugel" leicht in der Hosentasche mitführen.

Die Kampftaktik besteht aus einem blitzschnellen, kurzzeitigem Zuschlagen mit der „Kugel", wobei der Stoppeffekt ausgenützt wird. Es kommt darauf an, den Angreifer aus ca. 3 m Entfernung zuerst zu treffen und auszuschalten. Eine gute Fußarbeit, verbunden mit dem präzisen Treffen der „Kugel", kann den Kampf in 1 - 4 Sekunden entscheiden, bevor er angefangen hat. Die Auftreffwucht kann Knochen und Schädel zerstören. Nachdem die Hände und die Beine des Angreifers am nächsten sind, können sie zuerst getroffen werden, was zum Schock und zum Ausschalten dieser Körperteile führt.

Wenn der erste Schlag nicht getroffen hat, ist es wirkungsvoll, eine 8er Linie zu schlagen, wodurch die Trefferwahrscheinlichkeit erhöht und der Gegner eingeschüchtert wird. Außerdem erhöht sich die Chance, daß die „Kugel" bereits beim 2. oder 3. Schwung trifft und der Gegner damit auf Distanz gehalten wird. Wenn die „Kugel" auf einen weichen Körperteil trifft, wird sie gestoppt. Trifft sie jedoch auf einen Knochen oder den Schädel wird sie zurückgeschleudert und muß gestoppt werden.

Die Wirkung der „Kugel"

Mit dem Auftreffen der „Kugel" im Körper des Gegners kann ein schwerer Schock bzw. Schmerz erzeugt werden und die Bewegungsfähigkeit von Händen und Beinen wird total eingeschränkt.

Dabei muß die „Kugel" nicht einmal mit großer Kraft geschwungen werden. Es genügt ein moderates Auftreffen beim Gegner, um ihn kampfunfähig zu machen. Es kann geschehen, daß sich die Kette um den Hals, den Kopf oder um den Körper wickelt und so den Gegner von hinten trifft! Ein Kugelschlag von vorn oder hinten auf den Kopf kann lebensgefährlich wirken, denn das Auftreffen kann Schädel und Knochen brechen. Ein Treffer auf die Schläfe oder ins Genick bewirkt eine sofortige Kampfunfähigkeit.

Mit dem neuen Morgenstern von J. Sanchez ist man nach etwas Übung jedem Schläger oder Karatekämpfer überlegen. Vor allem ist man gefährlichen Messerschwingern überlegen, weil man sie gar nicht an sich herankommen läßt. Unbewaffnete Bürger können sich damit gegen gefährliche, jugendliche Täter zur Wehr setzen. Zumal der „Neue Morgenstern" unauffällig in der Tasche mitgeführt werdenkann.

Mit Bohrer und Säge kann die neue Verteidigungswaffe leicht hergestellt werden. Sie besteht aus einem 14 cm langen Stahlrohr mit 12 mm Innendurchmesser. Im Rohr ist eine 23 cm lange, starke Stahlkette befestigt, an der die Stahlkugel mit 4 cm Durchmesser und 230 Gramm Gewicht hängt. Das Gerät kann schwarz brüniert werden.

23

Trefferzonen

Um einen oder mehrere Angreifer mit Stock oder Morgenstern zu stoppen, gibt es mehrere Ziele .
Während ein Messerkampf blutig ist und 30 Sekunden dauern kann, ist der Kampf mit dem flexiblen Morgenstern in 4 - 10 Sekunden vorüber. Der Kampf gegen einen Stockkämpfer kann ca 20 Sekunden dauern.

Soll der Angreifer abgewehrt werden, können folgende Stellen am Körper mit Kugelschlägen angegriffen werden.

Von Vorn	Von Hinten	Auf den Kopf
Auf und unter das Kinn	Auf die Schultergelenke	Auf den hinteren Schädel
Auf das Brustbein	In das Kreuz	Verbindung Schädel zum
Unter die beiden Rippen	Auf die Ellbogen	Rückgrad
In die Hodengegend	Auf die beiden Nieren	Auf die Schläfe
Auf den Handrücken	Auf das Steißbein	Hinter das Ohr
Auf das Handgelenk		Auf den Kopf
Auf die Knie		Von vorn auf beide
Auf Fußgelenke		Schläfen

Vorsicht, ein schlagender Mann kann leichter entwaffnet werden, als ein zustechender Mann.

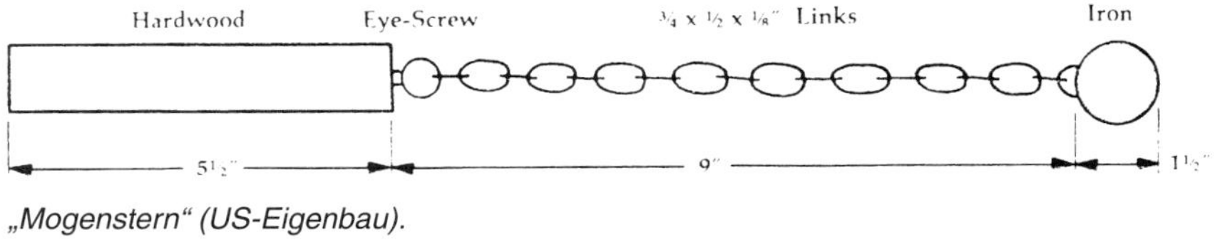

„Mogenstern“ (US-Eigenbau).

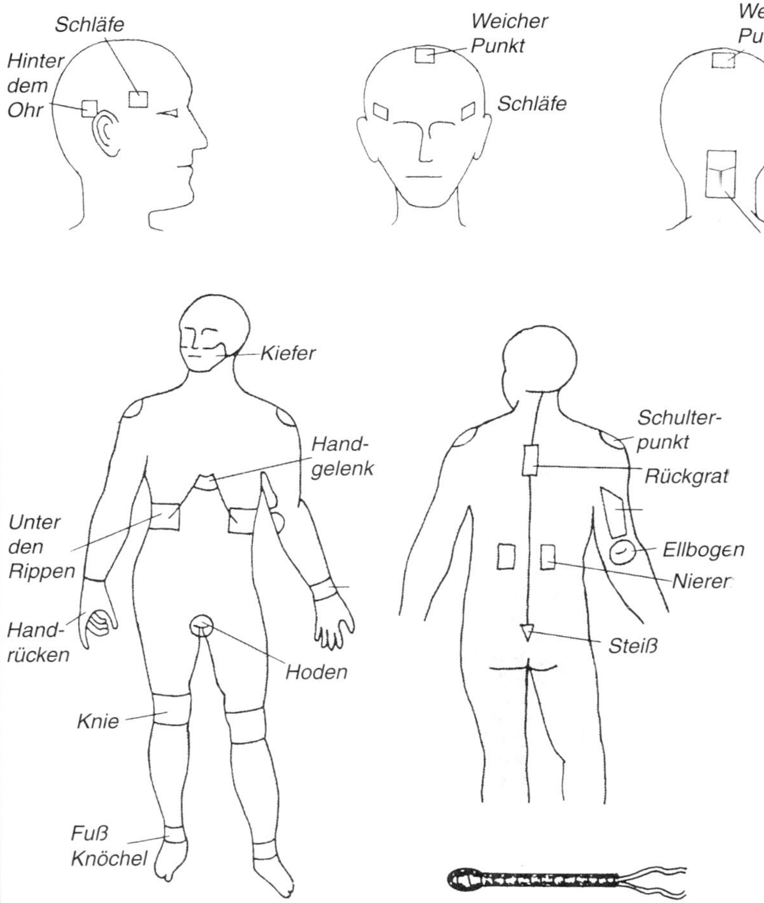

The improvised blackjack (US-Eigenbau)

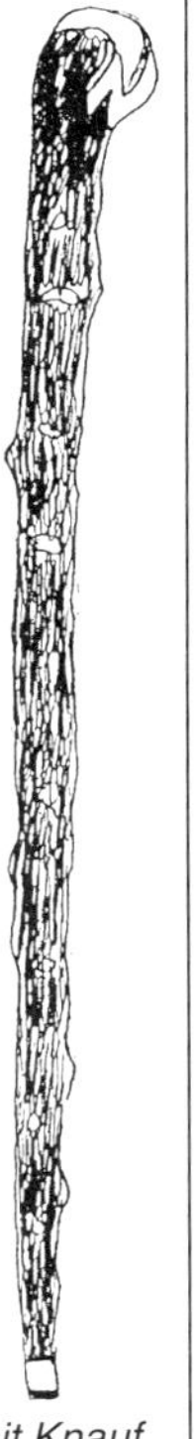

Stock mit Knauf

24

Messer und Dolche – Die gefährlichsten Waffen

Die meisten verbrecherischen Tötungen und Morde geschehen mit Messern und Dolchen.
Messer sind überall vorhanden und können immer unauffällig mitgeführt werden. Messerstechereien sind fast immer blutig. Deshalb liegen sie mehr den brutalen Verbrechern als den braven Bundesbürgern.
Am 28.2.2000 wollte eine 26jährige Polizeimeisterin einen Ehestreit schlichten. Der Ehemann erwartete den Streifenwagen bereits. Der Mazedonier tötete die Polizistin, die am Steuer des Streifenwagens saß, mit seinem Messer mit einer 30 cm langen Klinge. Die arg- und wehrlose Polizistin hatte überhaupt keine Chance. Immer öfter werden Polizisten zum Freiwild für Verbrecher!

Warum bevorzugen Verbrecher Messer und Dolche?

- Messer sind überall greifbar.
- Messer können immer unauffällig mitgeführt werden.
- Messer können leichter versteckt werden als Schußwaffen.
- Messer sind lautlose Waffen.
- Messer haben keine Ladehemmung.
- Messer müssen nicht nachgeladen werden.
- Messer liefern keine ballistischen Beweise. (Geschosse, Hülsen)
- Gefängnisstrafen sind für Täter mit Messern geringer als für Täter mit Schußwaffen.
- Messer sind billige Waffen, die man überall kaufen oder stehlen kann. Sie sind nicht registriert.
- Die meisten Messerattentate wurden mit Klappmessern ausgeführt.
- Messer sind Nahkampfwaffen! Der Täter muß in sein Opfer „hineingehen“ und zustechen, was zu einem Blutbad führt. Nur hartgesottene Verbrecher können so etwas tun.

1. Applegate 2. Sykes 3. Master

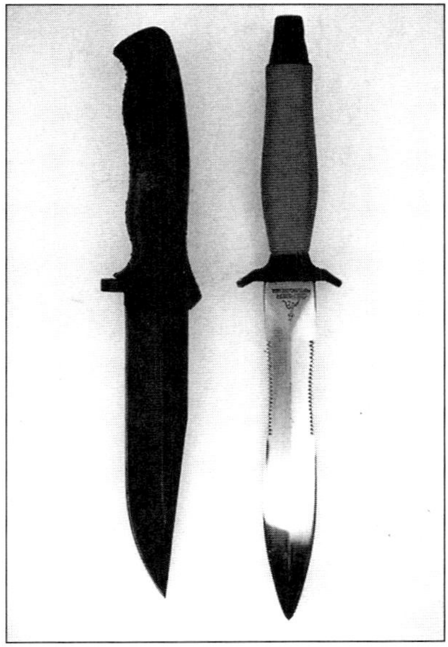

1. Buck knive 2. Gerber

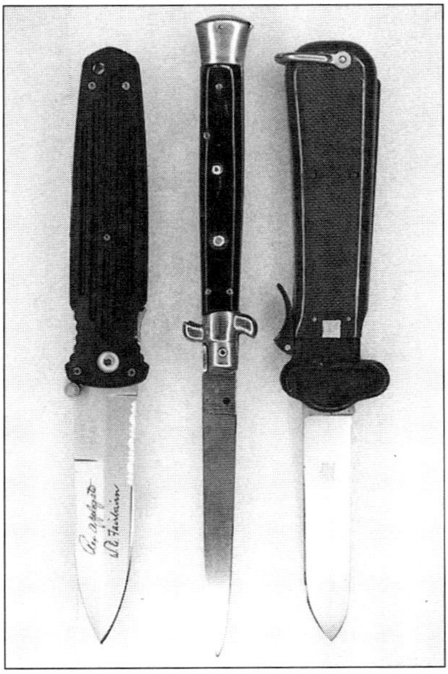

1. Applegate Klapp-M. 2. Italien Spring-M. 3. BW-FJ Fall-Messer

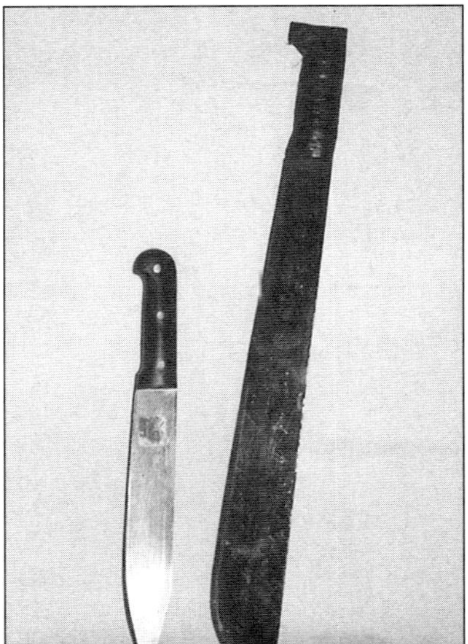

1. Arbeits-Messer
2. Machete

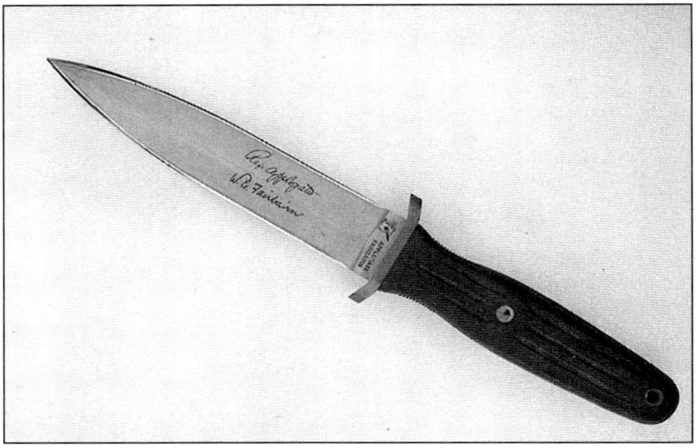

Dolch: Fairbairn/Applegate. Das optimale Kampfmesser.

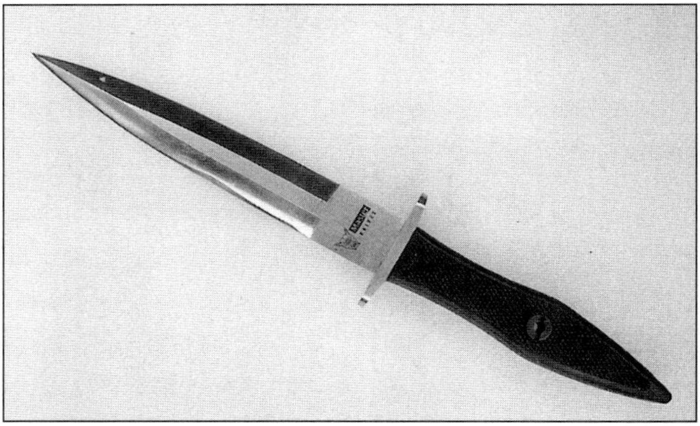

Dolch: Master Knive

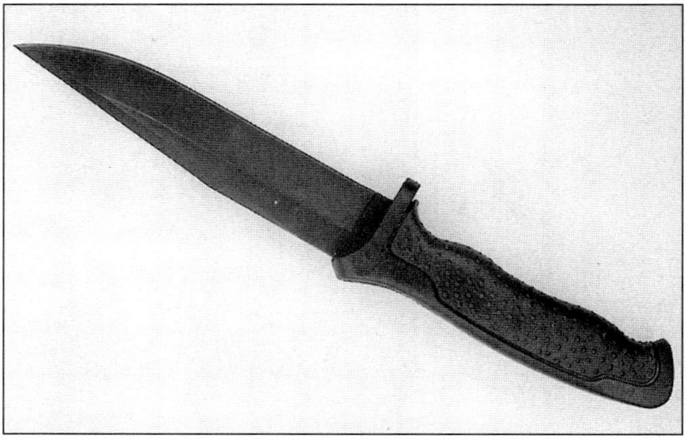

Messer: Buck Knive

Welche Messer werden von den Verbrechern bevorzugt?

1. Klappmesser (Couteau Laguiole)
2. Springmesser (Mafia)
3. Butterflymesser (Asien)
4. Fallmesser
5. Stiefelmesser
6. Kampfmesser
7. Armeedolche
8. Küchenmesser

Wie verbergen Verbrecher ihre Messer?

- ➤ In einer zusammengerollten Zeitung
- ➤ In einer Aktenmappe
- ➤ Im Gürtel -Holster
- ➤ Im Stiefel-Holster
- ➤ Im Waden-Holster
- ➤ Im Unterarm-Holster
- ➤ Im Rücken-Holster

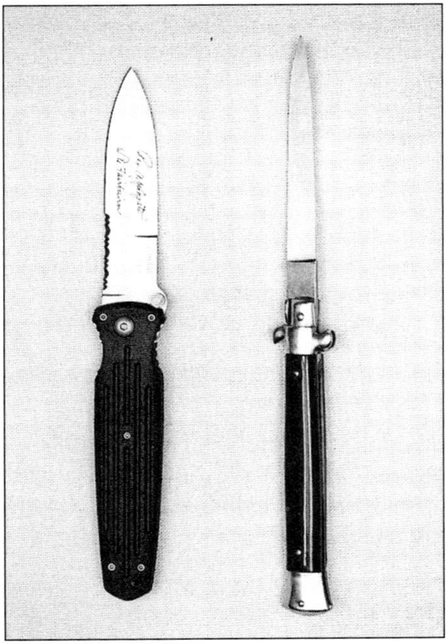

Links: Fairbairn/Applegate-Klappmesser
Rechts: Italienisches Springmesser

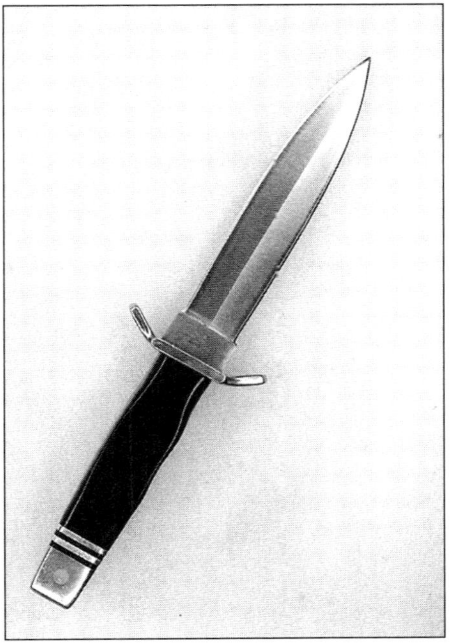

Buck-Dolch

Othello-Dolch

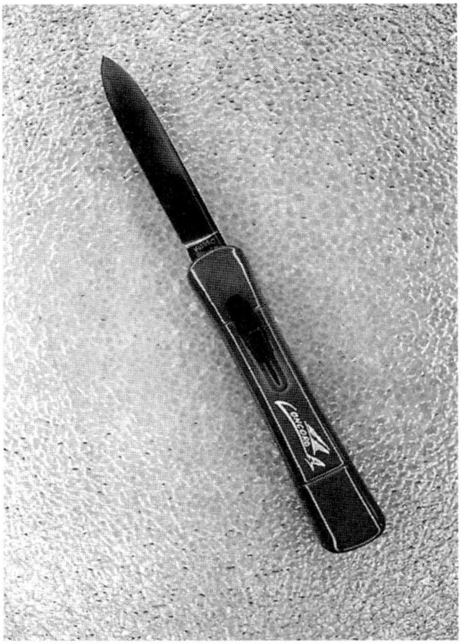

Taschenmesser sind als Kampfmesser ungeeignet.

Messer können praktisch überall versteckt geführt werden.

In Südamerika und in südlichen Ländern Europas führen viele Leute ein Messer mit sich, weil sie es oft zur Arbeit brauchen. Diese Personen verstehen auch etwas vom *Messerkampf*, von dem wir kaum eine Ahnung haben.

Soldaten der Spezialtruppen werden im Messerkampf ausgebildet.

Unsere Polizisten haben davon kaum eine Ahnung. Deshalb sollten auch sie etwas über diesen blutigen Kampf auf Leben und Tod wissen.

Kein Polizist darf einen Menschen, der ein Messer in der Hand hält, näher als 4 m an sich herankommen lassen. Der Polizist muß seine Waffe ziehen und sofort schießen, wenn der Täter sein Messer nicht sofort wegwirft! In Sekundenschnelle könnte er bei dem Beamten sein und auf ihn einstechen!

25

Selbstverteidigung mit dem Messer

Ein unbewaffneter Bürger ist gegenüber einem Messerstecher in höchster Lebensgefahr. Wenn sich der Bürger erfolgreich verteidigen will, muß er wissen, wie diese Ganoven angreifen und wie man sie mit ihren eigenen Waffen schlagen kann.
In der Hand eines entschlossenen Mannes, der weiß, wie er vorgehen muß, kann ein Kampfmesser einen kriminellen Angreifer neutralisieren oder ausschalten.

Das optimale Kampfmesser:

- Das Messer sollte eine Klingenlänge von 12.5 cm (5 Zoll) haben, um tief genug einzudringen.
- Das Messer sollte leicht sein, damit es schnell gehandhabt werden kann. (225 Gramm)
- Das Messer sollte zweischneidig sein. (Dolchform)
- Das Messer sollte sehr spitz sein.
- Das Messer sollte sehr scharf geschliffen sein.
- Der Griff sollte keine Fingerrillen haben.
- Das Messer sollte leicht zu verbergen sein.
- Das Messer sollte über die gesamte Länge aus rostfreiem Stahl sein.
- Das Messer sollte gut ausgewogen in der Hand liegen.
- Als Kampfmesser sind nur Messer mit fester Klinge geeignet.
- Das Messer soll gut zum Austeilen von Stichen, Schnitten und Säbelhieben geeignet sein.

Springmesser, Fallmesser, Klappmesser, Butterfly Messer, Taschenmesser können nicht schnell genug eingesetzt werden, sie sind unstabil und daher für den Messerkampf nicht geeignet.

Kampfmesser sollen verdeckt geführt und überraschend eingesetzt werden:

Rechtes Hosen-Holster
Linkes Jackentaschen-Holster
Im Gürtel-Holster, links oder rechts.
Linkes Unterarm-Holster
Nacken-Holster
Auf der linken Brustseite im Holster

Handhabung eines Kampf-messers

Der Säbel-Griff = optimal zum Zustechen.

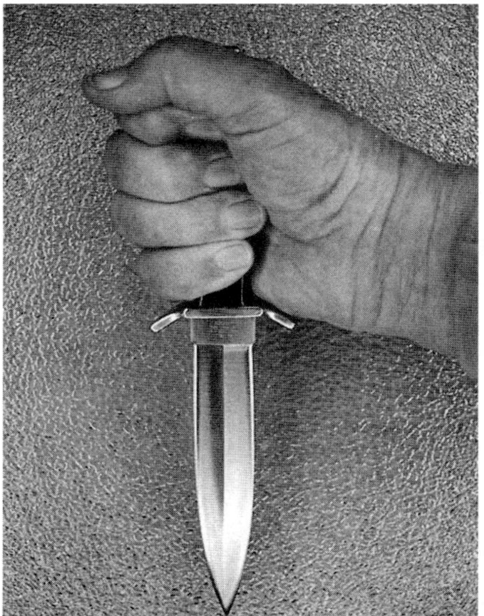

Eispickel-Griff

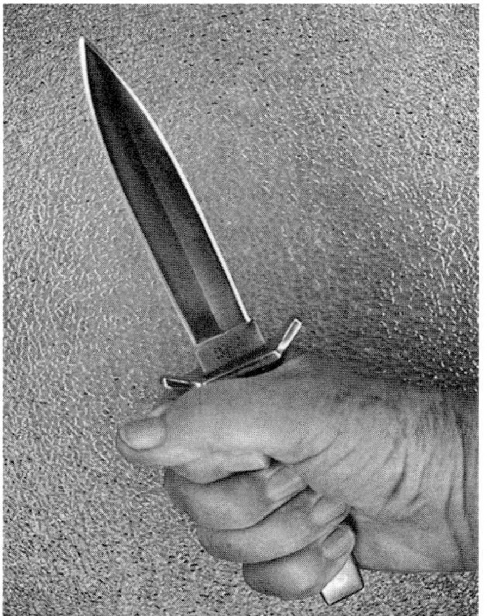

Hammer-Griff

Schutz vor Messerstichen und Schnitten:

1. Kettenhemd
2. Stichschutz für Spectra-Westen
3. Umgebundenes Telefonbuch
4. Dicke Lederkleidung

Optimale Kampfmesser

Applegate-Fairbairn	Dolch-Klinge	15 cm	Gewicht 230 Gramm
Buck	Einseitige Klinge	15 cm	Gewicht 250 Gramm
Gerber	Dolch-Klinge	18 cm	Gewicht 200 Gramm
Master	Dolch-Klinge	15 cm	Gewicht 170 Gramm
Othello	Dolch-Klinge	12,5 cm	Gewicht 140 Gramm
Jet-Aer	Dolch-Klinge	12,5 cm	Gewicht 100 Gramm

Messer zur Verteidigung

Wurfmesser	Dolch-Klinge	12 cm	Gewicht 90 Gramm
Springmesser Mafia	Einseitige Klinge	12 cm	Gewicht 110 Gramm
Gerber Applg Klapp	Dolch-Klinge	11 cm	Gewicht 160 Gramm
Unterarm ohne Griff	Dolch-Klinge	10 cm	Gewicht 50 Gramm

Ein Bürger, der einen scharfen Degen oder ein Schwert hat, kann aus sicherer Entfernung einen Messerstecher unschädlich machen und neutralisieren.
Eine Machete ist das Schwert des Bauern. Mit ihr kann er einen Angreifer in Stükke hacken.

26

Der Messerkampf

Wenn es irgendwie möglich ist, sollte man einen Messerkampf vermeiden! Lieber bei einem Überfall das Geld hergeben, als sich auf einen Messerkampf einlassen, denn der kann sehr blutig für alle Beteiligten enden. Ist der Messerkampf jedoch unvermeidbar, so gelten folgende Regeln:

- ❖ Mit 90% Sicherheit gewinnt der, der zuerst blitzschnell, aggressiv und überraschend angreift.
- ❖ Ein Messerkampf zwischen zwei Gegnern dauert selten länger als 30 Sekunden.
- ❖ Wer zuerst die Messerhand des Gegners kampfunfähig macht, gewinnt!
- ❖ Messerstiche und Schnitte sind nicht sofort kampfentscheidend, deshalb sollte man dem Gegner keine 3 Sek. Zeit geben.
- ❖ Der Gegner wird nur dann sicher kampfunfähig sein, wenn man ihm sein Messer aus der Hand schlägt.
- ❖ Ein Herzstich kann den Getroffenen sofort zusammenbrechen und sterben lassen.
- ❖ Messerstiche können innere Organe verletzen und dadurch die Kampfunfähigkeit herbeiführen.
- ❖ Schnitte an Armen oder Körper können zum Verbluten führen. (Nach 30 sek.?)
- ❖ Der mehrmals getroffene Gegner kann in Panik fallen und nach 2- 5 sek. ohnmächtig werden.
- ❖ Das völlige Fehlen von Furcht, Unentschlossenheit und Konfusion ist kampfentscheidend.

Der Amateur-Messerheld

Der Amateur hat keine Ausbildung im Messerkampf erhalten. Er hat keine Praxis im tödlichen Messer-Kampf mit einem erfahrenen Gegner.
Er glaubt jedoch, daß sein Messer eine tödliche Waffe ist, mit der er seine Mitmenschen einschüchtern kann. Dabei hat so ein Straßen-Gangster oft nur ein Springmesser.
Dieser Messerheld hat keinen Angriffsplan. Er weiß nicht, daß ein Messer eine sehr schnelle Waffe ist. Mit seinem Messer greift er unbeholfen und zu langsam an. Er zeigt schon vorher, welche Stiche er anbringen will. So hält er sein Messer

Messer gegen Pistole. Der Messerstecher ist bereits viel zu nahe herangekommen.

Die Schwert-Stellung ist von Nachteil, weil die rechte Hand offen dargeboten wird.

Linke Hand vor, die rechte Hand mit dem Messer zurück.

nach vorn und sticht waagrecht in Richtung Bauch. Zudem teilt er weit ausgeholte Hiebe in Richtung Gesicht und Kehle aus. Diese Amateure haben ihr Messer oft nur benutzt, um Ladeninhaber zu überfallen oder Kumpel einzuschüchtern. Sie trafen ja nur auf unbewaffnete Bürger. Diese Messerhelden schauen aber dumm aus der Wäsche, wenn sie plötzlich in die Mündung einer Schußwaffe blicken. Sie schauen auch blöd, wenn ihnen ein erfahrener Messerkämpfer entschlossen entgegentritt.

Falsche Ratschläge

1. *Die Schwert-Kampf-Stellung*

Das Messer wird gehalten wie ein Schwert und mit dem rechten Arm auf den Gegner deutend vorgestreckt. Dabei wird versucht, den Gegner zu stechen.

Falsch Denn der Gegner kann diesen freistehenden Messerarm leicht beiseite schlagen und das Handgelenk ergreifen.

Vor allem kann er mit seinem Messer den vorgestreckten Arm aufschlitzen und kampfunfähig machen.

Gefährlich Die rechte Hand ist für Rechtshänder der wichtigste Körperteil im Messerkampf! Wenn die rechte Hand verletzt und unbrauchbar ist, ist der Kampf verloren!

Unnütz Die linke Hand hängt hier unnütz in der Gegend herum und ist weit vom Gegner entfernt. Dabei könnte sie dazu verwendet werden, des Gegners Kleidung zu ergreifen und herumzuziehen.

Gewonnen hat schon immer der mit der größten „Courage“.

2. *Der gerade Stoß*

Das horizontal ausgeführte Zustoßen kann man durch das schnelle Wegdrehen des Körpers verhindern. Sofort kann in den vorgestreckten Arm mit dem eigenen Messer die Hand des Angreifers oder sein Unterarm aufgeschnitten werden.

Das Hin- und Herwerfen des Messers von einer Hand in die andere ist Kinoquatsch, weil dabei das Messer herunterfallen kann. Außerdem ist die linke Hand nie so gut wie die rechte Hand. Ein Amateur, der sinnlos mit dem Messer herumfuchtelt und eine Show liefert, hat wenig Chancen.

H.J. Jenks, der Autor des Buches „Bloody Iron".

Die Handhabung des Messers

Bereits die Art, wie das Messer in der Hand gehalten wird, kann über den Erfolg entscheiden.

Rechtshänder umfassen den Messergriff mit der rechten Hand. Dabei kann der Griff in verschiedener Weise umfaßt werden.

Ziel ist es, die Messerhand des Gegners zu verletzen.

Der Säbel-Griff (Empfohlen)
Dieser Griff ergibt eine lange Reichweite des Messers. Dabei kann die Klinge im 45 Grad Winkel in alle Richtungen gehalten werden. Die Hand umfaßt ganz den Griff, der rechte Daumen ruht oben auf der Griffseite, hinter dem Schneiden-Schutz.

Der Hammer-Griff
Dieser Griff ergibt eine kurze Reichweite, wobei die Klinge im 90 Grad-Winkel nach oben gehalten wird. Beim Stoßen nach oben wird Kraft benötigt.

Der Eispickel-Griff
Dieser Griff ergibt gleichfalls eine nur kurze Reichweite der im 90 Grad-Winkel nach unten gehaltenen Klinge. Beim Stoßen nach unten ist Kraft nötig.

Der Einsatz des Messers

Schnitte

Im Messerkampf werden Schnitte am häufigsten eingesetzt.

Es gibt 3 Arten:

1. Der Kraft-Hieb 2. Schnapp-Schnitt 3. Der Haken-Schnitt

Das Ziel des Schnapp-Hiebes ist die Messerhand des Gegners. Die eigene Messerhand schlägt mit zurückgehaltenem Messer in Richtung der Messerhand des Gegners. Im Ziel schlägt das eigene Messer in die Messer-Hand hinein.

Stiche

Es gibt 3 Arten von Stichen:

1. Schnapp-Stoß 2. Standard-Stoß 3. Der Haken-Stoß

Der Standard-Stoß geht in gerader Linie zum Ziel und dringt in lebenswichtige Organe ein.
Der Schnapp-Stich wird schnell und leicht in Richtung Ziel ausgeführt. Mit ihm erreicht man eine psychologische Überlegenheit, die das Selbstvertrauen des Gegners erschüttert.

Messerwunden

Messerwunden können in eine der 2 Kategorien fallen:

1. Bluter-Wunde
Bluterwunden entstehen durch das Durchtrennen von Hauptarterien. So etwas macht den Gegner nur selten sofort kampfunfähig. Die Wunde kann jedoch in weniger als einer Minute zum Verbluten führen. Wenn durch einen Schnitt in eine Arterie viel eigenes Blut fließt, können manche ihren Gegner vergessen und ohnmächtig werden. Andere sagen sich „Er oder Ich“ und greifen mit größter Aggres-

Im Messerkampf wurde mit allen Tricks gearbeitet.

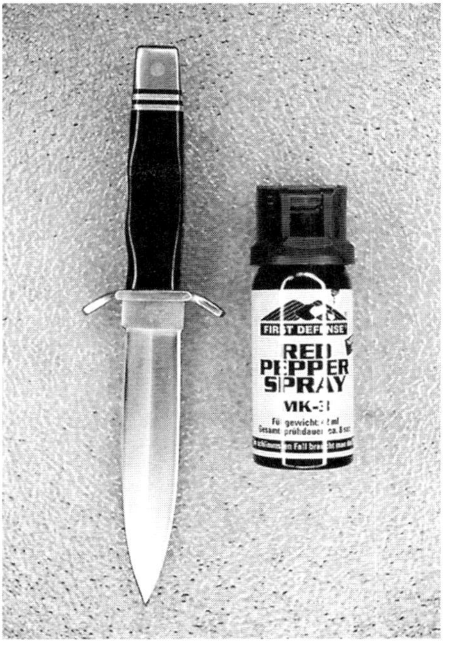

Heute kann man einen Gegner irritieren, indem man ihm Pfeffer in das Gesicht sprüht.

sivität an, wobei sie ihre Verletzung vergessen. Wieder andere werden vernünftig und rennen weg. Wobei sie allerdings dadurch gefährdet werden, daß sie von ihrem Gegner verfolgt werden und er den Flüchtenden sein Messer in den Rükken stößt.

2. Tödliche Wunden

Die Körperteile, deren Verletzung Tod oder Kampfunfähigkeit bewirken können, befinden sich im Kopf oder in der Brust. Sie werden durch den Schädel oder durch die Rippenknochen geschützt. An den Armen oder Beinen ist keine tödliche Verletzung möglich.

Im Zweikampf können diese Körperteile nur getroffen werden, wenn der Gegner stark blutet und sich nicht mehr wehren kann. Dazu muß der Angreifer ganz nahe herankommen und kann dann noch mit letzter Kraft selbst tödlich getroffen werden.

Ein Messerkampf ist blutig, der Ausgang ist ungewiß, er sollte daher tunlichst vermieden werden!

Von der Kampfstellung hängt es ab, ob der Angriff richtig gestartet wird.

Die instinktive Fighter-Stellung

Dieses ist die aggressivste Stellung für den Messerkampf.

1. Der linke Fuß wird ca. 20 cm vorgestellt.
2. Der linke Arm ist abgewinkelt und bereit die Messerhand oder die Kleidung des Gegners zu ergreifen.
3. Das Kinn ist zum Schutz der Kehle etwas eingezogen.
4. Um die Brust zu schützen, wird der Oberkörper nach vorn geduckt.
5. Automatisch wird die natürliche Kampfstellung eingenommen, mit der man schnell nach allen Richtungen kämpfen kann.
6. Der linke Arm (am besten mit einer Jacke umwickelt) wird nach vorn vor die Brust gehoben.
7. Die rechte Messerhand muß am besten geschützt werden. Sie befindet sich kampfbereit hinter dem rechten Hüftknochen. Wird die rechte Hand durch Schnitte verletzt, ist der Kampf bereits verloren.

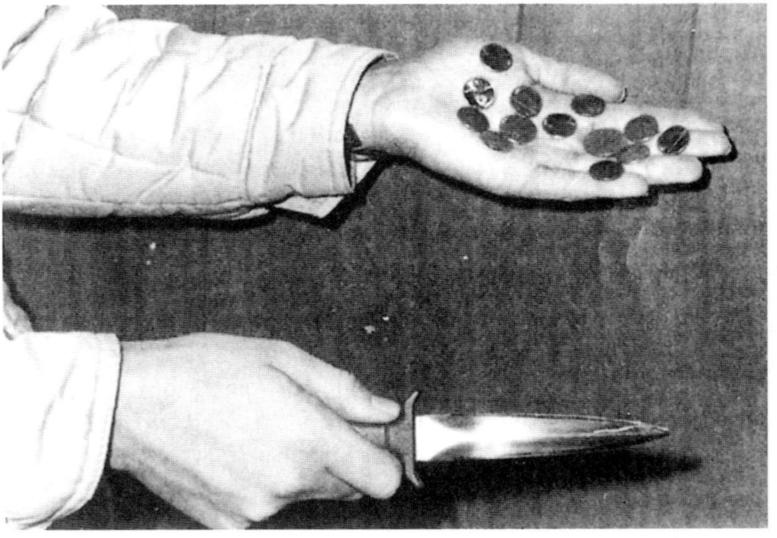

Um den Gegner zu irritieren, wurden ihm Geldstücke ins Gesicht geworfen.

Der mögliche Ablauf eines Messerkampfes

- Ein Messerkampf ist schnell zu Ende, er dauert meist nur 30 Sekunden.
- Mit 90%iger Sicherheit siegt der offensivere Messerkämpfer.
- Wer zuerst einen Schnitt oder Stich erleidet, ist bereits im psychologischen Nachteil.
- Der erste durch einen Schnitt auftretende Blutverlust kann den Getroffenen bereits schwächen.
- Nur derjenige, der seine Messerhand immer vor Schnitten geschützt hat, wird gewinnen.
- Im Kampf blickt man auf die Bauchgegend, um Körper, Beine, vor allem aber die Hände zu sehen.
- Das eigene Messer darf nie stillstehen. Es muß immer nach allen Richtungen in Bewegung sein.
- Das wichtigste Ziel ist, die Messerhand des Gegners zu treffen und kampfunfähig zu machen, denn ein Gegner mit einer gelähmten Messerhand kann keinen Kampf mehr gewinnen.
- Um dem Gegner einen maximalen Schaden zuzufügen und dabei das geringste Risiko einzugehen, muß man zum Schluß nahe an den Gegner herangehen.
- Man kann dem Gegner mit der linken Hand in das Gesicht schlagen, während man mit der nicht beachteten rechten Hand zusticht.
- Wichtig ist, den Gegner abzulenken, indem man ihm Pfeffer oder Sand ins Gesicht wirft. Dadurch schließen sich seine Augenlider automatisch. Er kann nicht sehen wenn man zusticht.
- Noch besser ist es, bei jedem Messerkampf in der rechten Hand das Kampfmesser und in der linken Hand verborgen das Pfeffer-Spray zu halten.
- Zuerst sollte man dem Messerstich des Gegners ausweichen, bevor man mit dem eigenen Messer angreift.
- Wenn es gelingt, mit der linken Hand die Kleidung des Gegners zu ergreifen und ihn herumzureißen, kann man mit der rechten Hand zustoßen.
- Für den Nahkampf Messer gegen Messer braucht man Nerven aus Stahl und kaltes Blut.

27

Ein Messerangriff ist so tödlich wie ein Schußwaffenangriff

Die Selbstverteidigung gegen Messerstecher

Da das Messer eine tödliche Waffe ist, hat ein unbewaffneter Mann wenig Chancen, sich gegen einen Messerstecher zur Wehr zu setzen.

Die Abwehr eines Messerstechers mit einer Schußwaffe

Im Notwehrfall ist der Einsatz der Schußwaffe gerechtfertigt. Niemand muß einem Messerstecher mit einem Messer im Kontaktkampf entgegentreten. Jeder ist im Vorteil, der eine Distanzwaffe wie eine Schrotflinte oder einen Revolver oder Selbstladepistole aus der sicheren Distanz von 6 m Entfernung einsetzen kann. Der Messerstecher hingegen muß, um zustechen zu können, auf Kontakt-Entfernung herangehen.
Vorsicht, lassen Sie einen Messerstecher nie auf eine kürzere Distanz als 4 m herankommen. Er braucht nur 3 Sekunden um heranzuspringen und zuzustechen.
Wenn der Messer-Mann sein Messer nicht auf Anruf fallen läßt, wird der Schußwaffen-Einsatz nötig.
Mit Sicherheit kann ein Messerstecher mit einem Kopftreffer aus 10 - 3 m Entfernung gestoppt werden, während Treffer in die Beine nicht immer mit Sicherheit einen Angriff stoppen können.
Brusttreffer, selbst Herztreffer können ein Vorrennen des Messerstechers nicht mit 100%iger Sicherheit stoppen, weil er noch in den „3 Sekunden des toten Mannes" tödlich zustechen kann.

Abwehr eines Messerstechers mit einem Kampfmesser

Ein Mann mit einen Kampfmesser geht, wenn er nicht im Messerkampf ausgebildet ist, ein großes Risiko ein. Wenn er nur ein Taschenmesser hat, macht er sich lächerlich und zum Opfer.
Ist der Messerstecher ein Amateur wird er fliehen wenn er das Kampfmesser sieht und dazu einen Mann, der ihm energisch entgegentritt.
Einen jungen Straßengangster wird der Mann mit seinem Kampfmesser, welches anzeigt, es wird blutiger Ernst, vertreiben können.

Messer gegen Flinte.

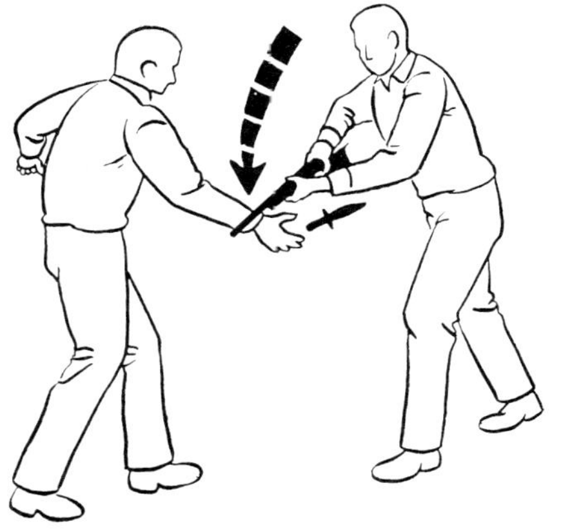

Entwaffnen mit einem Schlag auf das Handgelenk.

Abwehr mit Flinte oder Stock.

Abwehr mit Hocker. Tritte an das Schienbein, auf das Knie, in die Hoden.

Abwehr eines Messerstechers mit Pfeffer-Spray

Den Angriff eines Messerstechers kann man kaum allein mit einem Pfeffer-Spray abwehren, weil der Besprühte immer noch mit seinem Messer in der Gegend herumfuchteln kann.

Der Angegriffene braucht also außer dem Pfeffer-Spray noch einen Spazierstock oder ein eigenes Kampfmesser. Wenn der Angreifer den Pfeffer in sein Gesicht gesprüht bekommt, schließen sich seine Augenlider krampfartig, das Gesicht brennt vor Schmerz, der Besprühte kann nicht mehr atmen, er muß husten. In diesem Zustand kann der Messerstecher mit einem Knüppel KO geschlagen werden oder es kann seine Messerhand aufgeschlitzt werden.

Schutz vor Messerangriffen

Wer, wie viele englische Polizisten, Messerangriffe befürchten muß, kann in England ein Kettenhemd erwerben. Es besteht aus vielen kleinen, übereinander liegenden Duraluminium-Blättchen.
Kevlarschutzwesten können von spitzen Dolchen durchstochen weren. Sie schützen also vor Kugeln, aber nicht vor Stichen.
Dynema-Schutzwesten haben einen zusätzlichen Stichschutz bekommen. Sie schützen also vor den Geschossen **und** vor Stichen.
(Lieferbar von ENGELS, Kaiserstraße 39, 60329 Frankfurt /M., Tel. 069- 253312).

Messerangriff – Hundeangriff

Abwehr von Angriffen böser und bissiger Hunde

Hunde können brave und liebe Begleiter des Menschen sein. Sie können aber auch vom Menschen zu Kampfhunden abgerichtet werden und so zu einer Gefahr für Menschen werden.
Man sollte keinen Hund fixieren und in die Augen starren. Manche Hunde fühlen sich dann bedroht und beißen zu.

Die Kampfhunde-Rassen sind – weil unzurechnungsfähig – immer eine Gefahr für den Menschen, wenn sie nicht an der Leine geführt werden und einen Beißkorb tragen.

- Einem angreifenden Kampfhund wird von vorn mit der Flinte, die mit 00 buckshot Kal. 12 geladen ist, in die Schnauze geschossen, weil sich dahinter das Gehirn befindet.

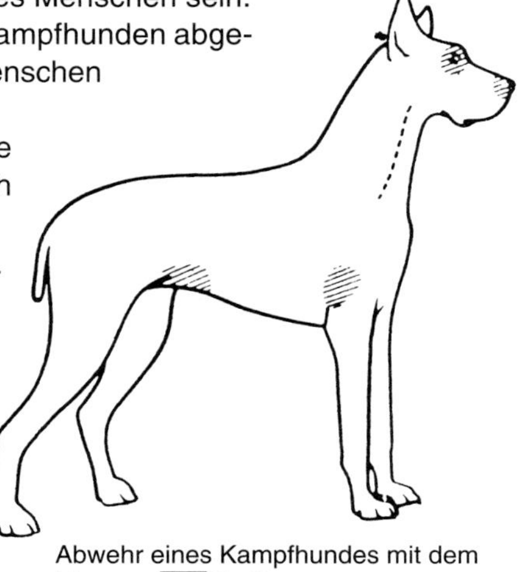

Abwehr eines Kampfhundes mit dem Messer. ▨ Trefferzonen.

Mit Faustfeuerwaffen wird gleichfalls in die Schnauze, in den Kopf geschossen, weil nur ein Treffer im Gehirn den Angriff stoppen kann.

- Mit den Schnitthieben eines Kampfmessers auf die Schnauze und dem anschließenden Stich in das Herz kann versucht werden, den Angriff eines Hundes zu stoppen. Es ist aber nicht sicher.
- Hunde können mit Pfeffer-Spray abgewehrt werden. Wenn der rote Cayennepfeffer auf seine geruchsempfindliche Schnauze trifft, wird der Hund starke Schmerzen haben, die ihn vom Angreifen ablenken können.

Messerwerfen

Um die Reichweite eines Messers zu erhöhen, wird es geworfen.
Ein Messerwurf, bei dem der Getroffene in 10 m Entfernung mit steckendem Messer zusammenbricht, funktioniert nur im Fernsehen. Es gibt keinen Fall, in dem ein Attentäter mit einem gezielten Messerwurf Erfolg gehabt hätte. Wer sein Messer gegen den Gegner wirft, bewaffnet oft nur seinen Gegner mit seinem Messer.
Zum Messerwerfen werden Wurfmesser mit schwerer Spitze und guter Ausgewogenheit verwendet.

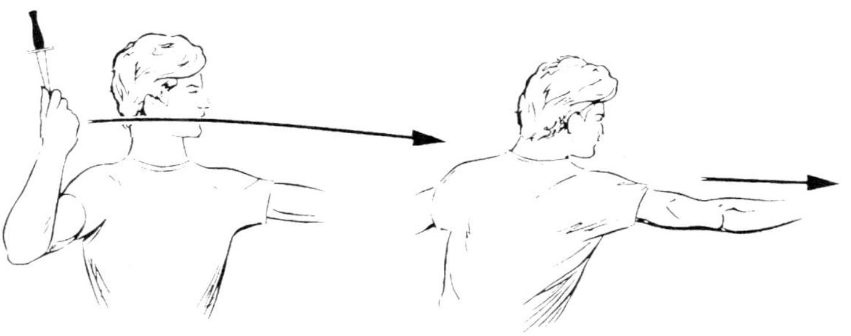

Zwei Arten des Messerwerfens

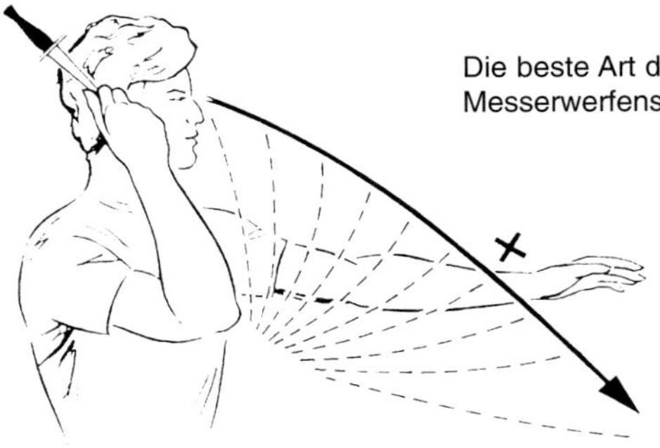

Die beste Art des Messerwerfens.

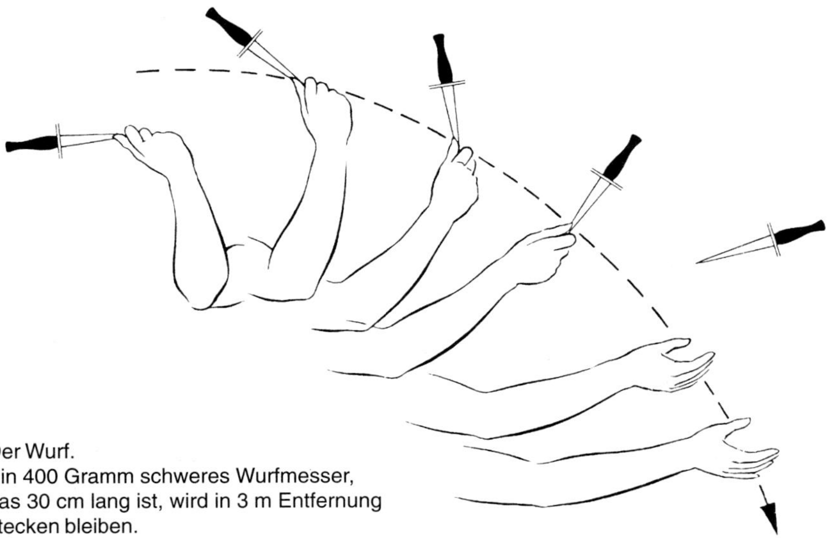

Der Wurf.
Ein 400 Gramm schweres Wurfmesser, das 30 cm lang ist, wird in 3 m Entfernung stecken bleiben.

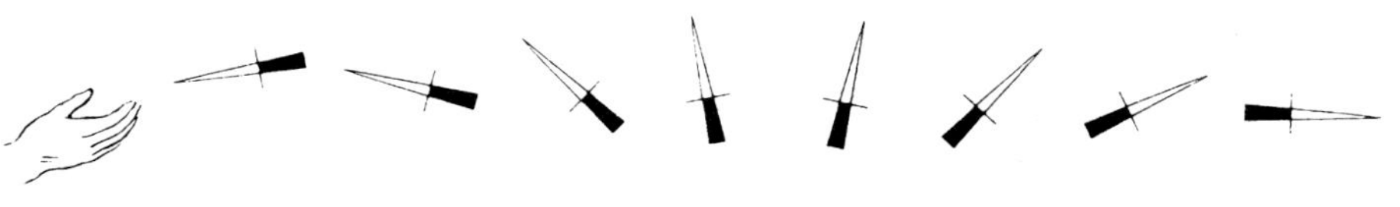

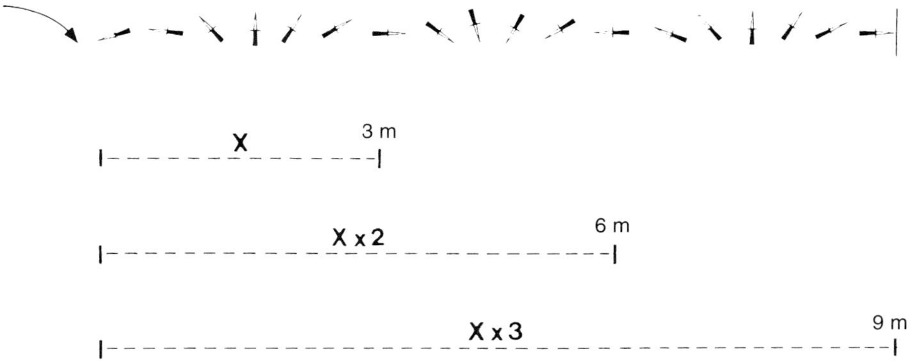

Das Wurfmesser wird sich drehen und in 3 m, 6 m, 9 m Entfernung mit der Spitze auftreffen.

Messerwerfen bedeutet, daß der Werfer viel trainieren muß, bis er sein Ziel in 3 m, 6 m oder 9 m Entfernung trifft und sein Messer tief im Ziel steckenbleibt.
Ein Messerwerfer benötigt mehrere gleiche Wurfmesser, damit er eine „Serie" werfen kann.

Das Werfen:

1. Das Wurfmesser wird an der Klingenspitze mit dem rechten Zeigefingerrücken und dem Daumen festgehalten.
2. Mit dem eingeknickten rechten Arm wird das Wurfmesser hinter dem Kopf gehalten.
3. Beim Wurf wird der Arm mit aller Kraft nach vorn geschnellt.
4. Wenn der Arm in Schulterhöhe ankommt, wird die Klinge losgelassen.
5. Das Wurfmesser soll sich ein halbes mal drehen, damit es mit der Spitze im Ziel ankommt.

Ein Wurfmesser das 200 Gramm wiegt und 20 cm lang ist, wird nach $^{1}/_{2}$ Umdrehung in 2 m Entfernung stecken bleiben.
Ein Wurfmesser das 400 Gramm wiegt und 30 cm lang ist, wird nach $^{1}/_{2}$ Umdrehung in 3 m Entfernung stecken.

Wurfentfernungen:

Wurfmesser 400 Gramm, 30 cm, steckt nach einer halben Umdrehung in 3 m Entfernung im Ziel.

Wurfmesser 400 Gramm, 30 cm, steckt nach 3 mal einer halben Umdrehung in 6 m Entfernung.

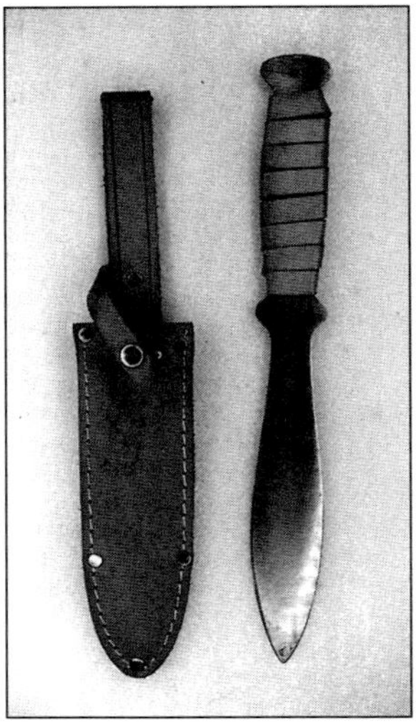

Ein Wurfmesser

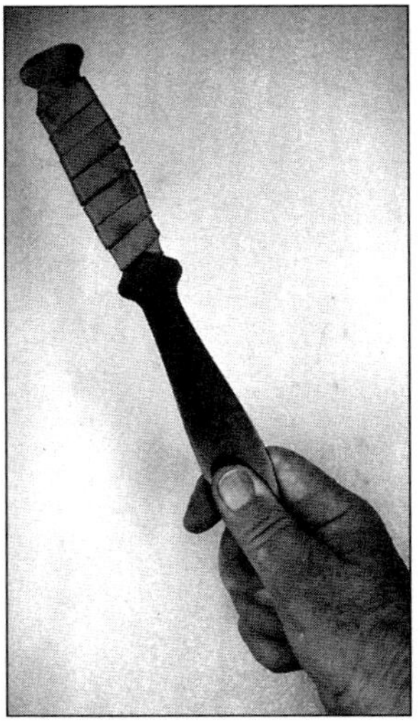

Übliches Werfen

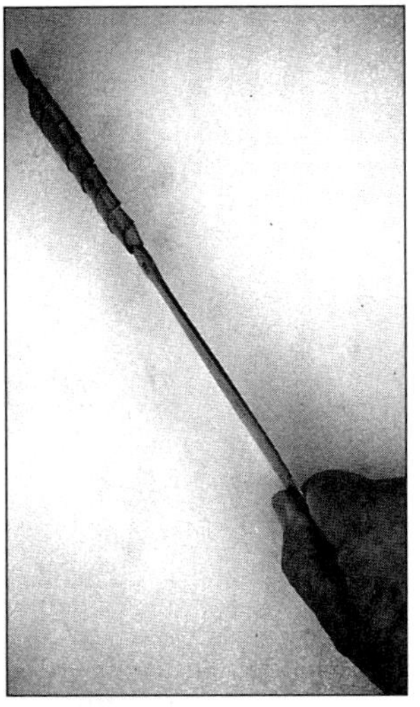

Werfen mit weniger Luftwiderstand

Wurfmesser 400 Gramm, 30 cm, steckt nach 3 mal einer halben Umdrehung in 9 m Entfernung.

Ein hervorragender Wurf ist es, wenn das Wurfmesser in 9 m Entfernung in einem Holzteller steckt.
Wichtig ist, die richtige Entfernung zu kennen, in der das Wurfmesser mit der Spitze ankommt.
Ein sicherer Messerwurf gelingt eigentlich nur im Fernsehen, wo man die Entfernungen und das Gelände gut kennt und Zeit zum Üben hatte.
Oft kommen die Wurfmesser nicht mit der Spitze, sondern mit dem Griff im Ziel an.
Das Wurfmesser muß immer aus der bekannten Entfernung auf dieselbe Weise geworfen werden. Immer mit derselben Kraft, damit die Messerspitze stecken bleibt.

Im Kampf müßte die Wurfmesser-Spitze durch die Rippen ca. 10 cm tief eindringen, damit das Herz erreicht wird.
Der Schädelknochen ist normalerweise zu hart für einen Messerwurf.

Manche Messerwerfer werfen horizontal nach vorn oder werfen aus der flachen Hand nach vorn. Zielsicher sind diese Methoden nicht.

28

Trefferzonen

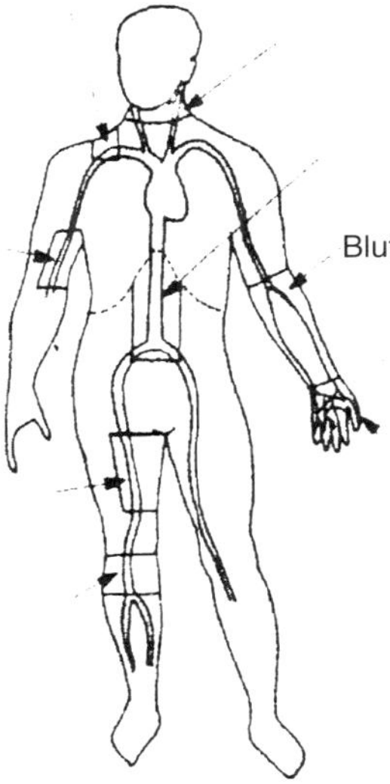

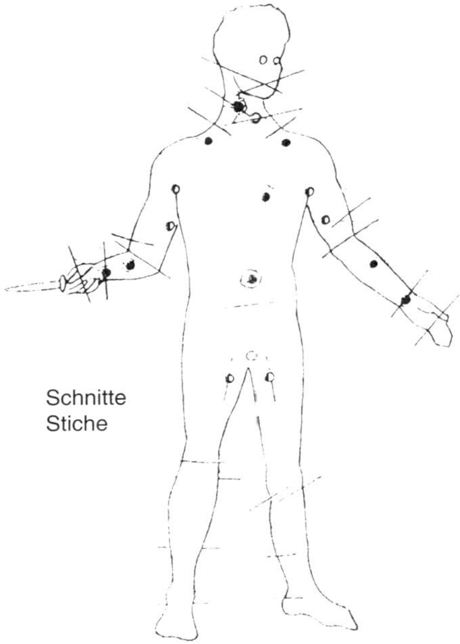

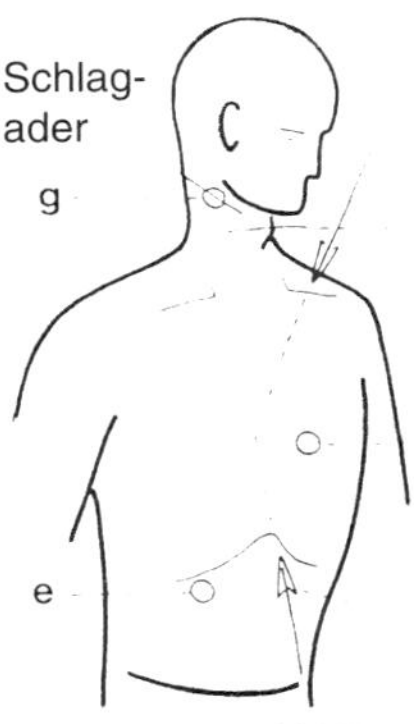

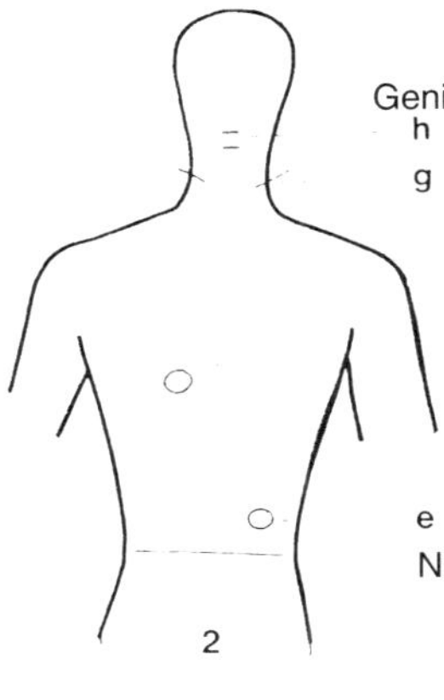

Wirkunger:

g – Halsschlagader: in 5 Sek. bewußtlos, in 12 Sek. tot

a – Herz: in 0,1 Sek. bewußtlos, in 3 Minuten tot

29

Selbstschutz – Schießtechniken

Es ist von Vorteil, das Verteidigungsschießen von den amerikanischen Polizisten zu lernen, da diese die meisten Feuergefechte mit schwer bewaffneten Verbrechern austragen müssen. Der Autor, der viele Jahre mit diesen Männern an der Front zusammen war, berichtet hier, was in einem plötzlichen, tödlichen Feuergefecht mit Gewaltverbrechern geschieht.

- In einem überfallartigen Feuergefecht hat der Überfallene gar keine Zeit zum Nachdenken, weil jede gedankliche Ablenkung seinen sofortigen Tod zur Folge haben würde.
- Die Abwehrreaktion des Überfallenen muß blitzschnell, automatisch ablaufen. Ziehen der Waffe, mit der Waffe auf die Brust des Täters deuten und schießen, bis er fällt.
- In den meisten Fällen ist der Täter nur auf Armlänge (1,5 m) entfernt. Damit er die Waffe nicht aus der Hand schlagen kann, muß mit der eng an der rechten Hüfte anliegenden Waffe (Yaqui) geschossen werden. Hierbei wird auf das Gürtelschloß des Gegners gedeutet.
- In 80% der Fälle finden die Feuergefechte mit Verbrechern unter 6 m Entfernung statt. Auf dieser Nahkampfentfernung wird mit dem Zweihand-Deutschuß (Cirillo) zwischen die Brustwarzen gedeutet. Wenn möglich, wird – auf Nase oder Ohren gezielt – geschossen.
- Verbrecher bevorzugen, um leichter angreifen und flüchten zu können, sehr oft die Dämmerung oder die Dunkelheit, wenn keine Visierung zu erkennen ist.
- Verbrecher bleiben nicht wie Zielscheiben stehen, sondern laufen schießend hin und her. Sie sind daher nicht leicht zu treffen. Am besten trifft man sie mit Deutschüssen.
- Manchmal greifen 2 – 3 Täter an, die natürlich im Vorteil sind. Hier kommt es darauf an, den Täter der am nächsten ist, zuerst zu beschießen. Der Täter, der eine Schußwaffe führt, sollte unbedingt ausgeschaltet werden, weil er am gefährlichsten ist.
- Nur selten hat der Überfallene die Möglichkeit, eine Deckung aufzusuchen. Wenn es gelingt, hat er Glück. Weglaufen ist sinnlos, da die Kugel der Täter in jedem Fall schneller ist.

3
4
5
4
2

- ❑ Bei einem Überfall stehen sowohl der Überfallene wie auch der Täter unter großem Stress. Der Schlüssel zum Überleben ist die Fähigkeit, keine Panik aufkommen zu lassen und die aufkommende Angst durch den lauten Schrei „STOPP“ zu überwinden. Man muß kämpfen, nicht fliehen!
- ❑ Der Überfallene muß sich darauf konzentrieren, den Täter schnellstens in der Kill-Zone zu treffen. Er wird keine Zeit zum Überlegen haben, um Schießstand-Techniken anzuwenden. Je weniger er denkt, desto besser wird er deuten, schießen und treffen!
- ❑ Im Feuergefecht ist das schnelle Ziehen, Deuten, Schießen eine schnelle Reflexbewegung, die ständig trainiert werden muß. Es sollte oft im Trockentraining geübt werden. Die simpelste Schießtechnik ist immer noch die Beste, wenn man sie in Panik beherrscht.
- ❑ Leider können viele Betroffene ihre Panik nicht kontrollieren. Entweder geben sie aus Angst gar keinen Schuß ab, oder sie schießen am Täter vorbei und werden getroffen.
- ❑ Durch die „Tunnelvision“, wenn sich die Augen auf einen Täter konzentrieren, kann es geschehen, daß ein zweiter oder dritter Täter übersehen wird.
- ❑ Niemals darf man nach dem Schießen seine Waffe senken, um nachzusehen, wo der Täter getroffen wurde. Der Täter könnte eine Kevlarschutzweste tragen.

Im Gunfight mit bewaffneten Verbrechern

Es ist immer vorteilhaft, zu wissen, was auf einen bewaffneten Verteidiger zukommen kann, wenn er mit Verbrechern in ein Feuergefecht verwickelt wird.
Berichte der amerikanischen Polizisten zeigen, wie so ein Feuergefecht ablaufen kann:

Ein Feuergefecht mit Verbrechern kann zu jeder Zeit, unter den verschiedensten Umständen stattfinden.

Es kann auf der Straße, in Wald und Feld, in Ihrer Wohnung oder in Ihrem Haus geschehen!

Die meisten Feuergefechte finden abends in der Dämmerung statt.

Der Bedrohte wird mit einem bewaffneten Täter konfrontiert. (Dieser kann einen Komplizen haben).

Die Entfernung, in der geschossen wird, liegt zwischen 1 m und 6 m.

Der US-Polizist feuert etwa 3mal.

Das Feuergefecht ist in 2 - 3 Sekunden vorbei.

Der Überraschungs-Faktor läßt dem Bedrohten keine Zeit zum Denken!

6

Der Bedrohte muß blitzschnell handeln, so wie er es geplant und geübt hat.

Oft ist ein Nachladen der Waffe nicht nötig, weil alles so schnell ging.

Ein getroffener Täter fällt nicht sofort um.

Getroffen zu werden ist kein schneller Weg, getötet zu werden. Treffer erzeugen Schmerzen und Stöhnen. Es dauert einige Zeit, bis zu sehen ist, wie stark die Verletzungen sind.

Der Bedrohte kann nicht wählen: „shoot to wound" oder „shoot to kill", weil alles zu schnell geht.

Der Bedrohte kann nur schießen, um sicher zu treffen, zum Zielen bleibt keine Zeit.

Was zählt, ist DER ERSTE TREFFER, nicht der erste Schuß!

Ein Polizist muß mental bereit sein, zu töten oder getötet zu werden. Das ist sein hartes Leben.

Die Realität eines Gunfights

- Das Feuergefecht ist lebensgefährlich für alle Teilnehmer!
- Die Überraschung, beschossen zu werden oder bedroht zu werden, kann lähmend wirken.
- Man weiß nicht, wie viele Verbrecher schießen werden.
- Man weiß nicht wie viele Sekunden man Zeit hat zum Schießen, um zu überleben.
- Die Zeit wird komprimiert. In wenigen Sekunden kann jemand tot sein.
- Die Entfernung, auf die man blitzschnell treffen muß, liegt oft nur bei 0 - 3 Metern.
- Am wichtigsten ist, daß eine geladene Schußwaffe vorhanden ist.
- Das Ziel ist ein Mensch, der zurück schießt und Sie töten will!
- Das Feuergefecht kann nachts in Ihrem Schlafzimmer, im Keller oder auf der Straße stattfinden. Der bewaffnete Verbrecher kann vor Wut oder vor Angst schwitzen und stinken.
- Die lauten Schüsse und die eventuellen Schreie der Getroffenen gehen auf die Nerven!

In einer tödlichen Konfrontation werden Sie immer so reagieren, wie Sie es auf dem Schießstand 100mal gelernt haben – beim Schießen auf die Pappkameraden! (Die nicht zurückschießen).
Aus diesem Grund werden die PDV 211 und IPSC-Schützen keine großen Überlebenschancen haben, weil dort die Cirillo-Deutschußtechnik gar nicht gelehrt wird.

Die Cirillo-Schießtechnik

Waffenkontrolle beim Schießen

Bevor Sie zum Schießen gehen, bei dem Sie auf die sichere Funktion Ihrer Waffe angewiesen sind, sollten Sie überprüfen, ob Schlagbolzenöffnung, Magazin, Steigeschacht und Rampe frei von Schmutz sind. Überprüfen Sie, ob Schmutz im Lauf oder in der Verriegelung ist. Kontrollieren Sie, ob der Verschluß nicht klemmt, sondern sich mühelos zurückziehen läßt und wieder vorschnellt.
Die Waffe sollte sauber und nicht übermäßig geölt sein.

Am besten ist Spezial-Öl.
Dieses Waffenöl wird in Österreich vom Bundesheer und den Polizei-Einheiten mit Erfolg verwendet, weil es nicht nur die STEYR-Waffen und die Glock-Pistolen konserviert und gegen Regen und Schmutz schützt, sondern auch als das beste Schmiermittel, vor allem auch für vollautomatisch schießende Waffen, erkannt wurde.
Nach dem Schießen oder vor dem Schießen wird die Waffe im Lauf und bei den Waffenteilen eingesprüht, was eine sichere Waffenfunktion garantiert.

Das Schießen mit der Waffe

- Die Waffe wird mit der rechten Hand so umfaßt, daß sie in der Mitte der Handgabel liegt. Die drei Finger umfassen den Griff immer gleich fest, ohne daß die Waffe zittert.
- Wenn zweihändig geschossen wird, liegt der linke Daumen immer auf dem rechten Daumen.
- Beim zweihändigen Schießen drückt der rechte Arm die Waffe nach vorn, während der linke Arm die Waffe nach hinten zieht. Dadurch wird eine stabile Stellung erreicht.
- Der rechte Abzugsfinger liegt frei beweglich von vorn auf dem Abzug.
- Nach dem Ausatmen wird, wenn das Korn im Ziel steht, zügig, ohne zu rucken der Abzug durchgezogen. Der Rückstoß führt eine neue Patrone zu.
- Die Waffe ist schußbereit für den nächsten Schuß.
- Solange das Magazin voll ist, kann geschossen werden. Wenn das Magazin leer ist, wird der Schlittenfanghebel nach oben gebracht. Ein neues, volles Magazin wird eingeführt, das den Verschluß schließt.
- Mit dem Druck des rechten Daumens auf den Magazinhalteknopf wird das Magazin entriegelt, damit es ersetzt werden kann.
- Mit dem rechten Daumen wird der Schlittenfanghebel heruntergedrückt, damit der Verschluß nach vorn schnellt und eine neue Patrone in den Lauf einführt.
- Nach dem Schießen wird der Abzugsfinger sofort gestreckt, damit kein Schuß aus Versehen losgehen kann.

Gezielter Weaver-Stance. Ziele in 10 m, 50 m, 100 m Entfernung.

Combat-Schießkurse

Im Funhouse von Cooper.
Schießen auf plötzlich auftauchende Ziele.

In St. Astier.
Schießen auf plötzlich hochklappende Ziele.

In St. Astier.
Der Koch wird von einem Täter bedroht, der Pistolenmann muß schnell getroffen werden. Puppen-Ziele.

Der Combat-Course vom 1. CCC. des Autors.

Der Combat-Course bei der Bundeswehr.

Ein CCC-Kurs in Österreich

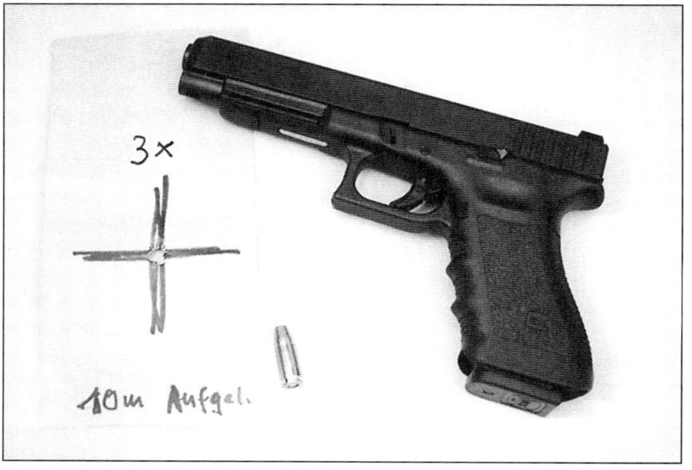

Gezieltes Schießen. Aufgelegt aus 10 m Entfernung. 3 Schüsse zeigen die Präzision der Waffe und der Munition.

Waffenstörungen

1. Zündstörung durch ein defektes Zündhütchen.
   Beseitigung durch schnelles, nochmaliges Durchladen der Waffe.
2. Stehende Hülse im Auswerfer-Loch.
   Beseitigung durch Herausschlagen der Hülse mit der Handkante.
3. Hülsendoppler durch Verklemmen von 2 Patronen.
   Beseitigung durch Herausziehen des Magazins, die Hülse kann mit dem Messer herausgezogen werden.
4. Verschluß geht nicht zu.
   Mit der linken Handfläche wird der Verschluß nach vorn geschlagen.

Wichtig ist: Keine Panik aufkommen lassen. Munitionsfirma wechseln. Waffe ölen.

Die optimale Notwehrschießtechnik

Die schnellste und am sichersten treffende Notwehrschießtechnik ist die Cirillo-Schießtechnik. Mit ihr kann man am schnellsten mit Deutschüssen treffen!
Ohne die Schießstellung zu ändern, kann man mit ihr auch gezielt treffen.
Es ist eine Dreieck-Stellung, die man geduckt instinktiv in einem Feuergefecht einnehmen wird.
Mit dieser Cirillo-Technik kann man mit Revolver oder Selbstladepistole vor allem die sich bewegenden Mannziele zwischen 0 bis 10 m Entfernung mit Sicherheit treffen!

- Die Waffe wird mit der rechten Hand und gestrecktem Zeigefinger aus dem Holster gezogen und in die in Gürtelhöhe wartende linke Hand gestoßen.
- Beide Arme werden durchgestreckt in Augenhöhe gehoben. Sie bilden ein Dreieck.
- Beide offenen Augen blicken über den hinteren Teil der Waffe in das Ziel, das scharf fokussiert werden muß.
- Die Waffenrückseite „steht“ vor dem Ziel. Dabei darf weder eine linke noch eine rechte Seitenfläche der Waffe zu sehen sein. Auch darf vom Korn nicht zu viel oder zu wenig zu sehen sein, weil dieses zu hohen oder tiefen Treffern sowie zu seitlichen Treffern führen könnte.
- Beim instinktiven schnellen Schuß wird nicht über Kimme und Korn geblickt, weil dies zu lange dauern würde. Ist allerdings genügend Zeit vorhanden, wird über Kimme und Korn gezielt.
- Um besser und schneller zu deuten, kann der rechte Zeigefinger seitlich so an den Waffengriff gelegt werden, daß er in das Ziel zeigt. Der Mittelfinger betätigt dann den Abzug.
- Ohne zu rucken oder zu „melken“ wird der Abzug zügig durchgezogen.

Es gibt viele andere Schießstellungen, für die Notwehr jedoch ist dies erprobterweise die beste und treffsicherste Schießtechnik.

Ein mexikanischer Offizier kürzt aus 15 m Entfernung den zigarettengroßen Kreidestift im Munde eines Soldaten 3 mal.
Waffe: S & W 6 Zoll Kal. .38 spez. Munition. Selbst geladen. Eine einmalige Leistung!

30

Selbstausbildung im Verteidigungsschießen

Die hier gezeigten 4 Verteidigungs-Schießtechniken können mit jeder CO^2-Luftpistole zu Hause im Keller oder im umfriedeten Garten gelernt werden. Man benötigt nur eine Mannzielscheibe mit 2 Blechdeckeln auf der Brustmitte und auf dem Kopf. Kugeln und CO^2-Flaschen sind billig. Es muß immer mit einer Schutzbrille geschossen werden.
Die Deckelgröße liegt zwischen 10 cm und 15 cm. Jeder Treffer ist hörbar.
Wenn man die Zielscheibe mit Deutschüssen und gezielten Schüssen sicher trifft, kann man die Übungen auf einem Pistolenschießstand mit scharfen Waffen weiter trainieren. US-Agenten und Polizisten verdanken dem Luftpistolenschießen und dem Trockentraining sehr viel.

1. *Yaqui-Hüftschuß*

a) Der Schütze steht mit um 45 Grad gesenkter Luftpistole in 2 m Entfernung zum Ziel. Auf Kommando hebt er seine LP und drückt sie mit der rechten Hand in seine rechte Hüfte. Mit dem Lauf der LP deutet er auf die Gürtelschnalle, in die Bauchgegend des Zieles. Es werden 5 schnelle Schüsse abgegeben.

b) Der Schütze steht 3 m vor der Mannscheibe. Auf Kommando kommt die LP in den Hüftanschlag und der Schütze geht von 3 m bis 0,5 m schießend vor.

2. *Santiago-Deutschuß*

Der Schütze steht mit um 45 Grad gesenktem Waffenlauf vor der 3 m entfernten Mannscheibe. Auf Kommando wird die LP mit der rechten Hand in Kopfhöhe gehoben und mit dem Lauf in die Brustmitte gedeutet. Es wird 5 mal geschossen.

3. *Cirillo-Deutschuß*

a) der Schütze steht mit um 45 Grad gesenktem Lauf der LP vor der 6 m entfernten Mannscheibe. Auf Kommando wird die Waffe von beiden Händen umfaßt und in Augenhöhe gebracht. Beide Augen sind offen, um den Hinterteil der Waffe symmetrisch im Ziel zu sehen. Die Waffe deutet in die Brustmitte der Mannscheibe. Es wird 5 mal geschossen.

b) Auf 5 m Entfernung wird auf den Kopf der Mannscheibe gezielt und 5 mal geschossen.

Die Zielscheiben müssen den realen Zielen ähnlich sein.

Wegdrehende Zielscheiben sind die realistischen Ziele.

Farbige Zielscheiben wie diese entsprechen der Realität.

US-Polizei-Ziel.

c) Der Schütze steht mit der um 45 Grad gesenkten LP in 7 m Entfernung zur Mannscheibe. Auf Kommando bringt er mit beiden Händen die LP in Augenhöhe und geht, auf die Brust deutend von 7 m bis auf 2 m vor. Dabei schießt er 5 mal.

4. *Der gezielte Weaver-Schuß*

a) Der Schütze steht mit um 45 Grad gesenkter Waffe in 10 m Entfernung vor der Mannscheibe. Auf Kommando hebt er die Waffe mit durchgestrecktem rechten Arm in Augenhöhe und greift mit der linken Hand über die Waffe. Beim Zielen konzentriert sich der Schütze auf das Korn, das im Ziel stehen muß. Ohne zu reißen wird der Abzug 5 mal durchgezogen.

b) Der Schütze steht auf dem 10 m Punkt und ändert nach jeweils 5 Schüssen seine Schießhaltung in: 1. Stehend-, 2. Kniend-, 3. Liegend-Anschlag. Gezielt wird zuerst auf die Brustmitte, später auf den Kopf der Mannscheibe.

Diese Selbstausbildung ist preiswert und beinhaltet die wichtigsten Schießtechniken.

Die Plastik-Fallscheiben von Triebel lassen die Geschosse durch. Es entstehen keine gefürchteten Querschläger.

Die Pepper-Popper-Stahl-Fallscheiben auf Gun Site.

Selbstausbildung mit Verteidigungswaffen

Wer einen scharfen Revolver oder eine scharfe Selbstladepistole besitzt, sollte die Waffe erst dann zu seiner Selbstverteidigung einsetzen, wenn er an dieser Waffe ausgebildet wurde, oder sich selbst ausgebildet hat. Außerdem sollte er mindestens 200 Schüsse mit ihr abgefeuert haben, damit er sicher ist, daß seine Waffe einwandfrei funktioniert. Das Verteidigungsschießen ist, weil es hierbei um Leben und Tod geht, kein sportliches, gezieltes Schießen auf 25 m Entfernung. Im Notwehrfall muß die Waffe blitzschnell gezogen werden. Mit ihr müssen schnell und instinktiv mehrere sich bewegende Täter mit mehreren Deutschüssen gestoppt werden. Die Entfernung zu den Angreifern wird üblicherweise zwischen Null und 10 Metern liegen. Das ergaben Untersuchungen des FBI über typische, verbrecherische, tödliche Angriffe, die sowohl den Polizisten und Zöllnern als auch den normalen Zivilisten galten.

Eine Schießausbildung kann mit CO^2-Luftpistolen im Keller oder Garten erfolgen.
Schießen auf eine Mannscheibe mit Blechzielen. Schutzbrille nötig!

Die Grossmann 338 Auto CO^2-Luftpistole.

Der verbrecherische Angriff

- ❑ Der Überfall erfolgte oft ohne Vorwarnung, völlig überraschend.
- ❑ Der plötzliche Angriff erfolgte auf Nahkampfentfernung, d. h. von 0 bis 10 m Entfernung. In den meisten Fällen unter 6 m Entfernung!
- ❑ Oft haben ein bis drei Täter angegriffen.
- ❑ Die Täter standen nur selten still. Sie bewegten sich in alle Richtungen.
- ❑ Oft war es so dunkel, daß Kimme und Korn der Waffe gar nicht mehr zu erkennen waren. Es mußte also gedeutet geschossen werden. Das treffsichere Deutschießen muß man jedoch erst einmal lernen.
- ❑ Der Überfallene geriet fast immer in eine **panische Streß-Situation,** die seinen geistigen und auch körperlichen Zustand sehr negativ veränderte. Eine hohe Adrenalinausschüttung erzeugte weiche Knie und zitternde Hände. In seiner Brust kämpften oft zwei Seelen um die Oberhand. Die eine Seele wollte schnell weglaufen – die andere wollte stehen und kämpfen.
- ❑ Am schlimmsten ist, wenn der Überfallene vor Schreck erstarrt, weil er so total wehrlos wird.
- ❑ Schlimm ist dann noch, wenn der Überfallene zögert, seine Waffe einzusetzen.
- ❑ Im Notwehrfall muß das Verteidigungsschießen, wie 100 mal geübt, automatisch ablaufen.
- ❑ Ziehen – Deuten – Abziehen. So lange schießen, bis der Täter zusammenfällt.
- ❑ Erfahrene polizeiliche Gunfighter überlebten den Überfall. Greenhorns starben.

Die Selbstausbildung im Verteidigungs-Schießen

Mit der Luftpistole

Jedermann kann sich selbst zu Hause im Verteidigungsschießen mit der Luftpistole ausbilden.

Wichtig ist dabei, daß das gefahrlose Schießen im Keller mit der Luftpistole oder Plastikkugel-Pistole auf Pappscheiben unter den Umständen erfolgt, in denen im Notwehrfalle die scharfe Waffe eingesetzt werden müßte. Weil man alles, was man bereits einmal erlebt hat, leichter verkraften kann, sollte man den schnellen Deutschuß jede Woche einmal mit ca. 100 Kugeln üben. Den einhändigen Deutschuß sollte man bis auf 3 m Entfernung, den zweihändigen Deutschuß sollte man bis auf 7 m Entfernung solange trainieren, bis man eine 21 mal 30 cm große DIN A 4-Zielscheibe mit und ohne Licht trifft. Die Luftpistole wird im 45 Grad-Winkel zum Boden gehalten. Wenn ein Geräusch ertönt, wird die Zielscheibe innerhalb von 0,5 Sekunden einmal instinktiv getroffen.

Zielfehler

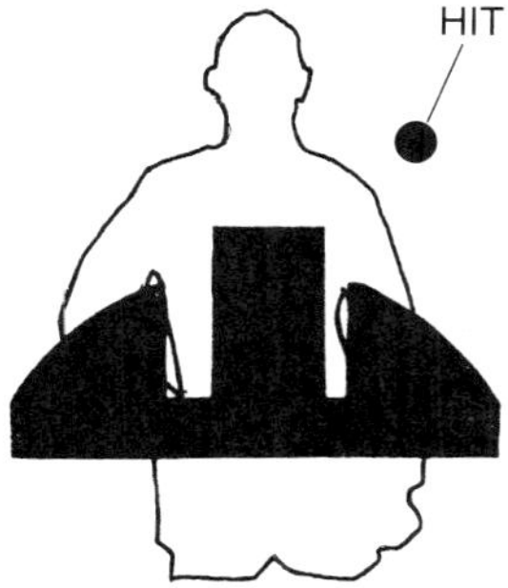

Zielfehler
Hoch rechts verklemmt

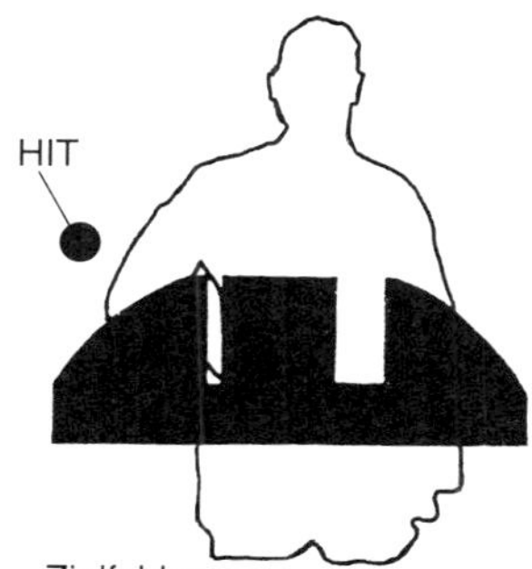

Zielfehler
Links verklemmt

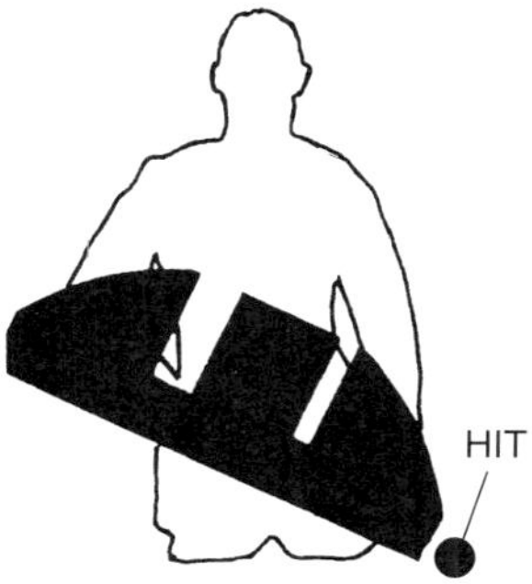

Zielfehler
Rechts verkanntet

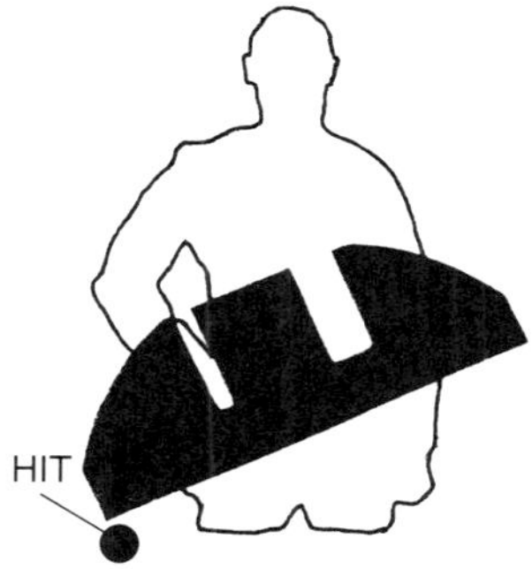

Zielfehler
Links verkanntet

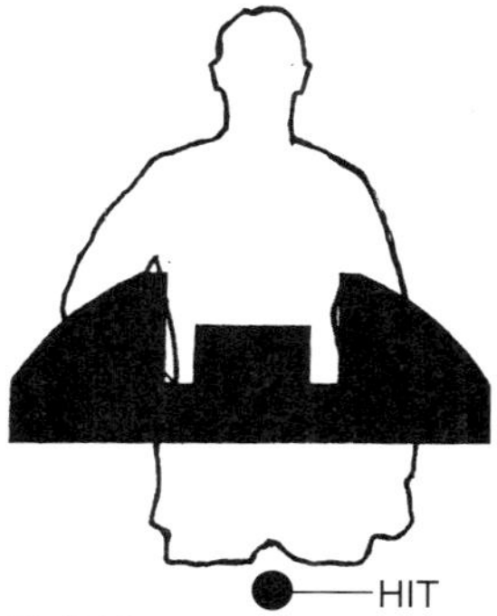

Zielfehler
Tiefschuß

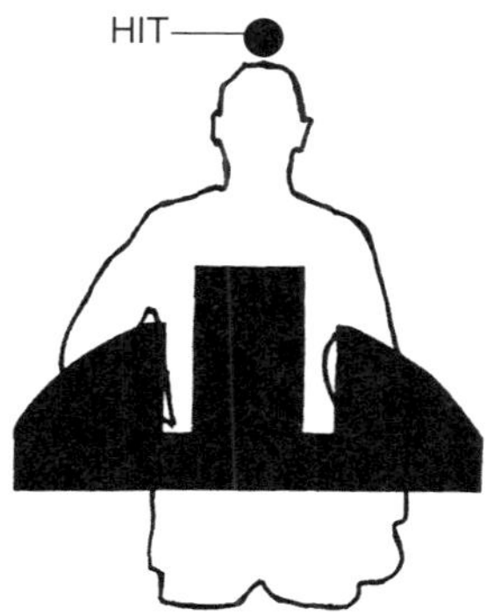

Zielfehler
Hochschuß

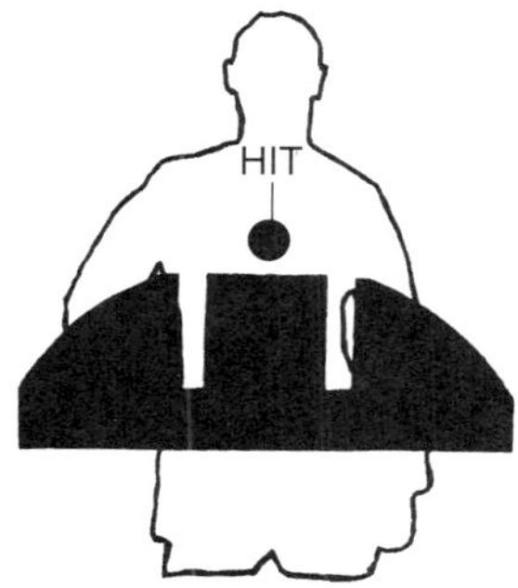

Mannscheibe. Richtig gezielt. Die Waffe ist richtig eingeschossen auf „Fleck“

Trockentraining mit der scharfen Waffe im gezielten Schießen

Mit der überprüften, **ungeladenen Waffe** wird im Keller das Trockentraining durchgeführt, das schon manche Polizisten aus den USA das Leben gerettet hat.
In die Mitte der 21 mal 30 cm großen Scheibe wird ein schwarzes Kreuz gemalt. Zuerst wird das ruckfreie Abziehen geübt, indem man sich in 3 m Entfernung zum Ziel hinstellt und einhändig auf das Kreuz zielt. Dabei wird bei den Spannabzugspistolen der Abzug durchgezogen und beobachtet, ob Korn und Kimme beim fallen des Hammers im Ziel stehen.
Der Treffer wird immer dorthin gehen, wohin das Visier zeigt, wenn der Hammer die Patrone zündet. Da der Abzugswiderstand schwer ist und länger geht, wird der erste Schuß oft verrissen. Danach wird auf 7 m Entfernung mit dem vorgespannten Hammer das Kreuz anvisiert und weich abgezogen. Dorthin, wo das Visier zeigt, wenn der Hammer auftrifft, dorthin wird der Schuß treffen. Mit vorgespanntem Hammer ist der Abzugswiderstand niedrig und der Weg kurz, und es können so die besten Treffer erzielt werden.

Selbstausbildung zu Hause

Nur wer das Verteidigungs- oder das Combatschießen trainiert hat, wird es automatisch, blitzschnell anwenden können. Leider ist das Üben dieser Schießtechnik auf den üblichen Sportschießständen kaum möglich.
Dort wird aus 25 m Entfernung in 5 Bahnen meist mit Kleinkaliber-Waffen geschossen. Auf einem Schießstand ist das Knallen der Schüsse normal.
Die neuen CO^2-Luftpistolen lassen nun ein Trainieren des Verteidigungs-Schießens zu Hause zu. Sie haben die Größe der Verteidigungswaffen. Fast lautlos kann man halbautomatisch 4,5 mm Kugeln oder Diabolo-Geschosse verschießen. Dadurch ist es möglich, im Keller oder im umzäunten Garten mit ihnen zu üben. Die Treffsicherheit ist natürlich nicht so gut wie bei scharfen Pistolen.
Nachdem das Verteidigungsschießen meist nur bis zu 10 m Entfernung vorkommt, genügen im Keller die Entfernungen von 1 - 6 m, um es zu trainieren.

Es wird instinktives und gezieltes Schießen geübt.

Von 0 - 3 m wird einhändig instinktiv geschossen.

Von 1 - 3 m wird einhändig gezielt geschossen.

Von 3 - 6 m wird zweihändig instinktiv geschossen.

Von 3 - 6 m wird zweihändig gezielt geschossen.

Es soll immer plötzlich, auf ein Signal hin, schnell und treffsicher geschossen werden.

Stahlfallziele zeigen sofort jeden Treffer.

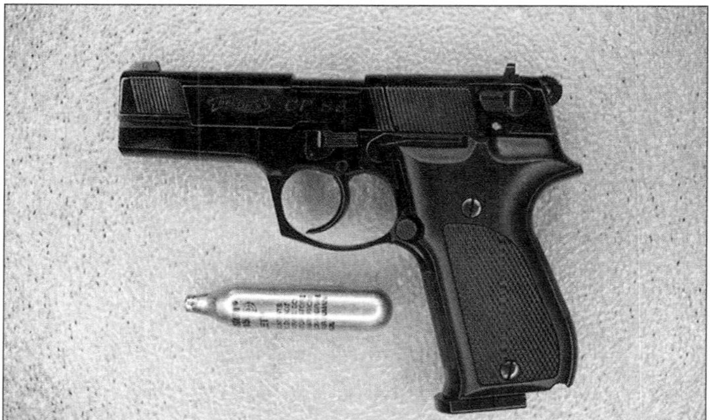

Die Walther CP 88, CO^2-Luftpistole.

Die Makarow MP-654 K, CO^2-Luftpistole.

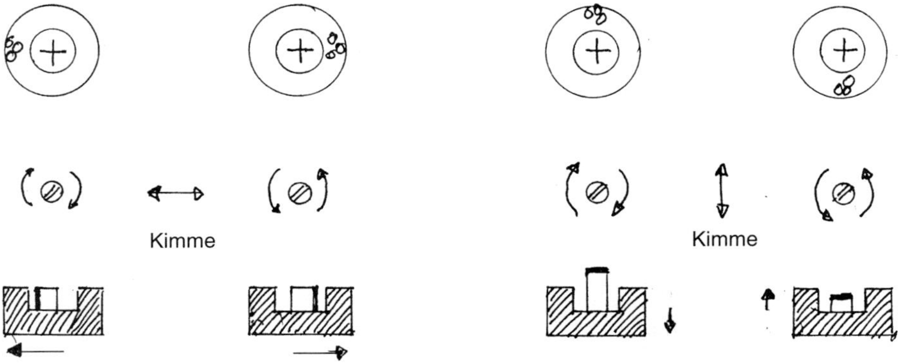

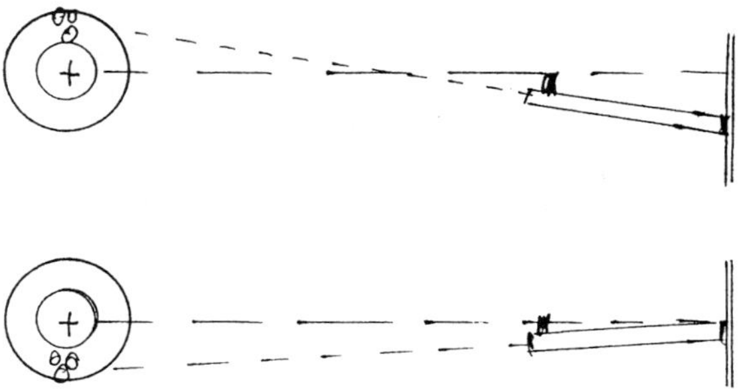

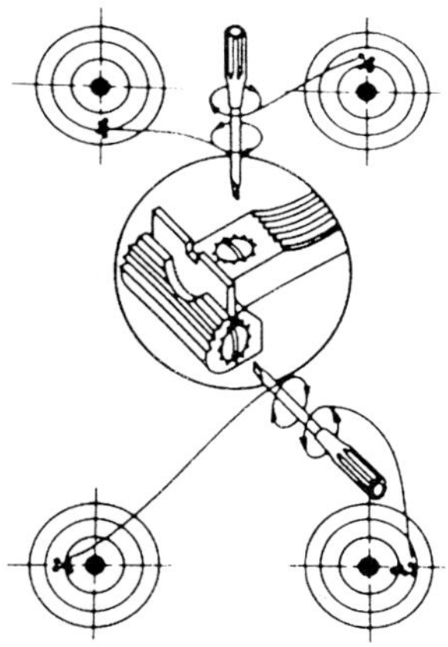

Das Verstellen der Kimme bei Fehlschüssen

Einstellung der Visierung

Gelernt wird das der Reihe nach:

Gezieltes Schießen

1. Zuerst wird die Handhabung der Luftpistole gelernt. Jeder Bedienungshandgriff muß automatisch erfolgen.
2. Das Abziehen der Luftpistole sollte ohne Munition „trocken“ geübt werden. Trokken sollte auch gezielt und abgezogen werden.
3. Alsdann sollte aus 3 m Entfernung gezielt und geschossen werden.
4. Beim gezielten Schießen hat die Zielscheibe ein Kreuz.
5. Später wird aus 6 m Entfernung gezielt geschossen. Außerdem kann auf Luftpistolen-Zielscheiben im Kugelfang gezielt geschossen werden.
6. Zum Schluß wird aus 10 m Entfernung gezielt geschossen.

Instinktives Schießen – Schutzbrille ist nötig!

1. Zuerst wird aus 1 m Entfernung gedeutet auf eine Blechdose geschossen. Jeder Treffer ist hörbar.
2. Dann wird gedeutet aus 3 m Entfernung auf 3 Blechdosen geschossen.
3. Beim instinktiven Schießen hat sich die Mannscheibe mit den 3 Blechdosen bewährt.
4. Später wird aus 6 m Entfernung instinktiv geschossen.

Beim Übungsschießen kann die Luftpistole MP 654 Makarov mit 13 Stück 4,5 mm Kugeln im Magazin und CO^2-Flasche von Frankonia verwendet werden.
Gut bewährt hat sich der Grossman P 38 Nachbau mit 20 Kugeln Kal. 4,5 mm CO^2-Pistole.

Farbkugelpistolen

Zum Üben des Kampfes Mann gegen Mann, wobei beide Duellanten mit CO^2-Farbkugelpistolen schießen, können Farbkugeln, die im Ziel aufplatzen und Farbflecke hinterlassen, verwendet werden. Damit können echte Situationen wie Überfälle und Einbrüche nachgestellt werden.
Angetrieben werden die Farbkugeln mit 18 mm Durchmesser von normalen CO^2-Flaschen.
Trainiert werden kann das Farbkugelschießen im Keller. Nachher müssen die Treffer gereinigt werden. Von jedem Schützen muß ein Augen- und Mundschutz getragen werden.
Hierbei kämpfen zwei Menschen, die sich bewegen, in Deckung gehen und angreifen – wie in der Realität – gegeneinander. Ein Treffer tut etwas weh! Das soll er aber auch, damit die Deckung immer wieder beachtet wird. Es ist eine realistische Übung.

Eine Farbkugel CO^2-Pistole. Mit 2 Farbkugelpistolen können realitätsnahe Duelle geschossen werden. Schutzbrillen müssen getragen werden!

31

Selbstausbildung
Der Yaqui-Hüftschuß

Am häufigsten wird der Bürger sich wahrscheinlich gegen plötzlich angreifende, bewaffnete Gewaltverbrecher verteidigen müssen.

Wichtig ist, daß der Täter erst im letzten Moment sieht, daß der Bürger bewaffnet ist. Niemals sollte er seine Schußwaffe herumzeigen und mit ihr prahlen. Eine kleine Verteidigungswaffe ist der S & W Bodyguard 2 Zoll Revolver mit 5 Schuß, Kaliber .38 spez. Ihn kann man unauffällig ständig in der Jacken- oder Hosentasche sowie in der Handtasche mitführen. Im Falle eines Angriffes kann mit dem kleinen Revolver aus der rechten Jackentasche geschossen werden, ohne daß die Waffe die Tasche verläßt. Natürlich wird man so nur Ziele bis in 3 m Entfernung sicher treffen können.

Die verwendeten Schießtechniken sind abhängig von der Entfernung zum Täter, aus der getroffen werden muß, und der notwendigen Schnelligkeit.

In der Nahkampf-Entfernung von 0 - 3 m kann der Täter dem Bürger mit den Händen oder den Füßen die Waffe aus der Hand schlagen. Jedes Vorstrecken der Waffe beim Betreten eines Raumes mit einer oder mit beiden Händen, wie es das Fernsehen zeigt, ist Quatsch. Genau so unwirklich ist das Hochheben der Waffe seitlich des Kopfes, wie es die TV-Clowns machen. Eine Polizistin hat sich so bereits im Feuergefecht in den Kopf geschossen.

Beim Vorgehen im Feuergefecht sollte die Waffe entweder im 45-Grad-Winkel zum Boden gehalten werden oder vor die Brust in Richtung Ziel gerichtet werden.

Auf Nahkampf-Entfernung muß die Waffe wie beim Yaquischuß eng an die Hüfte gepreßt werden, damit sie der Täter nicht wegschlagen kann. Die freie linke Hand kann den Gegner zurückstoßen. Mit der in die Hüfte gepreßten Waffe kann man schießend vorgehen.

Mit dem Yaqui-Hüftschuß kann die Waffe am schnellsten gezogen werden. Bei einem Täter, der nur 0 - 3 m entfernt ist, kann man kaum vorbeischießen.

Der Yaqui-Hüftschuß
Auf Pfiff wird die Waffe aus dem Holster gezogen und sofort aus der senkrechten in die horizontale Richtung, also in Richtung Ziel, geschwenkt.
Das rechte Handgelenk mit der Waffe wird sofort an die rechte Hüfte gepreßt.
Mit dem Lauf wird in die Bauchmitte (Gürtelschnalle) des Täters gedeutet und sofort geschossen.

Durch das Drehen des Oberkörpers können die Treffer korrigiert werden. Ansonsten sollte sich der Oberkörper nicht bewegen. Wenn ein weiterer Täter vorhanden ist, muß der Oberkörper in seine Richtung gedreht werden.

Commandante Lupuin zeigt den Yaqui-Schuß, der im Stehen und im Vorgehen geschossen wird.

Stellung der Waffe beim Yaqui-Schuß.

Yaqui-Schuß
seitlich gesehen.

Auf die Täter kann aus der Hüfte schießend zugegangen werden, solange die Entfernung 3 m nicht überschreitet. Wenn sie größer wird, sollte man den zweihändigen Cirillo-Deutschuß anwenden, mit dem man bis auf 10 m Entfernung mit in die Brustmitte gezielten Deutschüssen treffen kann.

Das Erlernen des Deutschießens geht am leichtesten mit CO^2-Luftpistolen, das im umfriedeten Garten oder im Keller geschehen kann. Die Kugeln und die CO^2-Kapseln sind preiswert und ungefährlich, wenn die Sicherheitsmaßnahmen beachtet werden.
Mit dem Luftpistolenschießen können die wichtigsten Schießtechniken geübt werden.

1. Yaqui-Hüftschüsse
2. Santiago-Deutschüsse
3. Cirillo-Deutschüsse
4. Weaver Stance gezielte Schüsse.

Als Zielscheibe kann eine Mannscheibe verwendet werden, in deren Kopf und in deren Brust sowie in der Gürtelgegend je ein 10 cm großer Blechdeckel befestigt wird. Man hört sofort, wenn ein Deckel getroffen wurde. Natürlich sollte der Schütze und seine dabeistehenden Freunde eine Schutzbrille tragen.
Viele amerikanische Polizisten und Agenten haben durch ständige Trockenübungen und das Deutschießen mit Luftpistolen kritische Situationen überlebt.

32

Santiagos Deutschußtechnik

Polizeischießen in den USA ist primitiv, plötzlich und dreckig! In 80% der Fälle findet es überraschend unter 6 m Entfernung statt, davon bei 60% sogar auf Armlänge, das heißt unter 2 m Entfernung.
Verbrecher sind meist in dunkler Nacht oder in der Dämmerung tätig, um nicht erkannt zu werden und schnell fliehen zu können. Hier ist keine Visierung mehr möglich. Taschenlampen werden zu leicht beschossen, sie dürfen deshalb nicht verwendet werden. Bei der kürzesten Entfernung von 1 m muß man mit einer Hand im Deutschuß schießen.
Bis zu 6 m muß im zweihändigen Deutschuß geschossen werden. Dabei bleibt der Schütze aufrecht stehen. Zum Ducken und Weglaufen sowie in Deckung springen ist auf diese kurzen Entfernungen keine Zeit! Der Schütze darf sich von **nichts ablenken** lassen, sonst stirbt er! Zum schauen über Kimme und Korn hat er **keine Zeit**! Er muß blitzschnell **ziehen, deuten und schießen!**
Beim Durchsuchen von Gebäuden und Zimmern wird keine Taschenlampe verwendet, weil sie den Polizisten zur Zielscheibe macht. Man schaltet einfach die Beleuchtung ein, so kann man den Täter frühzeitig erkennen und beschießen. Der Polizist jagt leise im Dunkeln! Untersuchungen ergaben, daß nie ein Verbrecherabschuß mit einer Taschenlampe gemacht wurde. Ein Täter wird so viele Geräusche machen, daß man ihn leicht orten und beschießen kann. Polizisten bewegen sich in dunklen Gebäuden mit Gefühl und erahnen die möglichen Hindernisse, damit sie nicht durch den Einsatz ihrer Taschenlampen erschossen werden.
Verbrecher stehen meist nicht still, wenn sie auf Polizisten schießen. Deshalb müssen die Polizisten das **schnelle Schießen** beim Angriff auf die Täter beherrschen. Täter sind nicht stationär! Sie sind tödlich für den Polizisten und sie schreien, um ihn zu ängstigen und ihn abzulenken! Pappscheiben beeindrucken den Polizisten nicht so emotional wie ein schießender Verbrecher! Deshalb sollten Mann-gegen-Mann-Schießereien mit Wachsmunition oder Simunition veranstaltet werden. Eine solche Schießerei mit nicht tödlichen Markierungs-Geschossen gegen Gegner, die sich bewegen und listig denkend zurückschießen, übt den Ernstfall.

Santiagos Survival-Deutschuß-Ausbildung

Es gibt keine Ähnlichkeiten zwischen dem sportlichen Schießen mit Schießstellung, Zielen über Kimme und Korn und trigger pull! Denn der trigger pull des Polizisten

Mexican Defense von Commandante Luquin, im Vorgehen geschossen. Schießtechnik von Applegate und Santiago.

Von der Seite gesehen.

Von vorn gesehen.

ist panikartig, die Schießstellung ist schlimm, und die Finger sind nicht am richtigen Platz.

Survival-Deutschießen kann man nur mit der richtigen Anleitung und viel Training lernen.

Während des Deutschießens haben Sie keine Zeit zum Denken, Sie haben nur **Zeit, um zu reagieren!**

Die Deutschußtechnik wird immer und immer wieder geübt, bis sie „wie im Schlaf" beherrscht wird. Wenn Sie beschlossen haben, den Täter zu erschießen, läuft alles weitere blitzschnell und automatisch ab. Eine Bewegung der Waffe des Täters kann das sofortige Ziehen – Deuten – Schießen hervorrufen! Trainiert wird vor allem in der Nacht, bei jeden Wetter. Im Combat müssen immer beide Augen offen sein und sich auf den Täter fokussieren. Man kann nicht ein Auge zum Zielen schließen und überleben wollen.

Zielen, das heißt, das Korn in der Kimme präzise ausrichten zu wollen, dauert im Überlebenskampf viel zu lange! Oft ist die Visierung in der Dunkelheit gar nicht zu erkennen.

Geschossen wird in die Unterleibsgegend, die etwas verstreuten Treffer werden sich im Brustbereich zwischen den Brustwarzen befinden. Diese Treffer sind wirkungsvoller, als alle Treffer auf einem Platz.

33

Die neue Cirillo-Combatschießtechnik

Cirillos Polizeierfahrungen aus über 280 Feuergefechten in New York zeigen:

- ❑ Die meisten Feuergefechte entstanden mit bereits gezogener Waffe.
- ❑ Bei vielen Feuergefechten mußte die Waffe sehr schnell gezogen werden.
- ❑ Alle Feuergefechte fanden unter 14 m Entfernung statt.
- ❑ Die meisten Feuergefechte waren unter 4 m Entfernung.
- ❑ Die tödlichsten Feuergefechte waren in der Cop-Kill-Zone unter 2 m.

Überleben der tödlichen Feuergefechte:

1. Combatschießausbildung im Deutschuß und im gezielten Schießen der Polizei.
2. Eiserne Nerven, keine Angst vor Knall und Rückstoß der Waffe beim Abziehen.
3. Schnell in Deckung springen.
4. Entfernung zum Täter vergrößern.
5. Verbergen.
6. Mit der Cirillo-Deutschußtechnik schießen!

Jim Cirillo beim von ihm entwickelten Deutschuß.

Die Realitäten in einem Feuergefecht sind:

- ❍ Oft merkt der beschossene Polizist gar nicht, daß er beschossen wird.
- ❍ Erst ein einschlagendes Geschoß macht auf den Beschuß aufmerksam.
- ❍ Manchmal wirft der Schock des Beschossenwerdens den Polizisten um.
- ❍ Normalerweise sind nur 15 - 20% der ersten Treffer tödlich!
- ❍ Tödlich werden die folgenden Treffer sein, deshalb muß aus allen Lagen, vor allem auch im Liegen geschossen werden, um einen „Fangschuß" zu verhindern.
- ❍ Die Waffe sollte nie ganz leer geschossen werden.
- ❍ Im Feuergefecht unter 4 m muß blitzschnell instinktiv geschossen werden, weil die Zeit für das Zielen über Kimme und Korn nicht ausreicht.

Cirillos Kampferfahrungen sind:

1. Ein Feuergefecht mit mehreren bewaffneten Tätern, die sich bewegen, startet blitzschnell und überraschend.
2. Die Entfernung liegt unter 4 m Distanz, Zielen über Kimme und Korn dauert zu lang.

Von vorn gesehen

Von der Seite gesehen

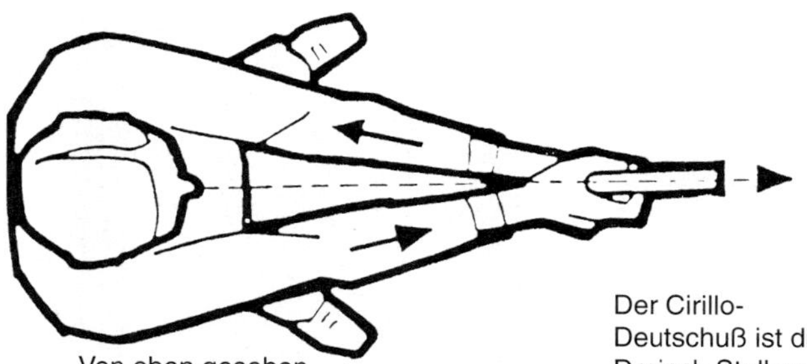

Von oben gesehen

Der Cirillo-Deutschuß ist die Dreieck-Stellung.

3. Fehlschüsse gibt es durch schlechte Nerven, durch das Durchreißen des Abzuges, schlechten Griff um die Waffe, Angst vor dem Rückstoß und dem Knall.
4. Fehlende Zeit, um das Korn in die Mitte der Kimme zu bringen.

Cirillos Deutschußtechnik

❑ Der Schütze unfaßt die Waffe mit beiden Händen und stößt sie in Augenhöhe in Richtung des scharf fokussierten Zieles.

❑ Im Blickfeld der beiden offenen Augen erscheint der eckige Rücken (Revolver = oval) derWaffe. Wobei keine Seitenflächen der Waffe zu sehen sein dürfen, da sie sonst seitwärts schießt. Selbst in der Dämmerung ist der Rücken noch gut und blitzschnell zu erkennen.

❑ Die Augen bleiben immer auf das Ziel fokussiert.

❑ Sobald die Waffe im Ziel erscheint wird der Abzug zügig und schnell durchgezogen!

❑ Es werden 2 - 3 schnelle Schüsse auf den Kopf, (Ziel ist die Nase) oder Brust, (Ziel ist die Mitte zwischen den Brustwarzen) abgegeben.

Realistische Feuergefechte

1. Wenn die Täter zwischen 2 bis 10 m entfernt sind wird mit dem Cirillo-Deutschuß geschossen.
2. Wenn die Täter unter 2 m entfernt sind wird mit Yaqui-Hüftschuß geschossen.
3. Wenn die Täter über 10 m entfernt sind wird mit Weaver stance geschossen.
4. Meistens wird von den Tätern und den Polizisten in schnellen Vor- und Seitwärts-Sprüngen geschossen. Alle Akteure bewegen sich!
5. Sind mehrere Täter vorhanden muß jeder blitzschnell einmal getroffen werden.
6. Kommen die Täter aus verschiedenen Richtungen, sollte zuerst der am nächsten Stehende und der am stärksten Bewaffnete getroffen werden. Danach sind alle auszuschalten.
7. Befinden sich die Täter in verschiedenen Höhen, soll von unten her geschossen werden.
8. Sind die Täter verbarrikadiert oder sind nur Teile des Kopfes zu sehen, müssen sie aus der Deckung heraus gezielt getroffen werden.

34

Gezieltes Schießen mit dem Weaver Stance

Auf Entfernungen über 10 m wird am treffsichersten mit der Weaver-Zweihand-Technik getroffen.

- ❑ Der linke Fuß wird etwa 20 cm nach vorn gesetzt. Die linke Schulter kommt nach vorn.
- ❑ Die Füße stehen breit und fest auf dem Boden. Meist sind die Knie durchgedrückt.
- ❑ Die rechte Hand mit der Waffe wird von den Schultern her nach vorn gedrückt.
- ❑ Der Waffenarm ist durchgestreckt oder wegen des Rückstoßes ca. 10 cm eingeknickt, .

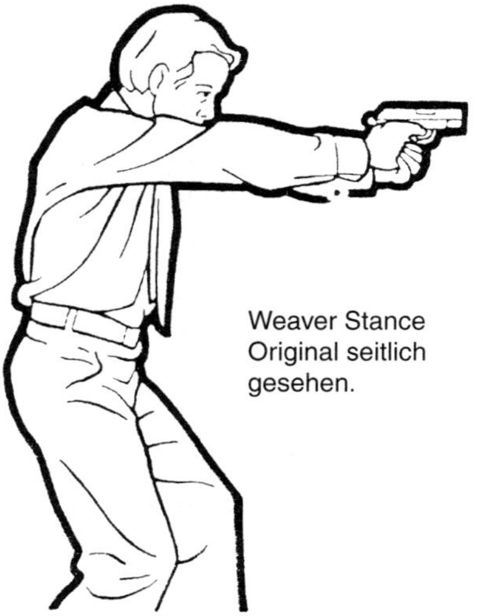

Weaver Stance Original seitlich gesehen.

Jeff Cooper schießt nur mit der Weaver Stance Schießtechnik.

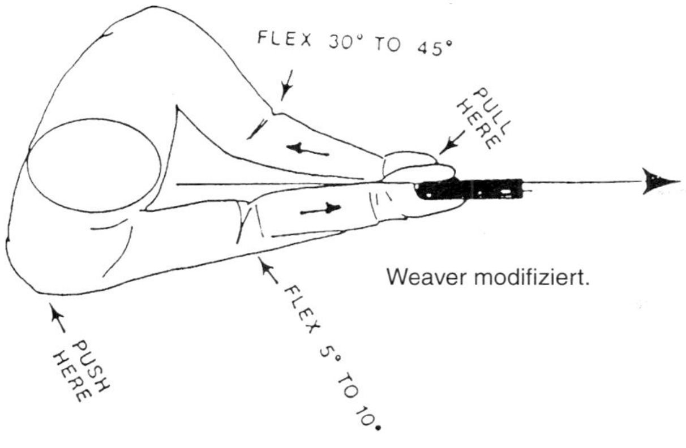

Weaver modifiziert.

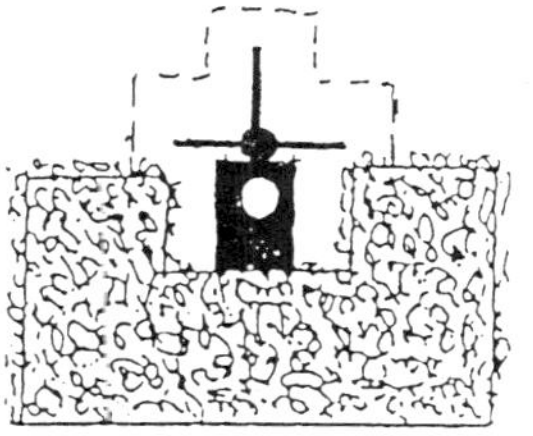
Visier – Ziel – Trefferort.

- Der Waffengriff wird von der rechten Hand hoch und fest umfaßt – ohne Zittern der Waffe.
- Die linke Hand greift über die rechte Hand. Der linke Daumen liegt auf dem rechten Daumen.
- Der linke Arm wird nach unten ca. 30 cm abgeknickt, um die Höhe zu stabilisieren.
- Der linke Zeigefinger liegt auf dem Abzugsbügel.
- Der rechte Daumen liegt horizontal gestreckt an der Waffe, er zeigt ins Ziel.
- Der rechte Zeigefinger kann sich frei bewegen.
- Der rechte Arm drückt die Waffe nach vorn, der linke Arm zieht die Waffe nach hinten.
- Das rechte Auge des Schützen konzentriert sich nur auf das KORN der Waffe.
- Der Kopf liegt etwas auf der rechten Schulter.
- Die gedachte Visier-Linie geht vom rechten Auge des Schützen über Kimme und Korn ins Ziel.
- Die Waffe ist in der Seitenrichtung und in der Höhenrichtung stabilisiert.
- Die stabile Weaverstellung erlaubt ein schnelles Doublettenschießen mit den .45er Pistolen.
- Der Körper bildet von oben gesehen ein etwas verschobenes Dreieck.
- Die Schießstellung läßt sich schnell einnehmen, mit ihr wird am besten gezielt geschossen.
- Der Weaver-Schuß wird im Stehen, Gehen, Knien und im Liegen abgegeben.

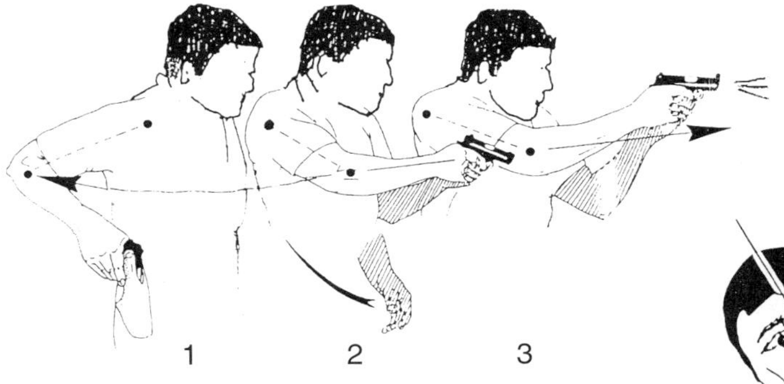

Ziehen zum Weaver Stance in 3 Takten.

Weaver modifiziert.

Zielen – Abziehen – Treffen

- ❍ Das Ergreifen der Waffe
- ❍ Eine stabile Schießstellung
- ❍ Die Atemkontrolle
- ❍ Das Zielen. Das Fokussieren auf das Korn im Ziel.
- ❍ Das ruckfreie Abziehen des Abzuges.

Die Vorteile des gezielten Weaver stance sind:

- ❑ Sehr gute Kontrolle der Waffe im Schuß.
- ❑ Besseres Zielen, da die Waffe sehr ruhig gehalten wird.
- ❑ Bessere Schnellfeuerkontrolle.
- ❑ Besseres Ertragen des Waffenrückstoßes.
- ❑ Schnelles Zielen und Treffen von weit entfernten Zielen.

Fehlschüsse:

- ❍ Schießt die Waffe zu tief......... muß die Kimme hoch gedreht werden.
- ❍ Schießt die Waffe zu hoch....... muß die Kimme nach unten gedreht werden.
- ❍ Schießt die Waffe nach links.... muß die Kimme nach rechts gedreht werden.
- ❍ Schießt die Waffe nach rechts.. muß die Kimme nach links gedreht werden.
- ❍ Die Kimme muß immer dahin gedreht werden, wo der Schuß hingehen soll!

Das Wichtigste beim gezielten Schießen ist das saubere und ruckfreie Abziehen!

- ❑ Abgezogen wird in der Ausatem-Pause, wenn das Korn präzise im Ziel steht.
- ❑ Der Abzug wird mit der Spitze des Zeigefingers in Richtung Handgabel-Mitte innerhalb von 1 - 3 Sek. ohne zu rucken zügig durchgezogen, bis überraschend der Schuß bricht.

35

Trefferzonen

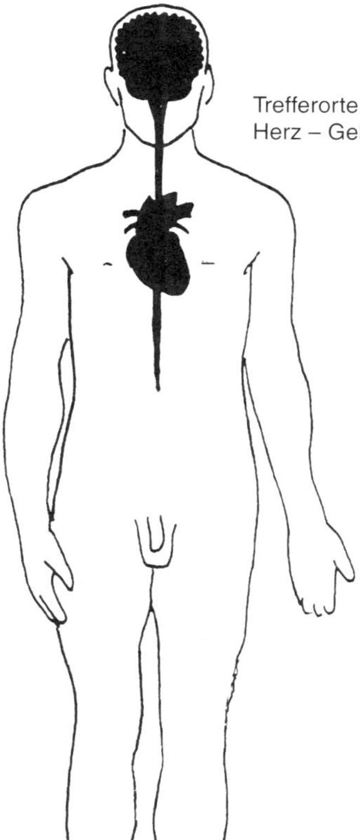

Trefferorte:
Herz – Gehirn

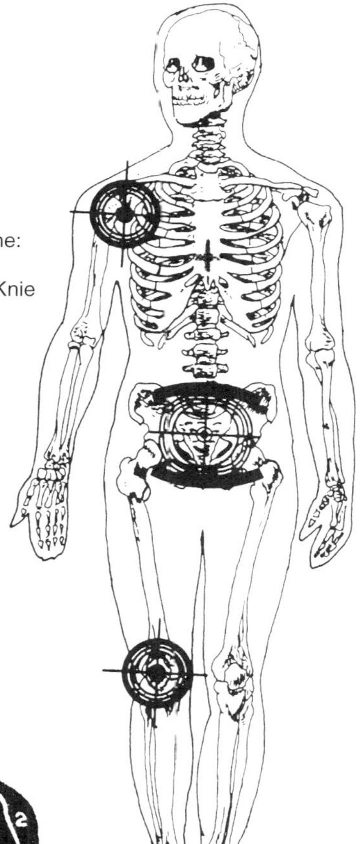

Trefferzone:
Schulter,
Becken, Knie

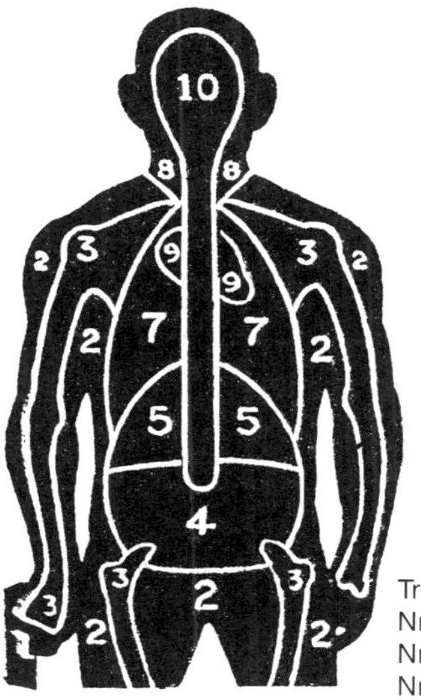

Trefferorte:
Nr. 10 = Gehirn – Rückgrat
Nr. 9 = Herz
Nr. 8 = Hals

36

Geschoßwirkungen
Mannstoppwirkungen – Munition

❑ **Mehrfachtreffer**
Es gibt kein Faustfeuerwaffen-Geschoß, das einen Gegner mit **einem Brusttreffer** stoppt. Um eine sichere Stoppwirkung zu erzielen, muß mehrere Male (3 - 5 x) getroffen werden.

❑ **Kopftreffer**
Wenn die Nase, hinter der das Kleinhirn sitzt, getroffen wird, bricht der Getroffene in Sekundenbruchteilen zusammen, ohne schießen zu können. Hier kommt es nicht auf das Geschoßkaliber an. Auch ein .22 lfB.Hi speed Geschoß hat die Wirkung.

❑ **Rückgrattreffer**
Rückgrattreffer im Kopf-Schulter-Bereich haben dieselbe Zusammenbruchs-Wirkung.

❑ **Herztreffer**
Herztreffer wirken oft erst nach 1 - 10 Minuten, bis eben die Blutzufuhr zum Gehirn unterbrochen wird. Einen ähnlichen Effekt können Schlagader-Treffer haben.

❑ **Brusttreffer**
Brusttreffer in „nichtvitale Zonen" wie Lunge, Leber, Magen wirken, wenn größere Blut-Gefäße und Adern getroffen werden und ein großer Blutverlust eintritt. Dicke Geschosse erzeugen einen größeren Wundkanal und einen höheren Blutverlust.

❑ **Körpertreffer**
Treffer in Arme, Beine, Füße, Oberschenkel können einen bewaffneten Angreifer nicht am Schießen hindern.

❑ **Schnellfeuer**
Um einen bewaffneten Angreifer zu stoppen, muß er mindestens 3 - 5 mal zwischen den Brustwarzen getroffen werden. (Das wirkt nur, wenn er keine Schutzweste trägt!) Am sichersten ist deshalb immer, 3 - 5 mal auf den Kopf zu schießen, weil jeder Kopftreffer den Angreifer ausschaltet, auch wenn das Kleinhirn nicht getroffen wird.

- **Die Stoppwirkung der Geschosse**
  Die beste Stoppwirkung erzielen schnell fliegende Hohlspitzgeschosse, (Action, EMP, Golden sabre), wie sie von den Polizei-Einheiten verwendet werden. Bei den zivilen Geschossen haben die .45 ACP-Vollmantel-Geschosse die beste Stoppwirkung.

- **LaGarde-Test**
  Bei seinem Testbeschuß von 16 Rindern und 2 Pferden in USA erzielte Colonel L. La Garde die größte Schockwirkung mit einem sofortigen Zusammenbruch, wenn er 3 - 5 Schüsse mit Pistolen oder Revolver im Kaliber .45 abgab. (Geschosse waren Bluntnose oder Hollow point).
  Vollmantelgeschosse des Kalibers 9 mm Luger oder Bleigeschosse des Kalibers .38 spz. erzeugten weder eine Schock- noch eine Stoppwirkung. Sie erbrachten nur gute, glatte Durchschüsse.

- **Schießen**
  Die Chance, in einem Feuergefecht getroffen zu werden stehen 50 zu 50 Prozent. Die Chance des Getroffenen, zu überleben, stehen nochmals 50 zu 50 Prozent.
  Wer zögert und quasselt, hat keine Überlebenschance.

Trefferzonen für Geschosse

Die Wirkung der Treffer ist abhängig vom **Trefferort.**

1. *Aufprallschock*

Abhängig von Geschoßmasse, Geschoßquerschnitt, Geschoßgeschwindigkeit.

2. *Wundschock*

Abhängig von Geschoßkaliber, Geschoß-Verformbarkeit, Form des Geschosses, Energie des Geschosses.

TÖDLICHE TREFFER

Die wirkungsvollste Treffer-Zone ist der Kopf.
Ein Kleinhirntreffer stoppt den Angriff in 0,0025 s.
Gezielt wird: von vorn auf die Nase; von der Seite unter die Ohren.

Die leichter zu treffende Zone ist die Brustmitte.
Ein Herztreffer stoppt den Angriff in 10 s - 10 Minuten.
Gezielt wird auf die Brustwarzenmitte. Eine Stoppwirkung tritt nur ein, wenn der Getroffene keine Schutzweste trägt.

Tödliche Trefferwirkungen sind bei Rückgrat-Treffern und Genick-Treffern vorhanden. Wenn mehrere Treffer, z.B. 3 Treffer, sehr schnell auftreffen, wirken sie wie 9 Treffer!

NICHTTÖDLICHE TREFFER

Skelett-Treffer – (Außer Kopftreffer) Knochentreffer können umwerfend sein.
Schulter-Treffer – Muß den Täter nicht am Weiterschießen hindern.
Kniescheiben-Treffer – Knie in Bewegung sind schwer zu treffen.
Becken-Treffer – Sind am wirkungsvollsten.
Bauch-Treffer – Wirken durch die Kombination Aufprall – Wundschmerz – Schock.
Geschlechtsteil-Treffer – Erzeugen einen großen psychischen Schock mit starkem Schmerz.
Leber-, Milz-, Nieren- und Lungen-Treffer – Sind heilbar, wirken durch Schock und Blutverlust.
Venen- und Arterien-Treffer – Wirken durch hohen Blutverlust.

Schock

Ein Neurom-Muskulator-Schock kann einen Getroffenen zusammenklappen lassen. Er kann durch den Schock sogar sterben – er kann jedoch auch weiterschießen! Ein hoher Adrenalin-Spiegel kann Schmerzunempfindlichkeit erzeugen und somit vor einem Schock schützen.
Der Streß wird durch Angst und körperliche Belastung ausgelöst.
Selbst mehrere Körpertreffer mit unzureichender Mannstoppwirkung werden einen im Streß befindlichen Täter kaum stoppen.
Die beste Mannstoppwirkung wird durch 3 Kopftreffer mit dem Kaliber .45 ACP.VM. erreicht!

Glatte Durchschüsse mit Vollmantel-Munition

Sie werden oft in der Hitze des Gefechtes, bei hoher Konzentration und viel Lärm, nicht immer sofort bemerkt. Sie werden erst erkannt, wenn es feucht wird und das Blut herunterläuft.

Die Wirkung des Treffers

Die psychologische Wirkung ist nicht vorhersehbar. Es kommt darauf an, ob der Gegner darauf vorbereitet ist, daß er getroffen wird. Ein Treffer wird oft wie ein Hammerschlag empfunden. Man kann über die Trefferwirkung nichts Genaues vorhersagen, zu sehr kommt es auf den Zustand des Getroffenen, den **Trefferort** und die Geschoßform an.

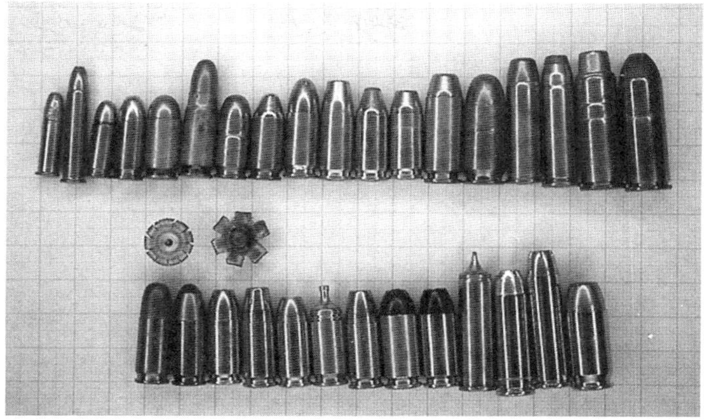

Pistolen- und
Revolver-Munition von
22 Lfb – .45 Colt.
unten:
Polizei-Munition

Plastilial-Block,
beschossen mit
Revolver Kal. .357 m.
Links: Vollmantel
Mitte: THV
rechts: Alukopf

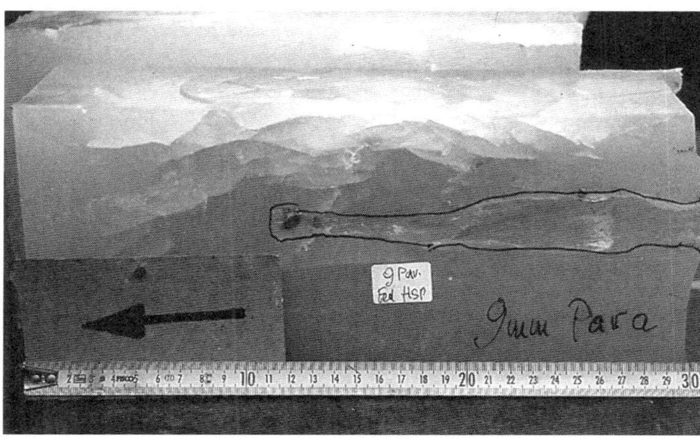

Testbeschuß mit
Selbstlade-Pistole
9 mm Para.
Geschoß: 9 mm Para
Federal Hydrashock.

Geschoßwirkung – Munition

Polizei-Munition im USA-Einsatz:

Kaliber Muni.	1 Schuß Brusttreffer	Mehrschuß Brusttreffer	Ein Schuß Stopp	Schüsse pro Vorfall	Treffer-Rate
.38 spez	48,0 %	39,0 %	65,6 %	3,6 Sch.	57,3 %
9 mm Para	55,5 %	49,0 %	79,7 %	5,5 Sch.	47,3 %
.357 Magn.	71,4 %	53,8 %	90,8 %	2,3 Sch.	78,2 %
.45 ACP	66,6 %	54,5 %	75,7 %	2,7 Sch.	61,5 %

Die 1 Brust-Treffer-Stopp-Wirkung der verschiedenen, bei uns erlaubten Vollmantel-(Blei-)Patronen.

Munition	G.-Gew.	Lauf	G.-Geschw.	G.-Energie	Ein Brust Treffer Stopp
.22 lfB	2,6 g	59 mm	270 m/s	9,6 mkp	21 %
22 Stinger	1,9 g	59 mm	271 m/s	6,7 mkp	34 %
6,3 mm	3,25 g	50 mm	230 m/s	8,8 mkp	25 %
7,65 mm	4,7 g	100 mm	292 m/s	119 Joul	50 %
9 mm Kurz	6,1 g	90 mm	270 m/s	22,6 mkp	51 %
9 mm Makar.	6 g	3,8mm	315 m/s	269 Joul	55 %
9 mm Para	8 g	4"	370 m/s	549 Joul	63 %
.40 S&W	10 g	4"	328 m/s	549 Joul	65 %
.45 ACP	15 g	5"	250 m/s	460 Joul	67 %
.38 spez.	10 g	4"	289 m/s	405 Joul	62 %
.357 Mag	10 g	4"	366 m/s	683 Joul	72 %

Deutsche Polizei Munition:

Kaliber	Art	G.-Gew.	G.-Geschw.	G.-Energie	Kaverne	Eindr.	G.-∅
9 Para	Action 1	5,5 g	V5 400 m/s	440 Joul	75 ml	18 cm	?
9 Para	QD	5,8 g	V5 392 m/s	446 Joul	70 ml	15 cm	?
9 Para	EMB	5,0 g	V5 437 m/s	477 Joul	75 ml	15 cm	?

Die Hirtenbenberger EMB Patrone ist die wirkungsvollste deutsche Polizeipatrone.

Amerikanische Polizei-Patronen:

Kaliber	Art	Stopp mit einem Brusttreffer in Prozent
9 mm Para	Silver Tip	83 %
.38 spez.	Silver Tip	69 %
.357 Mag.	Silver Tip	85 %
.40 S & W	Hydra	93 %
.45 ACP	Hydra	98 %
.45 COLT	Hsp.	78 %

37

Das Aufbewahren der Waffen

Waffen, vor allem Schußwaffen, sollten keinem Verbrecher in die Hände fallen. Deshalb müssen sie sicher und versteckt aufbewahrt werden.

In den Verwaltungsvorschriften zum Waffengesetz (WaffVwV) 42.4 heißt es:

„Welche Maßnahmen Personen, die die tatsächliche Gewalt über Schußwaffen und Munition im nicht gewerblichen Bereich ausüben, zu treffen haben, richtet sich nach den Umständen des Einzelfalles.
Es ist im allgemeinen erforderlich, Kurzwaffen, auch wenn sie sich in einer ordnungsgemäß verschlossenen Wohnung befinden, noch besonders einzuschließen. Soweit Langwaffen nicht besonders eingeschlossen werden, sind sie durch besondere Maßnahmen, z.B. durch Anschließen am Aufbewahrungsort vor einer unbefugten Entwendung zu sichern.
Bewahrt jemand Schußwaffen und Munition in zeitweise nicht bewohnten Räumen (z.B. Wochenendhaus) auf, so sind weitere Sicherheitsvorkehrungen erforderlich. Andererseits ist auch der Verwendungszweck der Waffen zu berücksichtigen".

Es ist sicher, wenn die Schußwaffen im Haus in gesicherten, abgeschlossenen Räumen aufbewahrt werden. Wenn sie dazu noch im abgeschlossenen Stahlschrank aufbewahrt werden, der womöglich noch durch eine Alarmanlage abgesichert ist, kann man von einer sicheren Aufbewahrung sprechen.
Jedoch muß der Waffenbesitzer auch die Möglichkeit haben, sich und die Schußwaffen mit einer seiner Waffen zu verteidigen. Diese Waffe muß selbstverständlich versteckt und immer zugriffsbereit aufbewahrt werden. Eine Waffe, die erst geladen werden muß, hat keinen Wert als Notwehr-Waffe.
Der Besitzer muß die Waffe immer schnell ergreifen können, um die Gefahr von sich und seiner Familie abzuwenden. Zudem muß die Waffe so gut versteckt sein, daß sie dem Einbrecher nicht in die Hände fallen kann. Prahlen Sie nicht damit, eine Schußwaffe zu haben.
Die Waffe hat wenig Wert gegen Einbrecher, wenn sie sich, (meistens wird es ein Revolver sein) im verschlossenen Tresor oder im abgeschlossenen Schreibtisch befindet.
Im Notwehr-Fall muß die geladene Waffe blitzschnell eingesetzt werden können!

Wenn Kinder da sind, wird das Verstecken der Waffe problematisch.
Es muß verhindert werden, daß Kinder die Waffe finden und mit der Waffe spielen

können, oder sie zum Schießen mit Freunden in den Wald mitnehmen. Schon oft haben spielende Kinder mit gefundenen Schußwaffen sich oder ihre Spielkameraden erschossen.

Aufbewahren sollte man die Waffe bei Nacht griffbereit unter oder neben dem Bett. Der Zugriff zu einer Waffe, die sich im Nachttisch befindet, kann zu lange dauern, wenn ein Täter in das Schlafzimmer eindringt. Eine Waffe unter dem Kopfkissen kann schnell ergriffen werden, kann aber auch lästig sein.

Es gibt Waffenbesitzer, die ihre Schußwaffe schußbereit in einem Geheimfach hinter der Tapete oder im Wohnzimmer immer zugriffsbereit aufbewahren.
Die beste Waffe nützt im Notwehrfall nichts, wenn man sie nicht schußbereit in der Hand hält!
Wenn sich der Waffenbesitzer in seinem Haus oder in seiner Wohnung befindet, ist es für ihn – wenn es an der Haustür klingelt – vorteilhaft, wenn er seine Waffe am Körper, in der Tasche seines Hausmantels oder in seiner Hosentasche führt.

Zeigen Sie Ihre Waffe nur, wenn Sie mit ihr schießen wollen!
Der Verbrecher sollte durch die Waffe überrascht werden.

Die grüne Waffenbesitzkarte erlaubt das Führen der eingetragenen, geladenen Schußwaffe in der Wohnung, im Haus, und auf dem eingezäunten Grundstück.
Halten Sie alle Haustüren in der Nacht **verriegelt!** Schließen Sie die Fenster!

38

Selbstverteidigung mit Vorderladerwaffen

Besser als alle Kontaktwaffen wie Messer, Knüppel und Beil sind Distanzwaffen, wie Pfeil und Bogen und Armbrust. Am wirkungsvollsten sind jedoch Schußwaffen, selbst wenn es nur Vorderlader-Pistolen, Vorderlader-Revolver oder Vorderlader-Flinten sind. Man verachte diese alten Kanonen nicht, mit ihnen wurden Kolonialreiche erobert.

Der Erwerb von einschüssigen Vorderlader-Pistolen oder -Flinten mit Perkussionszündung ist ab 18 Jahren waffenbesitzkartenfrei, wenn die Waffen vor dem 1.1.1871 entwickelt wurden. Der einläufige Philadelphia-Derringer, den Spieler und „Ladys" als Taschenwaffe führten, ist mit seiner .45er Bleikugel bis auf 6 m Entfernung heute noch umwerfend. Die einschüssige Perkussionsflinte Trapper im Kaliber 12 ist eine mannstoppende Schußwaffe.
In einem Waffengeschäft traf ich einen Wandergesellen, der .44 Kugeln und Perkussionszündhütchen für seine beiden Vorderlader-Pistolen kaufte. Als ich fragte, ob er genügend Schwarzpulver habe, sagte er: *„Weißt Du nicht, es gibt doch genügend Silvester-Raketen"*.

Der Erwerb von mehrschüssigen Vorderlader-Revolvern mit Perkussionszündung ist waffenbesitzkartenpflichtig!
Es gibt Vereine, die das Vorderlader-Revolverschießen betreiben und ihren Mitgliedern dann den Erwerb dieser Sportwaffe ermöglichen. Die Trefferbilder die dort mit dem Colt Revolver 1860 Army, Kaliber .44, 6 Schuß, geschossen werden, sind hervorragend.

Das Schießen mit Vorderlader-Perkussions-Waffen ist komplizierter als das übliche Schießen.

Die Nachteile des Vorderladers sind:

1. Das schwierige und langwierige Laden des Vorderladers.
2. Die häufig auftretenden Zündversager.
3. Die Notwendigkeit, die Waffe öfter zu laden, damit sie sicher losgeht.
4. Die starke Entwicklung von weißem Rauch.
5. Das starke Verschmutzen der Waffe beim Schuß. Die Waffe muß sofort gereinigt werden.

Vorsicht! Niemals darf eine Vorderladerwaffe mit modernem, rauchlosen Pulver geladen werden! Sie würde dem Schützen um die Ohren fliegen und ihn schwer

verletzen. Auch darf die angegebene **Menge** des zu verwendenden Schwarzpulvers **nie überschritten werden!**
Im Ausland ist Schwarzpulver erhältlich, bei uns wird ein Schwarzpulver-Erwerbschein benötigt.
Zum Zünden des Schwarzpulvers werden Perkussions-Zündhütchen benötigt, die, wenn der Hammer auftrifft, das Schwarzpulver durch das Zündloch zünden. Dadurch wird die Kugel aus dem Lauf getrieben. Das Schwarzpulver hat eine mehr schiebende Wirkung, wodurch der Waffenrückstoß gut ertragen werden kann. Es ist allerdings viel empfindlicher gegen eine unvorsichtige Behandlung als das rauchlose Pulver.
Die Zusammensetzung ist oft: 78% Salpeter, 10% Schwefel, 12% Holzkohle.
Aus den Vorderladern werden Bleikugeln, Bleigeschosse und Schrotkugeln verschossen. Man sollte nur Vorderlader im Kaliber .44 (= 11,25 mm) oder .45 verwenden, da die langsam fliegenden Bleikugeln ihre Mannstoppwirkung durch den großen Geschoßquerschnitt und das enorme Geschoßgewicht erzielen.
Zuerst wird der Lauf oder eine Trommelkammer über das Portionierungsrohr mit Schwarzpulver geladen. Dann wird das Pulver mit einem Filzpfropfen verdämmt. Danach wird das Bleigeschoß eingeführt und wiederum mit einen Filzpfropfen verdämmt. Zum Schluß wird das Perkussions-Zündhütchen aufgesetzt. Nun ist die Waffe schußbereit.

Ein Colt Vorderlader-Revolver wird in der Trommelkammer mit 0,8 bis 1 Gramm Schwarzpulver geladen. Ein .44 Bleigeschoß, das 14 Gramm wiegt, das mit 1,4 - 1,6 Gramm Schwarzpulver angetrieben wird, wird durch einen 20 cm Lauf kommend eine Geschoßgeschwindigkeit von ca. 200 m/s erreichen und so eine Geschoßenergie von 20 mkp haben.
Der Schütze benötigt deshalb eine Pulverflasche mit Schwarzpulver, Filzpfropfen, Bleigeschosse und Fett zum Versiegeln der Trommel. Dazu benötigt er die Perkussions-Zündhütchen.
Wegen der langen Nachladezeit und der möglichen Zündversager sollte der Schütze 2 Revolver führen.

Das Laden des Colt Army 1860 Vorderlader-Revolvers

Vorsicht! Eine Trommelkammer darf nur einmal mit Schwarzpulver geladen werden!

- ❑ Der Revolver wird mit dem Lauf senkrecht nach oben gehalten.
- ❑ Der Hammer wird 1/4 der Weglänge nach hinten in die Laderast gebracht. Die Trommel dreht.
- ❑ Die Pulverflasche wird in die Hand genommen und mit dem Zeigefinger der Portionierer abgedeckt. Dann wird mit dem Daumen der Schieber geöffnet und wieder geschlossen. Dadurch ist im Rohr eine bestimmte Pulverladung vorhanden.

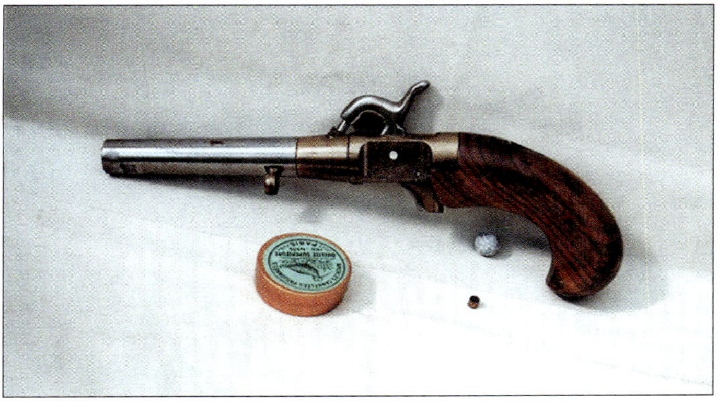

Eine einschüssige
Vorderlader-Pistole,
Kal. .44.
(Erwerbscheinfrei)

Eine zweischüssige
Vorderlader-Pistole,
Kal. .44.

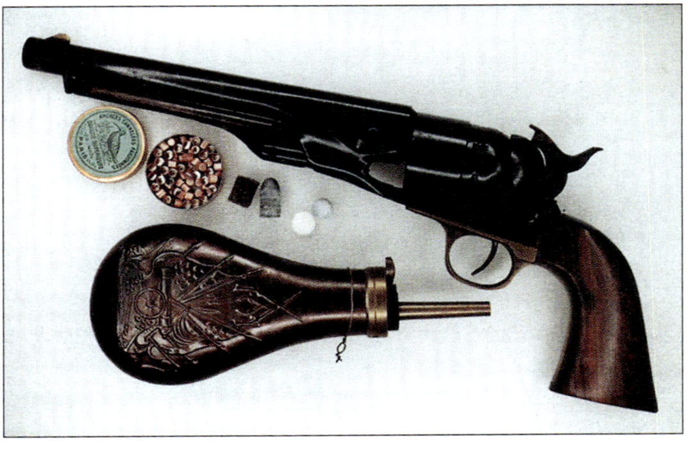

Ein sechsschüssiger
Vorderlader-Revolver
Colt 1860 Army,
Kal. .44.

- Nun wird jede der 6 Trommelkammer einmal gefüllt.
- Dann wird jede Trommelkammer mit einem Filzpfropfen verschlossen .
- Auf jede Kammer wird dann eine Kugel (oder ein Geschoß) mit dem Ladehebel eingepreßt.
- Nun werden alle Trommelkammern mit Fett verschlossen.
- Ersatztrommeln können so mitgeführt werden.
- Danach wird die Waffe so umgedreht, daß der Lauf nach unten zeigt.
- Nun setzt man mit dem Zündhütchensetzer die 6 Perkussions-Zündhütchen auf jede Kammer. Man kann jedes Zündhütchen etwas zusammendrücken und auf den Piston aufsetzen.

Schwarzpulver-Vorderlader-Waffen erzeugen viel weißen Rauch.

- Das Laden dauert ca. 2 Minuten. Deshalb führten Revolverschützen 2 bis 4 Revolver.

Das Schießen mit dem Vorderlader-Revolver

- Vor jedem Schießen wird mit dem rechten Daumen der Hammersporn ganz zurückgezogen.
- Dadurch wird die Trommel um eine Kammer nach rechts weitertransportiert.
- Nun genügt ein geringer Druck mit dem Zeigefinger auf dem Abzug, damit der Hammer fällt.
- Wenn der Hammer auf das Zündhütchen prallt, wird das Feuer durch das Zündloch in die Trommelkammer geführt, wodurch das Schwarzpulver zündet.
- Vom entzündeten Schwarzpulver wird das Geschoß durch den Lauf in Richtung Ziel getrieben.
- Vor dem nächsten Schuß muß die Trommel mit dem Daumen weiter gedreht werden.
- Es kann passieren, daß durch ein gesplittertes Zündhütchen der Trommeltransport verhindert wird. Deshalb „schleuderten“ viele Schützen immer die Waffe nach vorne.
- Nachdem das Schwarzpulver relativ langsam „schiebt“, sollte man das Nachzielen nicht vergessen.
- Bis auf 15 m Entfernung ist die Treffsicherheit mit dem Vorderlader-Revolver ausgezeichnet.

39

Selbstverteidigung mit Sportwaffen

Der Erwerb von Sportwaffen wird dem Sportschützen ermöglicht, der Mitglied eines Sportschützenvereins ist und an dem Schießtraining des Vereins teilnimmt. Der Nachweis eines Bedürfnisses für eine Sportwaffe liegt in den Händen der Schützenverbände.
(Es gibt die gelbe oder grüne Waffenbesitzkarte für Sportwaffen).

Deutscher Schützenbund

Sportschützen im deutschen Schützenbund schießen meist mit Kleinkaliberrevolvern (.22), Selbstladepistolen und mit Sportgewehren.
Geschossen wird stehend, mit Revolver oder Selbstladepistole, auf Ringscheiben oder Duellscheiben in 25 m Entfernung. Die Waffen sind sportlich eingeschossen. Verwendet werden Waffen des Kalibers 5,6 mm (.22 kurz oder .22 lang), des Kalibers .32, oder des Kalibers .38 spez. Wad cutter.
Diese Sportmunition ist für die Selbstverteidigung kaum geeignet, da sie zu wenig Energie abgibt.

Bund Deutscher Schützen

Beim Bund Deutscher Schützen wird vor allem mit großkalibrigen Selbstladepistolen und Revolvern geschossen.
Geschossen wird aus verschiedenen Entfernungen. Teils stehend, liegend oder kniend werden jeweils 5 Schüsse auf spezielle IPSC-Zielscheiben abgefeuert.
Diese Großkaliberwaffen im Kaliber 9 mm Para, .40 S & W, sowie .45 ACP sind gut zur Selbstverteidigung geeignet. Als Verteidigungswaffen sind sie jedoch zu lang. Die Schießübungen eignen sich gleichfalls gut für die Gefahrenabwehr.

Militär- und Polizeischützen (sowie Reservisten)

Die Schießdisziplin wird mit den Dienstwaffen und der Dienstmunition geschossen. Es sind auch andere Großkaliber-Waffen erlaubt.
Geschossen wird auf spezielle Zielscheiben und Stahlplatten.
Es geht darum, daß Polizisten und Soldaten ihre Schießausbildung verbessern und den Umgang mit der Waffe beibehalten können.

Colt Government 1991 als IPSC Sportwaffe, Kal. .45 ACP

S & W Revolver als Sportwaffe, Kal. .22 lfB.

Hi Standard als Sportwaffe, Kal. .22 lfB.

Sportwaffen

Sie haben den Vorteil, daß man mit ihnen sehr präzise treffen kann, wenn man die Kimme auf Fleck und nicht auf Spiegel aufsitzend einschießt.
Aus den Kleinkaliberwaffen sollte dann anstatt der üblichen Sportmunition die wirkungsvollere .22 lfB. High-Speed-Munition verschossen werden.
Statt der .38 spez. Wad Cutter Patrone kann zur Selbstverteidigung die .38 spez. High-Speed mit dem Teilmantelgeschoß verwendet werden.
Wegen ihrer Größe und Länge sind Sportwaffen kaum Verteidigungswaffen.
Dafür trifft ein Sportschütze sehr präzise auf die Nahentfernung bis zu 25 m!
Jede Schußwaffe ist eine Distanzwaffe und somit Messer, Beil und Dolch überlegen. Um einen lebensgefährlichen Angriff abzuwehren, muß zeitig genug geschossen werden.
Am wirkungsvollsten wird ein Treffer auf die Nase sein, weil hinter ihr das Kleinhirn liegt!

40

Selbstverteidigung mit dem Revolver

Der 2 Zoll Verteidigungsrevolver

Die Verteidigungswaffe muß so klein und leicht sein, daß man sie **immer** unauffällig am Körper tragen kann. Sie sollte immer geladen, also schußbereit, sein. Eine im Tresor oder im Schreibtisch eingeschlossene Waffe ist nutzlos, weil es viel zu lange dauert, bis man sie ergreifen kann. Im Notwehrfall muß man sofort schießen können. Ein optimaler Verteidigungsrevolver ist der Smith & Wesson Bodyguard M 49 mit 2 Zoll Lauf und 5 Patronen im Kaliber .38 spez. Da bei mehreren Tätern 5 Patronen zu wenig sein können, ist es wichtig, einen Speed Loader mit 5 Ersatzpatronen mitzuführen.

Ein Revolver hat eine automatische Sicherung, er ist deshalb fallsicher. Man kann bei ihm keinen Sicherungshebel vergessen und keinen Bedienungsfehler machen. Der geladene Revolver wiegt 630 g.
Man braucht nur den Spannabzug mit dem Abzugsgewicht von ca. 4 kg durchzuziehen und der Schuß bricht. Mit dem Spannabzug sind Mann-Treffer bis auf 7 m Entfernung möglich.
Der Bodyguard hat zudem einen verdeckten Hammersporn, der mit dem rechten Daumen vorgespannt werden kann. Dadurch verringert sich das Abzugsgewicht auf 1,5 - 2 kg. Vorgespannt können Mannziele in 10 m Entfernung getroffen werden.

Aus dem Revolver sollten nur wirkungsvolle Teilmantel-High-Speed-Patronen von DNG verschossen werden. Vom Trefferort und der Wirkung des Geschosses hängt die Mannstoppwirkung der Waffe ab. Das 10 Gramm .38 spez. Geschoß hat eine Vo von 240 m/s und eine Eo von 294 Joule.
Die üblichen Rundkopf- oder Wad cutter-Bleigeschosse haben zu wenig Wirkung. Der Rückstoß ist bei den High-Speed-Geschossen etwas härter, dafür ist ihre Wirkung im Ziel besser. Jäger werden sowieso die doch wirkungsvollere Fangschuß-Patrone verwenden.
Es gibt den Bodyguard-Revolver auch mit einem Rahmen aus Aluminium. Leider ist die Waffe nach häufigen Gebrauch dann „ausgeleiert". Zudem ist der Rückstoß bei dieser Waffe ziemlich hart.

Ein guter 2 Zoll Revolver ist – wenn man auf den verdeckten Hammer verzichtet – der Smith & Wesson Centenniel im Kaliber .38 spez.
Mit dem Bodyguard und dem Centenniel kann man aus der Mantel- oder Hosen-

S & W Bodyguard
M 649 (M38) Kal. .38
spez., 5 Schuß

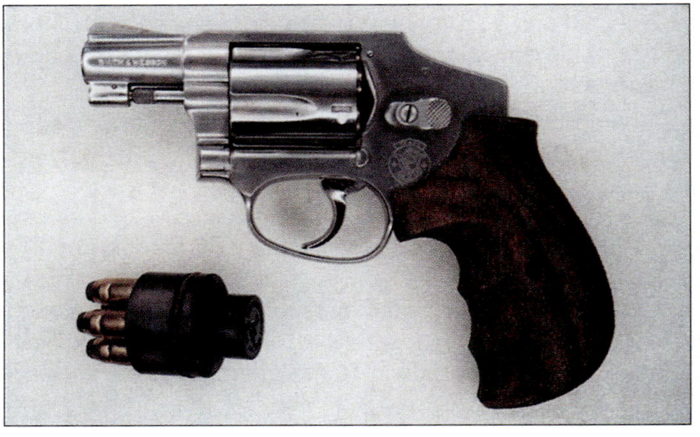

S & W Centenniel
M 640 Kal. .38 spez.,
5 Schuß

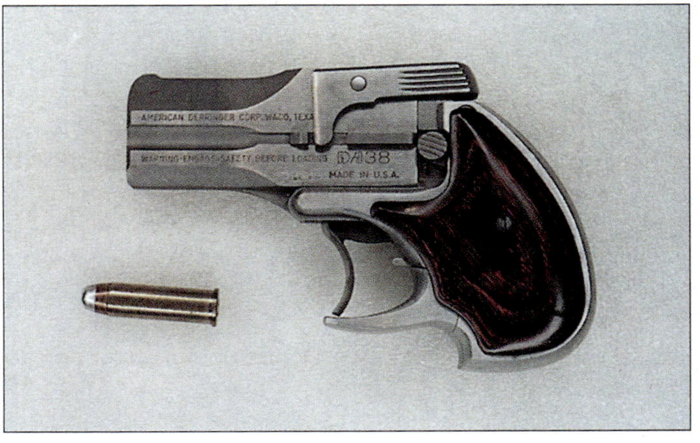

Hi Standard DA-
Derringer Kal. .38
spez., 2 Schuß

S & W M 1917
Kal. .45 ACP,
6 Schuß

Manurhin MR 73
Kal. .357 Mag.,
6 Schuß

S & W M 31
Kit GUN Kal. .22 lfB,
6 Schuß

tasche 5 mal schießen. Mit einer Selbstladepistole kann man nur einmal aus der Tasche schießen, weil die ausgeworfene Patronenhülse den Schlitten verklemmt.

Ein 2 Zoll Revolver kann in der Hosen- und Jackentasche mitgeführt werden. Am bequemsten ist das Führen der Waffe in einem Gürtel-Holster auf der rechten Seite oder auf dem Rücken.
Wird der Revolver im Schulter-Holster geführt, ist dies bequemer. Allerdings dauert das Ziehen etwas länger. Manche führen den 2 Zoll Revolver auch im Waden-Holster.
Am besten ist immer, wenn man seinen Revolver bereits schußbereit, aber verdeckt in der Hand halten kann.

Der 4 Zoll Combatrevolver

Der Combatrevolver von Smith & Wesson Modell 65 verschießt die wirkungsvolle Patrone vom Kaliber .357 Magnum (auch die Patrone .38 spez). Dieser Revolver ist eine ausgezeichnete Heimverteidigungswaffe mit seinem 4 Zoll langen Lauf und einer beachtlichen Mannstoppwirkung, die über der der 9 mm Para Patrone liegt. Das 10 N Teilmantelgeschoß fliegt mit 360 m/s und hat eine Eo von 665 Joule. In der Trommel befinden sich 6 Patronen. Deshalb wird auch für diesen Revolver ein Speed Loader benötigt. Die geladene Waffe wiegt 1 kg. Der Rückstoß kann gut verkraftet werden, wenn die Waffe einen Gummigriff bekommt.
Der Spannabzug hat ein Gewicht von 4 kg. Der vorgespannte Abzug hat ein Gewicht von 1 kg! Mit diesem Revolver können hervorragende Treffer bis auf 50 m Entfernung erzielt werden. Geführt wird diese Waffe im rechts getragenen Gürtelholster. Der einzige Nachteil des Revolvers ist, daß er nur 5 - 6 Patronen in der Trommel hat und daß es mit einem Speed Loader ca. 6 Sekunden dauert, bis man nachgeladen hat. (Ohne Speed Loader dauert es ca. 10 Sekunden).
Dafür hat man beim Revolver die absolute Funktionssicherheit, vorausgesetzt, die Patronen sind in Ordnung.

41

Schießen mit dem Revolver

Ein Revolver ist eine bediensichere und funktionssichere Verteidigungs-Waffe. Da es im Notwehrfall auf den blitzschnell abgegebenen ersten Schuß ankommt, der mit dem Revolver möglich ist, wird er oft als Verteidigungswaffe gewählt, obwohl nur 5 - 6 Patronen in der Trommel sind und das Nachladen 6 - 10 Sekunden dauert.

Das Laden des Revolvers
Zum Laden wird der Revolver in die linke Hand genommen, wobei der Lauf nach oben zeigt. Der rechte Daumen drückt bei S & W-Revolvern den Trommelschieber nach vorn. Nun kann die Trommel nach links herausgeklappt werden, wenn der Hammer nach vorn in Ruhestellung ist. Dann wird der Lauf der Waffe nach unten geschwenkt, damit die in der rechten Hand befindlichen 5 oder 6 Patronen in die

Revolverschießen mit dem Weaver Stance

Für Anfänger ist der Großkaliber-Revolver die optimale Verteidigungs-Waffe und die Dreieckstellung die optimale Schießstellung.

Trommel geladen werden können. Danach wird die Trommel eingeklappt. Jetzt ist die Waffe schußbereit! Wer auf Nummer Sicher gehen will, zieht mit dem rechten Daumen den Hammersporn ca. 1 cm zurück und probiert, ob sich die Trommel leicht drehen läßt. Moderne Revolver haben keinen Sicherungs-Hebel, sondern eine automatische Sicherung. Mit Revolvern kann auf zweierlei Weise geschossen werden.

1. *Double action*

Mit dem verstärkten Druck auf den Abzug wird der Hammer so weit nach hinten gedrückt, bis er von selbst nach vorn fällt und die Patrone zündet. Der Druck auf den Abzug wird zwischen 4 - 6 kg liegen. Wenn man mit dem Revolver schnell schießen muß, muß man mit dem Spannabzug schießen. Dabei können die Treffer etwas verzogen werden. Deshalb ist Training nötig.

2. Single action

Soll präzise getroffen werden, wird der Hammer vorgespannt. Der rechte Daumen zieht den Hammersporn nach hinten bis er einrastet. Nun genügt ein Druck von 1,5 - 2 kg damit der Hammer nach vorn schlägt und die Patrone zündet.

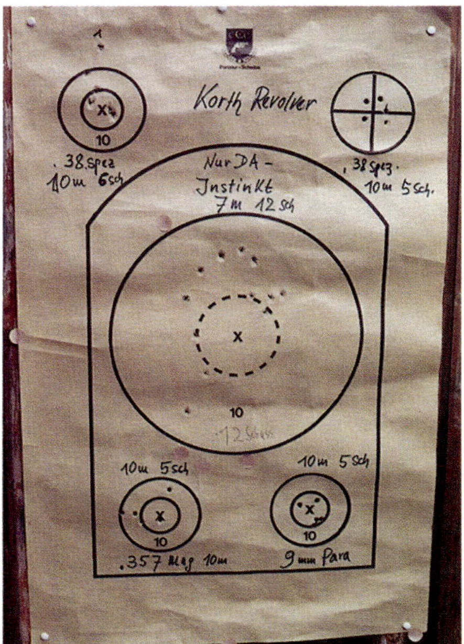

Treffer mit Korth Revolver

Bill Jordan.
Ein berühmter Gunfighter schießt mit dem S & W Revolver Kal. .357 Magnum.

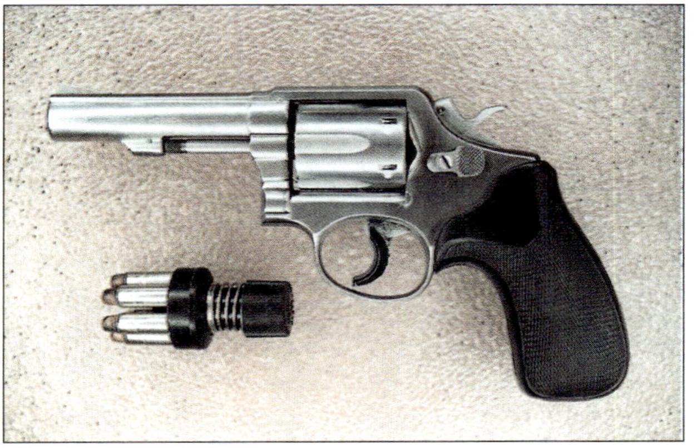

Der S & W Revolver Mod. 65, Kal. .357 Magnum

3. Entladen

Der Revolverschütze muß seine Schüsse mitzählen, damit er weiß, wann er nachladen muß. Zuerst muß der Hammer entspannt werden, damit die Trommel herausgeklappt werden kann. Dazu wird der Hammersporn mit dem rechten Daumen festgehalten und am Abzug gezogen. Nun kann der Hammer langsam nach vorn gelassen werden. Jetzt kann durch das Vorschieben des Trommelschiebers die Trommel herausgeklappt werden. Dabei wird die Waffe mit dem Lauf nach oben gehalten, damit die Patronenhülsen, die mit dem Sternschieber herausgedrückt werden, nach unten fallen können. Die Trommel kann nun sofort wieder geladen werden.

Ein Speed Loader, in dem die Patronen festgehalten und auf Knopfdruck freigegeben werden, beschleunigt das Laden der Trommel.

Mögliche Probleme

Man sollte kontrollieren, ob die Schraube im Trommelschieber festsitzt und ob sich die Stange des Ausstoßsterns nicht von selbst gelockert hat, weil dann die Trommel nicht mehr herausgeschwenkt werden kann.

Wenn man, um den Spannabzugswiderstand zu verringern, die Federspannschraube zurückgedreht hat, kann es passieren, daß der Hammerschlag nicht mehr zum Zünden der Patrone ausreicht.

Zu hohe Zündhütchen und Schmutz unter dem Ausziehstern kann das Drehen der Trommel verhindern.

Beim Hülsenausstoßen kann es geschehen, wenn die Waffe nicht senkrecht gehalten wurde, daß der Auswerferstern eine Hülse überfährt. Die Hülse muß dann mit einem Taschenmesser herausgezogen werden.

Der Revolverschütze muß den Spannabzug immer ganz durchziehen und wieder vorlassen, damit keine Trommelkammer „überfahren" wird.

Dieses sind keine Waffenfehler, sondern Schützenfehler.

42

Selbstverteidigung mit Selbstlade-Pistolen

Verteidigungsselbstladepistolen
Als ständig geführte Verteidigungswaffe ist die Glock 26, Kaliber 9 mm Para, mit 10 Patronen im Magazin hervorragend geeignet. Die geladene Waffe wiegt nur 630 Gramm. Die 9 mm Para Patrone hat eine Vo von 370 m/s und eine Eo von 548 Joule. Sie ist also dem 2 Zoll Revolver M 49 in der Mannstoppwirkung und in der Firepower überlegen.
Wer eine Verteidigungspistole mit der besten Mannstoppwirkung benötigt, dem kann die Glock 30 im Kaliber .45 ACP empfohlen werden. Im Magazin befinden sich 10 Patronen und sie wiegt geladen 830 Gramm. Die .45 ACP Patrone hat eine Vo von 249 m/s und eine Eo von 462 Joule bei einem Geschoßgewicht von 14,5 Gramm. Mit dieser Waffe hat man, wenn keine Hohlspitz-Munition verwendet werden kann, die beste Mannstoppwirkung.
Glock-Pistolen haben keinen Sicherungshebel, den man vergessen kann. Sie sind daher wegen der 3 automatischen Sicherungen, wie der Revolver, absolut bedien- und funktionssicher.
Der Safe-action-Abzug hat immer denselben Abzugsweg von 6 mm und denselben Abzugswiderstand von 2 kg (auf Wunsch 3,5 kg). Die Glockpistole hat viel Ähnlichkeit mit den Revolvern, deshalb wurde sie in den USA von den Polizisten gekauft.
Mit den 10 Schuß im Magazin und 10 Patronen im Reservemagazin hat die Glock eine beachtliche Feuerkraft. Die Vollmantel-Geschosse haben eine gute Durchschlagskraft aber eine geringere Stoppwirkung. Besser ist es, wenn die erlaubten Teilmantelflachkopf-Geschosse zur Selbstverteidigung verwendet werden.
Die Glock 26 ist so klein und flach, daß man sie beim Anzeichen einer Gefahr bereits unauffällig in der rechten Hand halten kann. Durch den optimalen Griffwinkel sind die Glockpistolen besonders gut für den Deutschuß verwendbar.

Combatpistolen
Combatpistolen sind die optimalen Waffen für den Häuserkampf.

Die Glock 34.
Eine solche Waffe ist die neue Glock 34 Kaliber 9 mm Para, (oder Glock 35 Kal. .40 S & W).
Das Magazin faßt 19 Patronen. Im Reservemagazin befinden sich 30 Patronen.

Glock M 26
Kal. 9 x 19
10 Schuß

Glock M 30
Kal. .45 ACP
10 Schuß

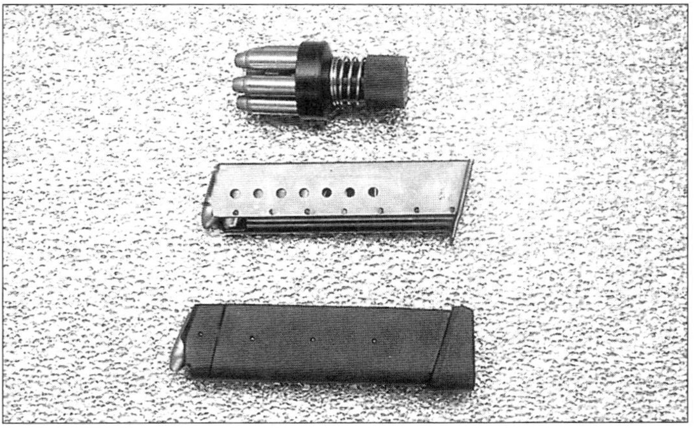

Schnelles Nachladen:
1. Speed Loader
2. Magazin 8 Patronen
3. Magazin 19 Patronen

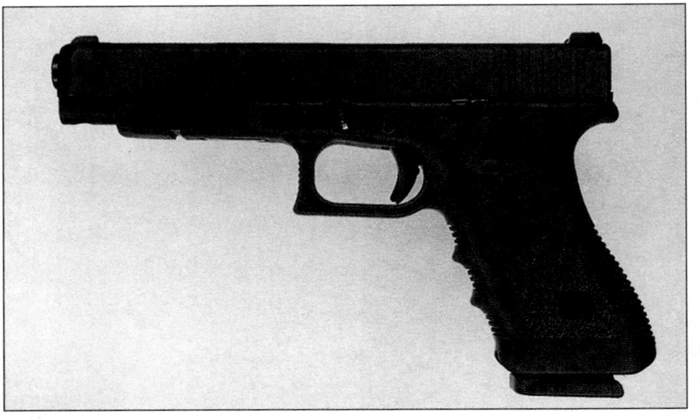

Glock G 34
Kal. 9 mm Para.
17 Schuß

SIG M 210/6
Kal. 9 mm Para.
8 Schuß

Colt Government
M 1991, Kal. .45 ACP
7 Schuß

Der Lauf ist 135 mm lang. Die Gesamtlänge ist 207 mm. Das Gewicht der geladenen Waffe liegt bei 960 Gramm. Unter dem Griffstück befinden sich Befestigungsnuten für Taschenlampe, Laser und IR- Licht. Diese Glock 34 schießt außerordentlich präzise mit dem besten Glock Safe-action-Abzug, der nur 1,7 kg Abzugsgewicht hat und der 192 mm langen Visierlinie. Für Deutschußtreffer hat sie die richtige Griffschräge. Wegen der 3 automatischen Sicherungen hat die Glock 34 keinen Sicherungs-Hebel. Die Waffe ist 100 %ig fallsicher.
Combatwaffen werden im rechts getragenen Gürtelholster geführt.
Die Glock 21 ist eine Combatwaffe im Kaliber .45 ACP, die vom Gunfighter Cirillo am liebsten eingesetzt wird, weil sie 13 Patronen im Magazin hat und die mannstoppende .45 ACP schießt.

Die SIG-Sauer P 226 (ohne Bild)
Diese Waffe hat einen Spannabzug von ca. 4 kg Abzugsgewicht für den schnellen, ersten Schuß. Der gut gehende single-action-Abzugswiderstand liegt bei 2 kg Abzugsgewicht. Ein Vorteil der Waffe ist der Entspannhebel, mit dem man den Hammer gefahrlos entspannen kann, wenn gerade geschossen wurde. Die P 226 hat das Kaliber 9 mm Para und hat 15 Patronen im Magazin. Die P 226 hat ein Leichtmetall-Griffstück und wiegt geladen 950 Gramm.
Mit der P226 kann double action und single action geschossen werden.

Die Colt Government
Die neue Colt M 1991 A, ist eine single-action-Waffe. Sie hat das Kaliber .45 ACP und 7 - 8 Patronen im Magazin. Die Coltpistole aus gutem Stahl wiegt geladen 1150 Gramm. Sie hat einen sehr guten SA-Abzug mit kurzem Abzugsweg und 1,5 kg Abzugsgewicht. Die Waffe liegt gut in der Hand, es macht Freude, mit dem alten Schlachtross zu schießen und zu treffen, zumal Doubletten sicher wirken würden. Diese Coltpistole hat eine neue Fallsicherung.

43

Schießen mit Selbstlade-Pistolen

Selbstladepistolen haben den Vorteil, daß sie eine größere Anzahl von Patronen im Magazin haben, mit denen man mit Schnellfeuer mehrere Angreifer niederkämpfen kann. Zudem kann das Magazin innerhalb von 2 Sekunden gewechselt werden.
Es gibt (nachdem das Griffspanner System ausläuft) 3 verschiedene Abzugs-Systeme.

Das single action System
Das single action Abzugssystem hat immer einen kurzen Abzugsweg und einen niedrigen (1-2 kg) Abzugswiderstand. Dafür benötigt diese Waffe einen Sicherungshebel.
Geführt werden sollte die SA-Pistole *durchgeladen, gespannt und gesichert,* damit sofort geschossen werden kann. Leider wagen dies nur wenige Schützen, weil diese Waffe zu leicht losgehen kann. Deshalb wird sie unterladen, das heißt mit vollem Magazin – aber nicht durchgeladen – also nicht schußbereit geführt. Im Notwehrfall muß diese Waffe also zuerst durchgeladen werden. Schon kann es eine Katastrophe geben. Wenn z.B. der Schlitten nur halb statt ganz zurückgezogen wird, wird nämlich gar keine Patrone in den Lauf gelangen!
Auch kann vergessen werden, den Sicherungshebel herunterzudrücken. So starben Männer....

Das double action-single action System
Die DA-SA-Waffen haben den Vorteil des schnellen, ersten Schusses mit dem Spannabzug.
Leider ist dabei das Abzugsgewicht mit 4 - 5 kg so groß, daß der erste Schuß oft vorbei geht, weil er verrissen wird. Die folgenden Schüsse kommen dann mit dem bereits vorgespannten Hammer mit dem leichtgängigen single action Abzugsgewicht von 1,5 - 2,5 kg und den kurzen SA-Abzugsweg. DA-SA-Selbstladepistolen brauchen keinen Sicherungs-Hebel, dafür benötigen sie einen Entspann-Hebel, um den Hammer gefahrlos nach oder während des Schießens zu entspannen.

Das safe action System
Beim safe action System gibt es keinen Hammer, deshalb ist die Zündzeit kürzer, da der Hammerweg wegfällt. Der Zündstift der Waffe ist immer teilgespannt. Beim

Schießen mit der Cirillo Zweihand-Deutschuß-Technik

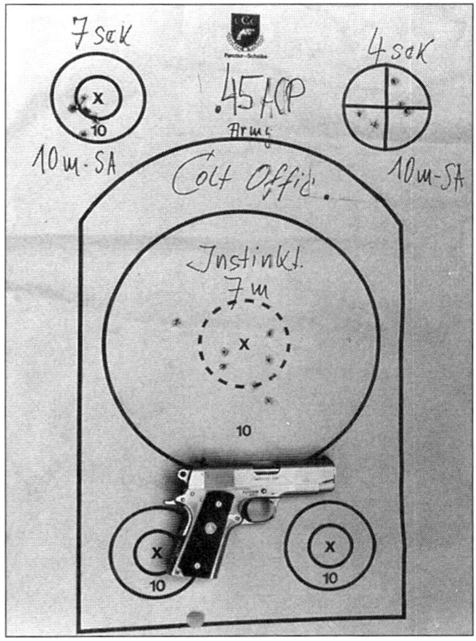

Treffer mit der Officer, Cirillo Deutschuß. Technik: Oben: gezielt, unten: instinktiv.

Durchladen der Waffe oder während der Verschluß wieder vorschnellt, wird der Zündstift immer wieder halb vorgespannt. Der Stand des Abzuges zeigt sofort an, ob das safe action System gespannt ist.

Beim Schießen muß vom Abzugsfinger zuerst ein Abzugsweg von ca. 12 mm zum Vollspannen des Zündstiftes zurückgelegt werden, bis der Schuß bricht. Das Abzugsgewicht ist immer gleich, es liegt einstellbar zwischen 1,7 - 3,5 kg. Nach jedem Schuß ist die Waffe automatisch gesichert und entspannt. Wegen der 3 internen, automatischen Sicherungen ist diese Waffe völlig fall- und bediensicher. Die Abzugs-Sicherungszunge verhindert, daß der Abzug seitlich betätigt werden kann. Wie beim Revolver gibt es bei der safe action-Waffe keinen Sicherungshebel.

Kontrolle der Selbstladepistole

- ❑ Magazin herausnehmen und hinter den kleinen rechten Finger klemmen.
- ❑ Verschluß zweimal nach hinten reißen und in den Lauf blicken, ob er leer ist.

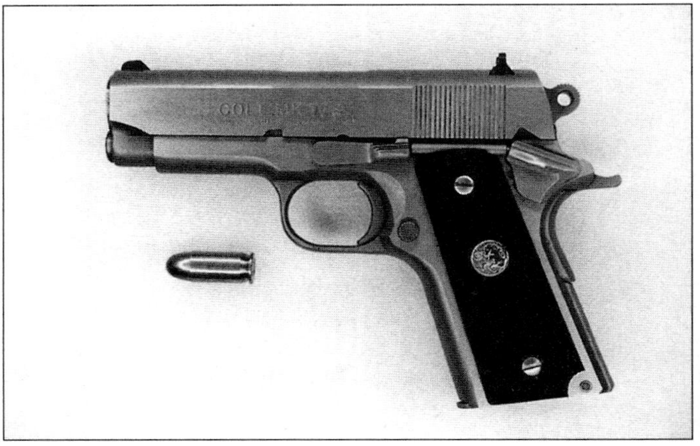

Colt Officer,
6 Schuß Selbstlade-
pistole Kal. .45 ACP

Das Laden der Waffe

- ❑ Magazin in die linke Hand, abgestützt auf den Bauch.
- ❑ Mit der rechten Hand Patronen in das Magazin hineindrücken.
- ❑ Die rechte Hand ergreift den Griff der Waffe mit gestrecktem Zeigefinger auf dem Abzugsbügel.
- ❑ Die linke Hand ergreift das geladene Magazin mit Daumen und Zeigefinger.
- ❑ Das Magazin wird in den Magazinschacht eingeführt. Mit der linken Hand wird darauf geschlagen, damit das Magazin fest in der Waffe sitzt. Sonst wird keine Patrone zugeführt.
- ❑ Die linke Hand ergreift den hinteren Verschluß und reißt ihn bis zum Anschlag nach hinten!
- ❑ Beim Vorschnellen des Verschlusses wurde eine Patrone in den Lauf geführt und der Hammer gespannt oder der Zündstift teilgespannt.
- ❑ Die Waffe ist schußbereit. Der Abzugsfinger darf nun den Abzug erst berühren, wenn geschossen werden muß. Deshalb liegt der Abzugsfinger gestreckt an der Waffe!
- ❑ Geben Sie niemals eine geladene Waffe aus der Hand!

44

Selbstverteidigung mit Flinten

Schrotflinten sind bis 10 m Entfernung die treffsichersten und tödlichsten Waffen. Ihre Schrotgarben sind wegen des Flächen-Auftreffschocks wirkungsvoller als Gewehr und Pistole.

Die Flinten und Musketen mit den glatten Läufen wurden zuerst mit Schwarzpulver und Bleistücken geladen und mit Feuersteinschlössern gezündet. Später verbesserte man die Zündung durch Perkussions-Zündhütchen. Danach wurden Patronen mit rauchlosem Pulver entwickelt, die mit Zündhütchen gezündet wurden. Mit Flinten, die jeder Siedler besaß, wurde der wilde Westen von Amerika erobert. Sie waren oft die einzige Waffe, die er hatte.

Um die Trefferwirkung zu erhöhen, wurden Doppelflinten gebaut, die Schrotpatronen des Kalibers 10 Gauge und 12 Gauge verschossen haben. Ihr Rückstoß war beachtlich. Die Sheriffs kürzten die Läufe der Doppelflinten auf ca. 60 mm Länge. Dadurch konnten die sperrigen Flinten leichter geführt werden. Die Schrotgarbe öffnete sich schneller, was ein sicheres Treffen auf kurze Entfernung ermöglichte. Mit dieser Flinte kann man bis 10 m Entfernung nicht vorbeischießen. Die mörderische Wirkung der Flinte war im wilden Westen allen Banditen bekannt. Kein Bandit griff nach seiner Waffe, wenn der Sheriff eine solche Flinte auf ihn richtete! Auch heute noch sollte einem Bankräuber kein Widerstand geleistet werden, wenn er eine abgesägte Flinte auf das Personal richtet. Bei Doppelflinten braucht man Zeit zum Nachladen. Deshalb werden oft an der rechten Schaftseite 2 mal 12 G. Patronen im Lederstreifen befestigt.

Die Entwicklung der Pumpgun-Flinten brachte der amerikanischen Polizei durch die 7 Patronen im Röhrenmagazin und das schnelle Durchladen mit dem Pumpgriff unter dem Lauf, der zurückgerissen und nach vorn gestoßen wird, die nötige Feuerkraft. Aus der Flinte können alle Patronen verschossen werden, die bei einer Selbstladeflinte nicht funktionieren.

Die „Hit & Kill"-Wahrscheinlichkeit ist mit den 00 Buckshot Schrotpatronen, (9 Stück 8 mm Kugel) bis etwa 15 m Entfernung sehr groß. Die Wirkung der 9 Bleikugeln potenziert sich. Das wissen die Ganoven. Sie geben oft auf, wenn sie das typische „Klick Klick" des Durchladens hören. Wegen der Schrotgarbe kann man kaum vorbeischießen.

Die Wirkung der Flinte ist bis 20 m Entfernung größer als die Wirkungen von Revolver, Selbstladepistole, Maschinenpistole und Gewehr. Keine andere Waffe kann eine solche Einschuß-Treffsicherheit-Wirkung garantieren wie die Flinte. Die

Pumpgun – Schießen auf Stahlscheiben

Pumpgun mit einklappbarem Schaft

Reichweite der Schrote liegt bei etwa 60 m Entfernung. Bei einem Banküberfall der Dalton Bande in Coffeyville wurden alle 4 Banditen von den Einwohnern, die mit Flinten aus den Fenstern schossen, getötet. In Frankreich gibt es eine Order, daß jeder Einwohner eines Hauses eine Flinte zu seiner Verteidigung besitzen darf. Mit diesen Waffen fügten die Franktireure den Besetzern große Verluste zu. Der Besitz von Schrotflinten ist überall in den USA erlaubt. Schließlich ist das keine Waffe, die man leicht verbergen kann, um ein Verbrechen zu begehen. Bei meinen Freunden in Texas und Arizona hängt über der Eingangstür eine geladene Schrotflinte. Wahrscheinlich ist das der Grund für die niedrige Kriminalität in diesen Gegenden. Die amerikanischen SWAT-Teams der Polizei, wie auch die US Army, haben schon immer Pumpgun-Flinten eingesetzt. Es werden auch Flinten mit Klappschaft verwendet. Das Schießen mit gekürztem Lauf und dem gekürzten Schaft ist mühsam und voller Tücken. Ein Zielen ist da nicht so leicht möglich. Der Knall ist sehr laut. Zur Heim- und Selbstverteidigung ist die gekürzte Doppelflinte die optimale Waffe.

In allen Ländern der Erde ist die Flinte die am meisten vorhandene Schußwaffe überhaupt.

Flinten sind bis auf 30 m Entfernung optimale Verteidigungs-Waffen.

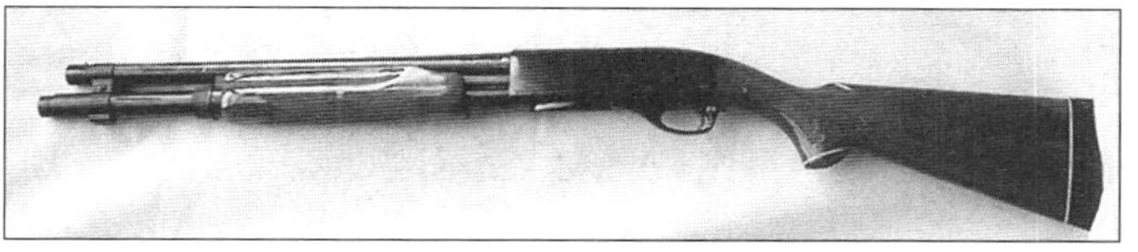

Pumpgun Remington 870 Kal. 12 G/70 7 Schuß

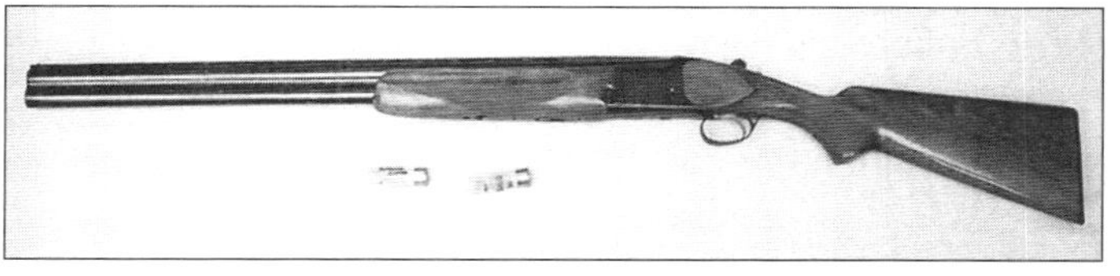

Bockdoppel-Flinte Kal. 12/70 2 Schuß

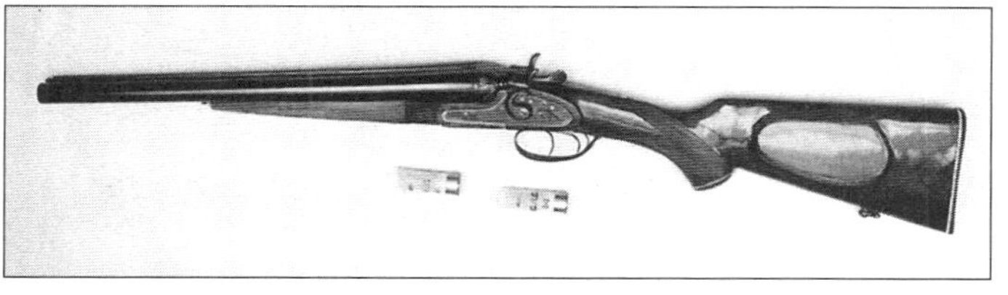

Doppelflinte mit gekürztem Lauf Kal. 12/70 2 Schuß

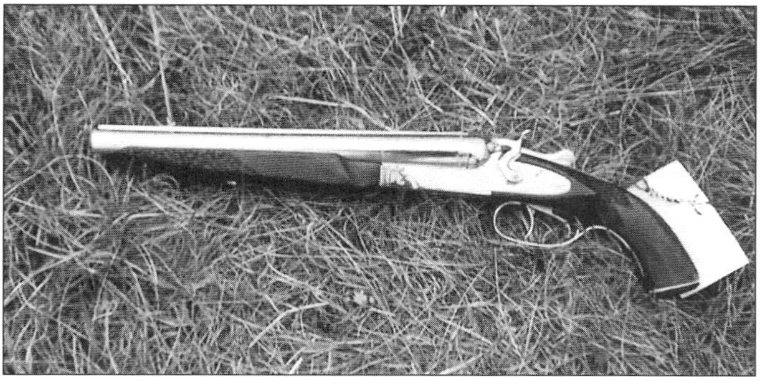

Eine gekürzte Doppelflinte

45

Schießen mit Flinten

Das Schießen mit Flinten ist leicht zu lernen. Die Flinte bietet viele Vorteile und eine große Überlegenheit in Feuergefechten mit bewaffneten Verbrechern. Sie ist leicht zu bedienen und wenn man sich an ihren Rückstoß gewöhnt hat, leicht zu schießen. Wegen der sich breit öffnenden Schrotgarbe ist mit ihr auch leichter zu treffen als mit einer Pistole oder einem Gewehr.

Die Flinte ist auch tödlicher als eine Selbstladepistole oder ein Gewehr.

Die amerikanische Polizei-Munition

Werden 00 Buckshot, Kaliber 12 Gauge-Geschosse oder Nr. 4 Schrot-Geschosse verwendet, liegt die maximale Reichweite bei 50 m Entfernung. Die tödliche Entfernung liegt bei 15 m. Werden 12er Slug-Geschosse verwendet, liegt die maximale Entfernung bei 100 m.

Munition	Kugeln	Gewicht	Durchmesser	Geschoß-Geschwind.	G.-Energie
Nr. 4	27	1,3 Gramm	6 mm	395 m/s	27 Joule/Kugel
00 Buckshot	9	3,5 Gramm	8,3 mm	411 m/s	284 Joule/Kugel
12er Slug	1	26 Gramm	17,3 mm	395 m/s	2025 Joule/Kugel

Die Werte wurden mit einer Pumpgun mit einer normalen Lauflänge von 90 cm geschossen.

Bei der Buckshot-Munition ist eine Schrotgarbe wirkungsvoller als eine Pistolenkugel, weil sich die 9 Schrotkugeln in ihrer Wirkung potenzieren. Man hat 10mal mehr Chancen, lebenswichtige Körperteile zu treffen und 10mal mehr Möglichkeiten, Schock und Schmerz zu verursachen.

Von Magnum-Schrotpatronen ist abzuraten, weil die 12 Stück 00 Buckshot-Kugeln einen sehr starken Rückstoß erzeugen.

Der auf 50 cm Lauflänge gekürzte Flintenlauf erzeugt eine breitere Schrotgarbe und einen etwas stärkeren Rückstoß der Waffe. Außerdem verringern sich die ballistischen Werte.

Mit dem kurzen Lauf kann man schneller in das Ziel schwenken. Außerdem kann der kurze Lauf nicht so leicht weggeschlagen werden.

Zielen oder deuten mit der Flinte?
Im Feuergefecht sind im Gegensatz zur Jagd die Entfernungen geringer und die Mannziele größer!
Dabei ist das Schießen aus einer beschußsicheren Deckung das Wichtigste.
Die Schrottreffer auf 1 bis 15 m Entfernung zeigen, wie sich die Schrotgarbe vergrößert. Der Streukreis ist jedoch nicht so groß, daß man 2 Täter mit einem Schrotschuß treffen kann.
Je kürzer die Entfernung ist, desto besser ist es, die noch dünne Schrotgabe bis auf 3 m Entfernung gezielt ins Ziel zu bringen. Je breiter die Schrotgarbe wird, desto weniger muß gezielt werden. Vor allem sich bewegende Täter können mit Deutschuß viel besser und schneller getroffen werden als mit der Pistole oder dem Gewehr.

Bei dem Unterarm-Deutschuß wird der Täter über die Flinte fixiert, die in seine Richtung zeigt. Wohin er sich bewegt, dorthin folgt ihm der Flintenlauf. Wenn etwas Zeit ist, kann die Flinte in *die Schulter* eingezogen werden und über die Flintenvisierung *gezielt* geschossen werden.

Die Entfernung von der Mündung zum Täter kann in 3 Zonen eingeteilt werden:

<u>Zone A</u>
In der Entfernung von 0 - 3 m hat sich die Garbe noch nicht geöffnet, sie kann mit der Handfläche abgedeckt werden. Diese ca 6 cm dicke Garbe erzeugt die tödliche Rattenhöhle im Körper.
Geschossen wird mit dem Unterarm-Deutschuß oder dem Hüftschuß.

<u>Zone B</u>
In der Entfernung von 6 - 18 m öffnet sich die Schrotgarbe und hat so die maximale Trefferwirkung.
Hier kann mit einem Ghost-Ring auf der Flinte am sichersten getroffen werden, weil die expandierende Garbe ein schnelles Treffen möglich macht. Das Ende der B-Zone ist dann, wenn ein Mann auf 18 - 20 m unverletzt durch die Garbe laufen kann.

<u>Zone C</u>
In der Zone von 20 - 100 m werden nur noch Slug-Treffer erfolgreich sein. Hier wird eine gute Visierung auf der Flinte benötigt.

Schießen mit Mannstoppwirkung

In einem Feuergefecht mit Flinten ist die Trefferwirkung so groß, daß meist nur 2 Schuß abgefeuert werden. Oft reicht ein 00 Buckshot-Treffer in der Brustmitte, um den Täter auszuschalten.
Gezielt wird zwischen die Brustwarzen oder auf den Kopf und die Nase!

Die Mannstoppwirkung der Flinte ist abhängig:

- Vom Treffer-Ort, also von der Schußplazierung.
- Von der Größe der Zerstörung, welche die Schrote erzeugen.
- Von dem psychologischen, mentalen Zustand und Reaktion des Getroffenen. (Drogen)
- Kopftreffer mit einer 00-Schrotgarbe führen zum sofortigen Tod des Getroffenen.
- Geben Sie nie einen Schuß ab und warten dann, ob der Getroffenen zu Boden geht. Wenn er wegen Drogen nicht umfällt, schießen Sie noch einmal, bis er fällt.
- In einem Feuergefecht gibt es keine garantierte Stoppwirkung einer Waffe und einer Munition.
- Der Schrot-Treffer muß 80 % der lebenswichtigen Teile des Getroffenen treffen um 100 % sicher zu stoppen.
- Haben Sie einen Plan. Zuerst wird mit der Flinte auf die Brustmitte gezielt.
- Wenn möglich, wird sofort auf die Nase gezielt, weil ein Kopftreffer 100 % wirkt.
- Wichtig ist, daß Sie Ersatzpatronen an der rechten Seite des Schaftes befestigt haben und am Gürtel in Ledertaschen Ersatzmunition mitführen!
- Lebensrettend kann sein, daß Sie am Gürtel eine Selbstladepistole mitführen.

Bewegte Ziele

Wenn ein Ziel sich schnell nach einer Richtung bewegt, wird der Flintenlauf mitgeschwenkt, wenn er etwa 50 cm vor das Ziel zeigt, wird abgezogen. Der Vorteil der Schrotgarbe ist, daß man den Täter in die Garbe hineinlaufen lassen kann. Man kann auch – mit Schwenken auf die Brustmitte zielend – abziehen. Mit Schrotgarben lassen sich bewegte Ziele am leichtesten treffen.

Schießstellungen

A Beim Vorgehen ist die *Unterarmbereitstellung* die beste und aggresivste Schießstellung, mit der man am schnellsten schießen kann. Dabei wird der Flintenschaft unter der Achsel an den Körper gepreßt und der Lauf im 45-Grad-Winkel zum Boden gehalten. Bei einer auftretenden Gefahr wird der Lauf horizontal geschwenkt und schnell geschossen.

B Im *Deutschießen* umfasst die rechte Hand den Schafthals und der rechte Zeigefinger geht nach dem Entsichern an den Abzug der Flinte. Die linke Hand ergreift den Vorderschaft und stützt ihn ab. Dabei zeigt der linke Zeigefinger, am Lauf anliegend, als Deutfinger in Richtung Ziel. Die Flinte wird fest in die rechte Schulter eingezogen, wenn geschossen wird.

Schießen mit einer Pumpgun mit Flintenlauf geschlossen, Kal. 12 G im Hüftanschlag aus 9 m Entfernung.

Die Remington Pumpgun, Mod. 870 Kal. 12 G, 7 Patronen.

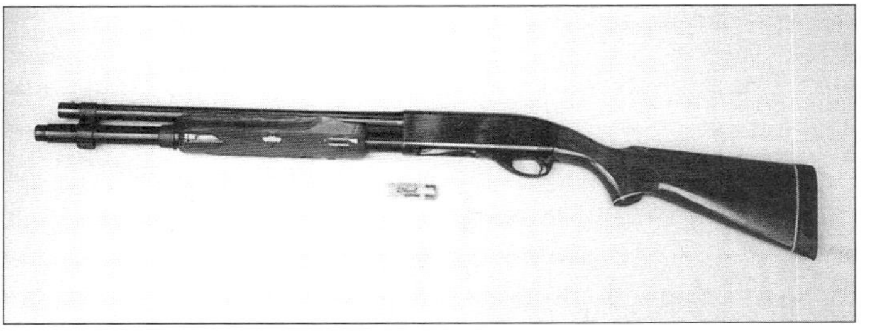

Streuung der 00 Buck, 9 Kugeln à 8 mm auf 27,5 m Entfernung.

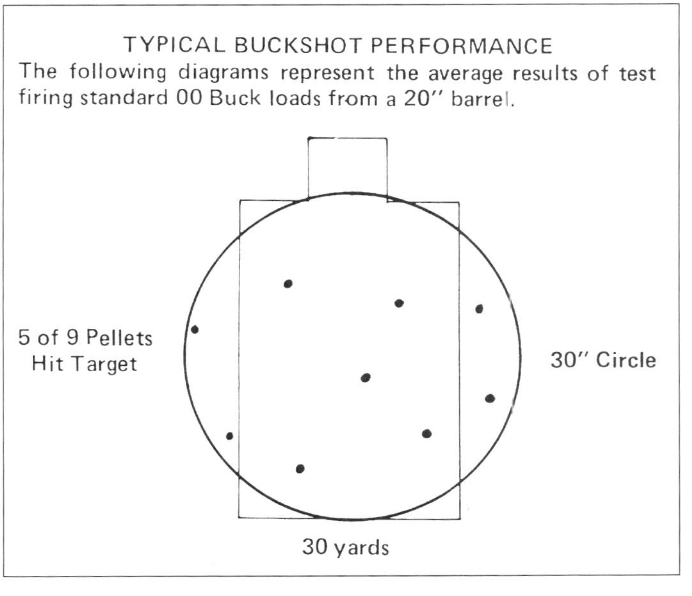

C Im *gezielten Schießen* wird der Schaft fest in die rechte Schulter eingezogen, wobei die rechte Hand den Schafthals umfaßt. Der rechte Zeigefinger entsichert und geht erst an den Abzug, wenn geschossen werden muß.
Die linke Hand umfaßt den Vorderschaft. Der linke Zeigefinger liegt als Deutfinger an.

D Im *Hüftschuß* kann der Schaft auf die Gürtelschnalle aufgesetzt werden. Auf kurze Entfernungen deutet der Lauf in das Ziel.

E In der Nacht erzeugt ein Flintenschuß eine große Mündungsflamme. Ihre Augen können kurzzeitig geblendet werden und Ihr Standort wird durch die Mündungsflamme verraten. Nachtschießen sollte oft trainiert werden.

Flinten – Auge in Auge mit dem Täter

Wo die Augen hinsehen, wird auch die Aufmerksamkeit hingehen, wo die Aufmerksamkeit hingeht, wird der Körper hin folgen. Das bedeutet, wo die Augen den Täter sehen, wird der Deutsinn die Waffe automatisch hinzeigen lassen.

Wenn Sie mit einem Täter konfrontiert werden, müssen Sie auf seine Hände blikken, denn diese zeigen an, ob er kämpfen und schießen will.

Sofort müssen Sie Ihren Blick auf die Stelle, wo Ihre Schrotgarbe treffen soll, fokussieren! Nämlich auf die Brustmitte. Am besten auf einen Knopf, der sich dort befindet. Wenn Sie die geringste Gefahr für sich erkennen, müssen Sie blitzschnell abziehen.

Befindet sich der Täter in einer Entfernung zwischen 1 m - 3 m, können Sie mit der Unterarm-Stellung auf seine Brustmitte deuten und schießen. Wenn Sie sehen, daß der Täter eine Schutzweste trägt, müssen Sie auf den Kopf deuten, denn die Schrote werden die Schutzweste nicht durchschlagen.

In 1 m - 3 m Entfernung kann der Lauf mit dem Fuß weggeschlagen werden!

Sowieso ist es das Sicherste, wenn Sie aus allen Entfernungen, von 3 bis 15 m, mit dem Schulteranschlag auf den Kopf zielen. Einen Schädeldurchschuß bekommt man nur mit den 00 Buckshot oder Nr. 4-Schroten.

Ein Brusttreffer mit diesen Schroten wird bis in 10 m Entfernung einen Streukreis von 25 cm Durchmesser haben. Diese Garbe wird das Kreislaufsystem ausschalten. Ein solcher Schock läßt das Nervensystem zusammenbrechen.

Schießentfernungen im Feuergefecht

Unter 3 m Hier hat sich die Garbe noch nicht weit genug geöffnet, sie erzeugt ein tödlich wirkendes Loch von 6 cm Durchmesser. (auch Vogelschrote erzeugen bis auf kurze Entfernung diese Löcher). Es sollte gezielt oder gut gedeutet werden, damit sicher getroffen wird.

Von 3 m - 15 m Hier öffnet sich die Garbe auf etwa 25 cm Durchmesser. Bis auf 15 m Entfernung ist sowohl die 00 Buckshot als auch die Nr. 4 Schrotgarbe tödlich. (Vogelschrote verlieren bald ihre Wirkung).
Bis auf 6 m kann mit der Unterarm-Stellung gedeutet werden, die Garbe hat einen Durchmesser von 16 cm.
Von 6 m - 15 m sollte gezielt werden, die Garbe öffnet sich auf ca. 27 cm in 15 m Entfernung.

Von 15 m - 100 m Über 15 m bis auf ca. 30 m besteht die Möglichkeit, daß einzelne Schrote treffen. Kopftreffer sind bis 50 m Entfernung mit Slug-Geschossen möglich. Maximal kann mit Slugs bis auf 100 m Entfernung getroffen werden, wenn eine gute Visierung vorhanden ist.
Viele Gips-Zimmerwände können von Slugs und 00 Buckshot durchschossen werden. Slugs schlagen durch Autokarosserien. Ein Slugtreffer ist tödlicher als ein Pistolentreffer oder ein Gewehrtreffer.

Nachladen der Doppelflinte Das Nachladen dauert ziemlich lange und ist eine Schwachstelle der Doppelflinte. Mit dem nach rechts Drücken des Verschlußhebels werden die beiden Läufe nach unten gekippt und dabei die Patronenhülsen ausgeworfen. Nun können die 2 in der linken Hand befindlichen Schrotpatronen eingeführt und die Läufe wieder waagrecht nach oben gekippt werden. Das Nachladen dauert 2 - 4 Sekunden.

Nachladen der Pumpgun Flinte Die Pumpgun hat 7 Schrotpatronen im Röhrenmagazin. Sie hat also eine größere Feuerkraft. Bei jedem Zurückziehen und Vor-

Schießen mit der stark gekürzten Flinte. Schußentfernung bis 10 m.

stoßen des Pumpgriffes wird eine neue Patrone zugeführt. Diese Flinte ist unabhängig von Munitionsfehlern. Während des Feuergefechts kann immer wieder eine Patrone in die Ladeöffnung, (bei offenem Verschluß) eingeschoben werden.

Taktisches Flintenschießen

Zum Überleben benötigt man eine gute Eigendeckung und die Überraschung des Täters!

Gehen Sie immer in eine volle, beschußsichere Deckung! Wenn es die nicht gibt, legen Sie sich hinter Möbelstücke in eine dunkle Ecke oder hinter Ihr Bett.

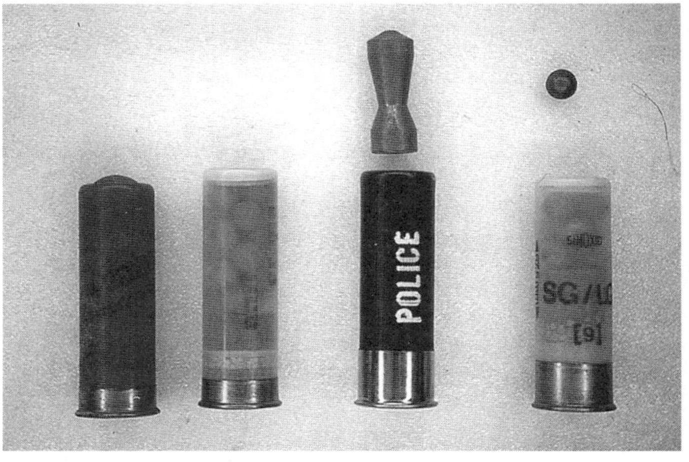

Flinten-Munition
00 Buck Shot, Police
Slug, Gummi Schrote

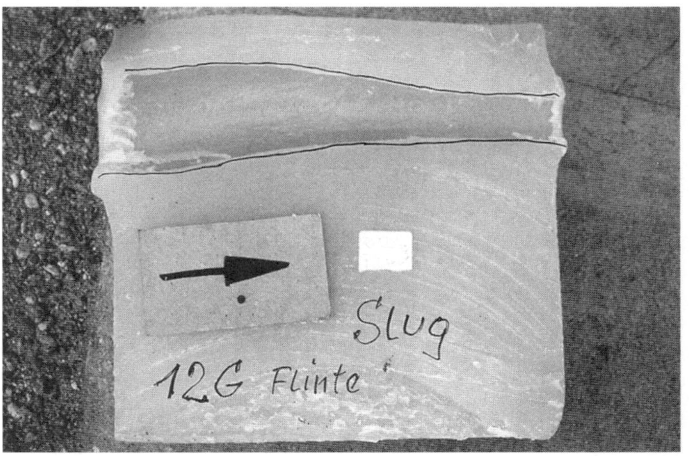

Die Wirkung eines
Slug's in dem
Beschuß-Seifen-Block

Überraschung

Überraschen Sie den Einbrecher, der in Ihr Haus und Ihre Wohnung eindringen will, mit einem Schuß in die Decke oder im Freien in den Boden, damit er sieht, daß es tödlich ernst wird.

Sie haben weniger Ärger, wenn der Täter ausreißt und seinen Einbruch abbricht. Setzt er sein verbrecherisches Tun fort, wird es für Sie lebensgefährlich! Dann schießen Sie nur noch gezielt auf den Täter. Mit dem Warnschuß haben Sie vielleicht Ihren Standort verraten, deshalb müssen Sie ihn ändern. Sicherer ist es natürlich, wenn man sich den Warnschuß spart und erst schießt, wenn der Täter keine andere Möglichkeit läßt.

Am wichtigsten ist die gute Eigendeckung, dann kommt der überraschende Schuß aus dem Hinterhalt, wenn der Einbrecher in Ihr Haus eingebrochen ist. Passen Sie auf, ob der Täter allein ist, denn oft haben Einbrecher Komplizen. Vermeiden Sie, daß Sie von mehreren Tätern umzingelt werden. Zögern Sie nicht zu schießen, Sie wissen, daß eine einzige Schrotgarbe einen Einbrecher unschädlich machen kann. Sie müssen sich und Ihre Familie verteidigen.

Treffer-Präzision

Sicheres, konzentriertes Treffen ist wichtiger als aufgeregtes Vorbeischießen. Deshalb nehmen Sie sich „Ihre Zeit“, die Sie benötigen um sicher zu treffen, aber beeilen Sie sich mit dem Schießen. In einer Sekunde muß der Schuß kommen, davon sollten Sie $^{3}/_{4}$ Sekunden zum Zielen verwenden.

Kniend oder liegend Schießen

Schießen Sie nie mehrmals von derselben Stelle! Die hat der Täter nach dem ersten Schuß bereits im Visier! Schießen Sie nicht in stehender Schießhaltung, Sie bieten ein zu großes Ziel!

Wechseln Sie den Ort und schießen Sie im Knien oder noch besser im Liegen. Stehen Sie niemals auf, um Ihre Flinte nachzuladen! Lassen Sie sich nie mit einer leer geschossenen, ungeladenen Flinte erwischen! Mißtrauen Sie dem Verbrecher! Wenn Sie ihn getroffen haben, ist er vielleicht gar nicht kampfunfähig, sondern täuscht Sie nur, um Sie zu erwischen, wenn Sie sich ihm nähern! Deshalb verlassen Sie nicht Ihre Deckung! Wenn Sie sicher sind, daß er Sie täuschen will, schießen Sie noch einmal, damit er kampfunfähig wird.

Querschläger

Durch ein flaches, an den Wänden entlang Schießen mit Schrotkugeln oder auf den harten Boden, kann der in der Deckung liegende Täter dennoch erwischt werden! Deshalb setzen Sie die Querschläger-Wirkung ihrer runden Bleikugeln im Kampf gegen verdeckte Täter ein.

Auf der Straße genügt es, schräg an einer Wand entlang zu schießen, damit einige Schrote den Täter treffen. Wenn er z.B. hinter einem Auto auf dem Boden liegt, genügt eine flach geschossene Schrotgarbe, um ihn zu treffen.

Deckungsfeuer

Ein Deckungsfeuer durch mehrere Schüsse, zwingt den Täter, seinen Kopf einzuziehen, damit Sie Ihre Deckung wechseln können. Sie können auch das Kopfeinziehen benützen, um vorzustürmen um ihn hinter der Deckung zu erwischen.

Häuserkampf

Der Hausbesitzer muß kämpfen und sich und seine Familie verteidigen. Er kann nicht ausreißen. Deshalb sollte die Verteidigung des Heimes schon einmal geplant und geprobt werden.

Die Heimverteidigung besteht aus:

- ❑ Vorwarnung durch Alarmanlagen. Sie müssen wissen, wer in Ihr Haus kommt!
- ❑ Einen beschußsicheren Unterstand für die Familie, einen Sicherheitsraum (Schlafzimmer).
- ❑ Ein vorgeprüftes Schußfeld für die Heimverteidigung.

- ✔ Verhindern Sie mit einer Alarmanlage, daß Sie nachts ein Täter im Schlaf überrascht.
- ✔ Überprüfen Sie ein Schußfeld, und stellen Sie an Ihrer Stellung eine dicke Kommode auf.
- ✔ Im ersten Stock haben Sie ein gutes Schußfeld nach unten. Ein Täter muß über die Treppe.
- ✔ Zögern Sie nicht, durch das Fenster nach draußen zu schießen, um die Nachbarn zu alarmieren.
- ✔ Sie können sich auch im 1. Stock verbarrikadieren und den Täter mitnehmen lassen, was er will.
- ✔ Nehmen Sie nie einen Täter gefangen! Das ist lebensgefährlich für Sie und sogar für Polizisten.
- ✔ Verjagen Sie den Täter und seine Komplizen mit Schüssen. Verbrecher wollen nicht sterben!

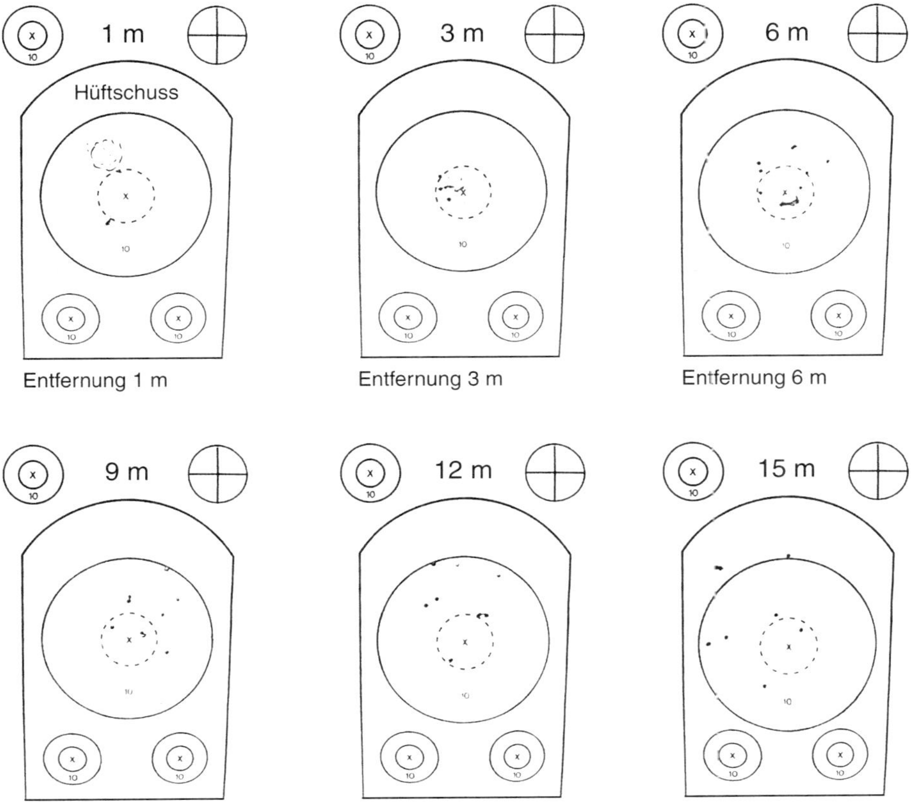

Entfernung 1 m

Entfernung 3 m

Entfernung 6 m

Entfernung 9 m

Entfernung 12 m

Entfernung 15 m

Verteilung der Schrote

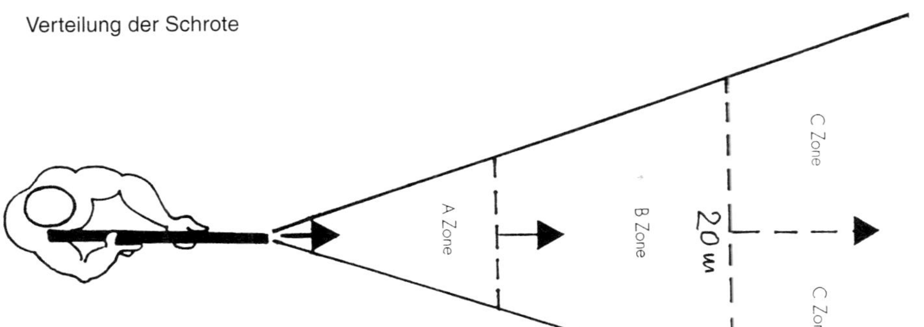

Zonen

Basis Schießkurs

Buckshot

Nr.	Richtung	Entfernung	Stellung	Schußzahl	wie oft	Zeit	Entf.	Ziel
1	Vor	15 m	gezielt	1 Schuß	5 x	2,0 s		1 Mann
2	Vor	10 m	gezielt	1 Schuß	5 x	1,5 s		1 Mann
3	Vor	7 m	gezielt	1 Schuß	5 x	1 s		1 Mann
4	Vor	3 m	Unterarm	1 Schuß	5 x	0,7 s		1 Mann
Umdrehen nach allen 4 Richtungen, Schießen								
5	90° R	7 m	gezielt	1 Schuß	5 x	1,5 s		1 Mann
6	90° L	7 m	gezielt	1 Schuß	5 x	1,5 s		1 Mann
7	180°	7 m	gezielt	1 Schuß	5 x	2 s		1 Mann
8	Vor	5 m	Unterarm	2 Schuß	2 x	1,5 s	1 m	2 Mann
9	Vor	5 m	Unterarm	2 Schuß	2 x	2,0 s	1 m	3 Mann
10	Vor	5 m	Unterarm	2 Schuß	2 x	2,5 s	1 m	4 Mann
Malfunktion Drill								
11	Fehler kein Durchladen		Unterarm	5 m	5 x	3 s		1 Mann
Nachladen der leeren Flinte								
		7 m	Unterarm	1 Schuß	5 x	3 s		1 Mann
Slugs								
12		50 m	gezielt	1 Schuß	10 x	3,5 s		1 Mann
13		7 m	gezielt	1 Schuß	5 x	2,0 s		Kopfschuß

Mögliche Treffer: 415 Punkte

Ziele: Combat-Scheiben oder Stahlfall-Scheiben.

46

Selbstverteidigung mit dem Gewehr

Gewehre sind keine optimalen Nahkampfwaffen, weil sie zu lang sind und weggeschlagen werden können.

Weitere Nachteile sind:

1. Die Durchschlagskraft eines Gewehrgeschosses ist so groß, daß Wände durchschlagen werden können und nicht einschlagende Geschosse kilometerweit fliegen können. Dadurch können Anwohner und Passanten gefährdet werden.
2. Der Abschußknall ist so laut, daß in Räumen Gehörschäden auftreten können. Es sollten Gehör-Stöpsel getragen werden.
3. Das Mündungsfeuer und der Mündungsknall in Räumen können zu Augenschäden führen. Es ist deshalb vorteilhaft, eine Schutzbrille aufzusetzen.
4. Der Waffenrückstoß kann beachtlich sein und Nichtgeübte zum „Mucken" verleiten.
5. Das Gewehr ist lang und schwer. Es kann nicht so leicht gehandhabt werden.

Scharfschützen-Gewehr Steyr. SSG 69 Kal. .308 Win. 5 Schuß

Mit dem Gewehr sollte aufgelegt aus der Deckung geschossen werden.

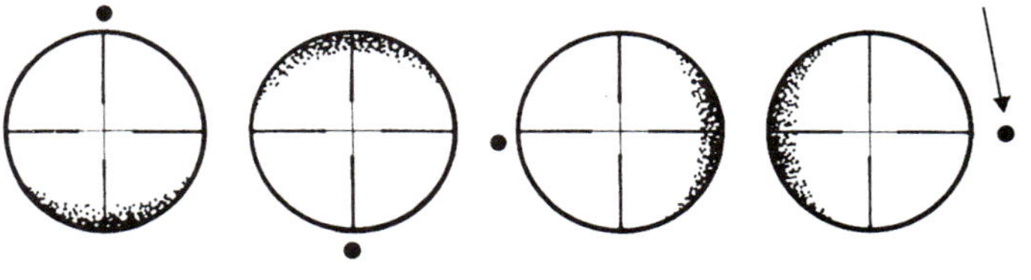

Mögliche Zielfehler mit dem Zielfernrohr.

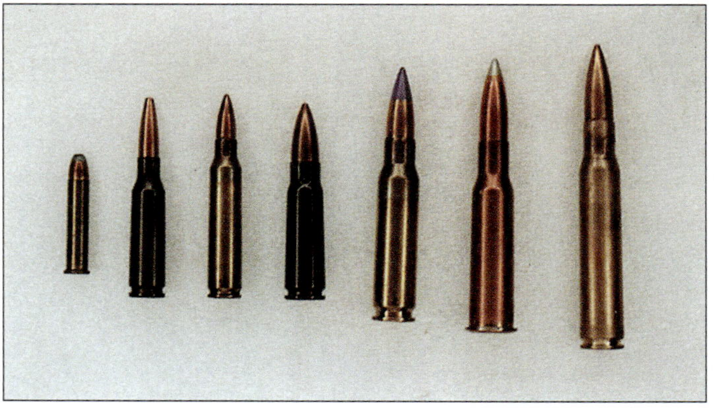

Gewehr-Patronen

Die Vorteile eines Gewehrs sind:

1. Mit dem Gewehr ist ein präzises Treffen einer Spielkarte in 100 m Entfernung möglich.
2. Die Deckungen können leicht durchschossen werden. Täter werden hinter Wänden getroffen.
3. Die Mannstoppwirkung der Gewehrgeschosse ist am stärksten.
   Noch auf 500 m können Täter von guten Schützen getroffen werden.
4. Der Gewehrkolben kann als Keule verwendet werden.

Ein taktischer Vorteil ist:

Ein Hausbesitzer, der von bewaffneten Verbrechern angegriffen wird, kann diese bereits im Umkreis von 50 m Entfernung abwehren, so daß sie nicht an das Haus herankommen.

Empfohlene Gewehre zur Selbstverteidigung:

- Winchester-Büchse 92, Typ 67 M ist ein Nachbau der berühmten Winchester 72, mit der viele Indianerkriege gewonnen wurden.
  Die Winchester 92 hat im Röhrenmagazin 8 Patronen des Kalibers .44 Magnum. Dabei wiegt die kurze Waffe nur 2,7 kg. Das .44er Magnum-Geschoß ist mannstoppend. Die effektive Reichweite geht bis 200 m Entfernung.
- Die Repetierbüchse 550 im Kaliber .308 W. hat dasselbe Kaliber wie das G3. Im Magazin befinden sich 5 Patronen. Durch das 6fach Zielfernrohr kann man noch in 600 m Entfernung das Ziel treffen.

Winchester Unterhebel Repetierer. Mod. 94 Kal. .44 Mag. 11 Schuß

Jagdrepetierer. ZF = 6 x Kal. .308 Win 5 Schuß

Scharfschützen-
Gewehr SSG 82
ZF = 4 x
Kal. .5.45 x 39 mm
5 Schuß

Armbrust:
Leise Treffer sind bis auf 100 m möglich.

■ Die Ruger Selbstlade KK Büchse ist eine leichte Waffe im Kaliber .22 lfb. Im Magazin können 10 Patronen geladen werden. Die effektive Reichweite liegt bei 100 m Entfernung. (ohne Foto)

Jagd- oder Sportgewehre werden eher zur Hausverteidigung vorhanden sein als Faustfeuerwaffen. In Frankreich befindet sich in jedem Haus ein Gewehr. Das war einmal Pflicht, um „La douce France" zu verteidigen.

47

Schießen mit dem Gewehr

In vielen Teilen der Welt müssen Hausbesitzer gegen Räuber und Plünderer kämpfen. Nichts ist im Krieg so tödlich wie der Häuserkampf in den Städten.

Wann treffen Verteidiger auf Angreifer?

❖ Über 100 m Entfernung sind nur 5 % zu sehen.

❖ Unter 50 m sind noch wenige Angreifer zu sehen.

❖ Unter 35 m sind die meisten Angreifer zu sehen!

Wegen der dabei auftretenden Entfernungen ist das Gewehr für den Kampf die richtige Waffe.

Vor einer Hausverteidigung sollte man sich drei Fragen stellen:

1. Von wo kann ein Plünderer eindringen? Wo könnte der Plünderer sein?
2. Wo finde ich eine beschußsichere Deckung?
3. Wo springe ich hin, wenn plötzlich auf mich geschossen wird?

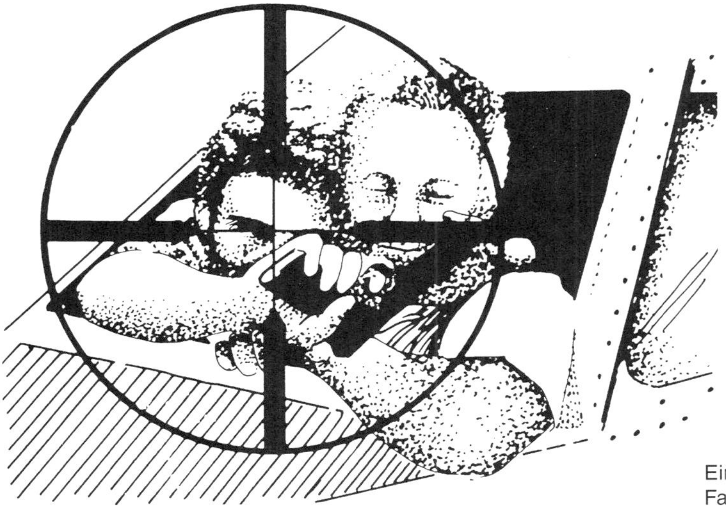

Ein Geiselnehmer im Fadenkreuz.

Die wichtigsten Punkte für eine Hausverteidigung sind:

● *Geduld*

Warten Sie ruhig, bewegungslos und bewaffnet in Ihrer Deckung auf den Plünderer und Räuber.

● *Planung*

Nehmen Sie sich schon vorher Zeit, um Ihre Verteidigung zu planen. Das kopflose Laufen von einem Raum in den anderen kann Sie verraten.

● *Geräuschlos*

Jedes Geräusch, das Sie erzeugen, kann Ihren Standort bei Tag und in der Nacht verraten! Sogar bei Tageslicht werden oft sehr langsame Bewegungen nicht bemerkt. (Im Schatten).

● *Schleichen*

Schleichen Sie und benützen Sie den Schatten. Versuchen Sie immer zwischen sich und den Plünderer eine beschußsichere Deckung zu bringen. Planen Sie jeden Schritt, von Deckung zu Deckung. Seien Sie immer schußbereit!

● *Bewegen*

Bewegen Sie sich schnell und leise, ohne quietschende Sohlen oder knirschendes Glas, immer geradeaus. Vermeiden Sie die Zick-Zack-Sprünge, die erhöhen nur die Zeit, in der auf Sie geschossen werden kann. Beobachten Sie aus dem Augenwinkel alle Bewegungen.

● *Beschußsichere Deckung*

Gegen Gewehrschüsse helfen nur Sandsäcke oder Betonwände. Ziegelwände können mit Schnellfeuer durchbohrt werden. Auf der Straße befinden sich Gegenstände wie Autos, Abfallkübel, Telefonzellen, welche von Gewehrgeschossen leicht durchschlagen werden können.

● *Querschläger*

Mit Querschlägern kann man nicht sichtbare Täter treffen. Wenn Geschosse im flachen Winkel auf Wände oder Straßen auftreffen, werden die Geschosse oder ihre Splitter im noch flacheren Winkel abgelenkt. Deshalb sollte man nie eng an einer Mauer stehen oder sich auf die Straße legen, weil man da leicht von Querschlägern getroffen werden kann. Halten Sie immer etwas Abstand.

● *Beobachten*

Wenn Sie aus einem Fensterwinkel beobachten, tun Sie das nur ganz kurz und beobachten Sie nie ein zweites Mal von dieser Stelle. Der Täter kann diese Stelle im Visier haben und Sie treffen.

● *Waffen*

Führen Sie Ihre Waffe immer am Körper. Die Pistole im Holster, das Gewehr am Riemen. Zu oft wurde das Gewehr in der Nacht abgestellt und kaum mehr gefunden.

Schießen mit dem Steyr SSG 69 Scharfschützen-Gewehr.

Das SSG Steyr für die Polizei.

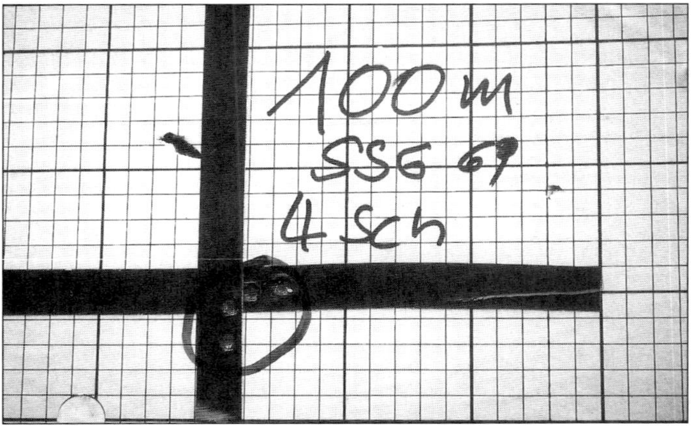

Treffer mit dem SSG 69 auf 100 m Entfernung. 4 Schuß. Kal. .7,62 x 51 Nato.

● *Augen und Ohren*
Vertrauen Sie immer Ihren Ohren und Augen. Wenn Sie etwas ganz kurzzeitig gehört oder gesehen haben, so glauben Sie es! Der Täter wird den Fehler nicht zweimal machen.

● *Schießen*
Schießen Sie nicht nur auf den Täter, den Sie gesehen haben, sondern auch auf die Stellen, an denen er sein könnte.

Häuserkampf
Eine beschußsichere Deckung ist überlebenswichtig. Wer sich hinter eine Dekkung wirft, die nicht beschußsicher ist, macht diesen Fehler nur einmal.
Wichtig ist zu wissen, daß Wasser die Wirksamkeit der Deckung um 50 % verringern wird. Im Regen ist die Deckung oft nur die Hälfte wert, ähnlich wie bei den Kevlar-Schutzwesten, wenn diese durch Schweiß oder Regen naß wurden, hatten sie oft keine Schutzwirkung mehr! Der Schutzwesten-Träger der Polizei glaubte sich geschützt, dabei gingen die Vollmantel 9 mm Para-Geschosse glatt durch, wie das Fernsehen zeigte! Bei der neuen Spectra-Schutzweste kann das nicht passieren, sie saugt kein Wasser auf.

Folgende Stoffe werden aus 25 m von Gewehrgeschossen durchschlagen.

Waffe	Erde	Sand	Lehm	Beton	Hartholz	Stahl
Kal. 5,65 mm	60 cm	60 cm	76 cm	23 cm	13 cm	3,5 cm
Kal. 7,62 mm	90 cm	76 cm	140 cm	23 cm	25 cm	6 cm

Beton oder Stahl reflektieren die Geschosse, wenn sie senkrecht auftreffen.

Das Aufbauen von beschußsicheren Deckungen
Am besten wirken Sandsäcke und Eisenbahnschwellen als Deckung. Hinter Fenstern und Türen können Kommoden und Truhen, welche mit Sandsäcken gefüllt sind und mit Büchern und Zeitungen vollgestopft sind, aufgestellt werden.
In der Deckung sollten kleine Schießscharten gelassen werden.

Aus dem Hinterhalt

- ❑ Wenn Sie aus dem Hinterhalt schießen können, hat der Plünderer keine Überlebenschance.
- ❑ Wenn Sie den Täter erblicken, er Sie aber nicht sehen kann, sollten Sie schießen, bevor er es tut.
- ❑ Schießen Sie auf einen Gegenstand neben dem Täter, damit er flieht.
- ❑ Schießt der Täter in Ihre Richtung, müssen Sie zurückschießen und ihn ausschalten.
- ❑ Achten Sie immer darauf, wo seine Komplizen sein können.

❑ Verlassen Sie NIE Ihre DECKUNG.

❑ Wenn Sie den Täter erblicken und er sieht Sie auch, so müssen Sie rücksichtslos sofort feuern.

❑ Gehen Sie sofort in die Knie oder werfen Sie sich in volle Deckung.

Die Höhe dominiert

❑ Wenn Sie in der Höhe sind, können Sie nur schwer bekämpft werden.

❑ Von oben können Sie aus den Fenstern die Plünderer beobachten.

❑ Sie haben von oben das größere und weitere Schußfeld.

❑ Von oben können Sie leicht Flaschen und CS-Granaten auf die Täter werfen.

❑ Von oben können Sie leicht in jede Deckung treffen.

Im Häuserkampf

Schießen Sie immer aus einem dunklen Raum heraus auf die Plünderer, seitlich durch Wände geschützt. Auf einem Tisch, weit im Hintergrund, wird das Gewehr auf einen Sandsack aufgelegt. Je dunkler der Raum ist und je tiefer Sie in dem Raum sind, desto schwieriger werden Sie geortet werden.
Bauen Sie hinter Ihren anderen Deckungen, hinter den Schießscharten, gute Auflagen für Ihr Gewehr. Wenn Sie in Ihrem Haus per Zufall auf einen Täter stoßen, schießen Sie auf ihn in der Deutschuß-Haltung, wie beim Flintenschießen.

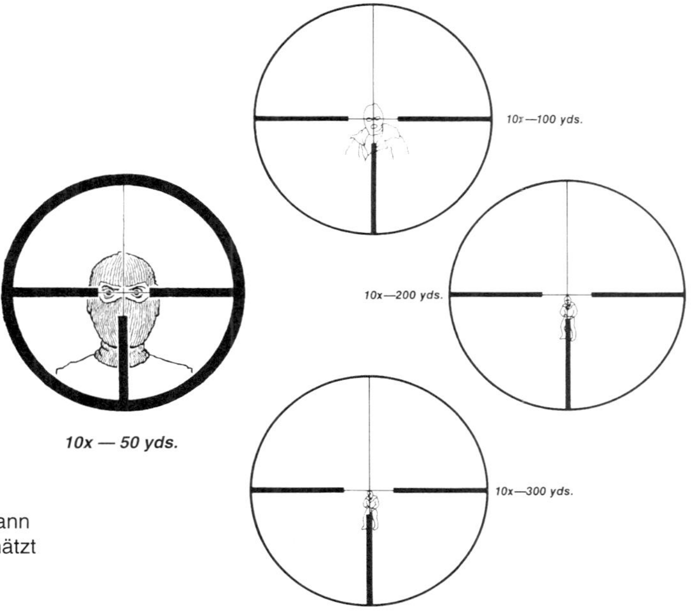

Aus der Kopfgröße kann die Entfernung geschätzt werden.

Hier: ZF = 10 x

48

Vorsicht Messerattentate

Im alten Rom wurden 12 der 16 Cäsaren ermordet. Messer und Dolche waren von der grauen Vorzeit bis zum Beginn des 20. Jahrhunderts die beliebtesten Waffen der Attentäter. Erst danach traten Bomben, Revolver und Pistolen sowie Scharfschützengewehre auf den Plan.

Messerattentäter waren oft Einzeltäter, die aus persönlichem Haß oder aus Überzeugung Personen oder Politiker erstachen. Messerattentäter schlichen sich, mit dem verborgenen Messer in der Hand, an ihr Opfer heran und stachen völlig überraschend aus dem Hinterhalt zu. Die Attentäter müssen sich dem Opfer auf kürzeste Distanz nähern und zustechend in das Opfer „hineintauchen"!

Bei einem Messerattentat kann viel Blut fließen. Jedoch kümmert den Attentäter oft das eigene Überleben wenig, weil er seinen Plan ausführen will.
In den USA wurden die meisten Messerattentate schlecht geplant und noch schlechter ausgeführt.

Vorsicht ist die beste Abwehr

Das gefährdete Opfer muß in Gedanken immer eine Meldezone um sich herum errichten, in der jede fremde Person, die sich ihm nähert, sofort bemerkt wird. Der Sicherheitskreis sollte ca. 4 m nach jeder Seite, besonders auch nach hinten reichen. Ein Messerattentäter kann in 2 Sekunden mit 3 schnellen Schritten das Opfer erreichen und zustechen! Bodyguards oder Freunde sollten deshalb diesen Abstandskreis immer auf fremde Personen beobachten.

Messerattentate

● Als in den Iden des März Cäsar in den römischen Senat kam, wurde er sofort von den römischen Senatoren, darunter Brutus, umringt und von allen mit 23 - 35 Messerstichen ermordet.

● In der Pariser Metro wurde L.Toureaux 1937 – mitten in der Menschenmenge – erstochen. Der Attentäter rammte ihm ein offenes Laguiol-Klappmesser mit einer 15 cm Klinge in die rechte Halsschlagader und ließ das Messer stecken. Der Tod trat innerhalb einer Minute ein. Der Täter wurde nie gefaßt.

● Im Jahre 1960 wurde M. Asamuna von einem 17jährigen Studenten erstochen. Der Attentäter näherte sich unauffällig, das Messer mit der Klinge nach unten in beiden Händen verborgen, als wenn er Asamuna umarmen möchte. Dann stach er ihm das Messer mit beiden Händen in den Rücken und nach einer Drehung nochmals von vorn in den Bauch. Asamuna starb sofort.

● Im Jahre 1980 entging Indira Gandhi nur knapp einem Messerattentat. Im voll besetzten Flugzeug warf ein Inder aus 6 m Entfernung ein offenes Klappmesser nach ihrem Kopf. Ihr Bodyguard, der sofort in Deckung ging, wurde leicht verletzt. Das Messer war nicht vergiftet.

● Während einer Versammlung stieß eine verwirrte Frau Oscar Lafontaine ein Messer in die Kehle. Glücklicherweise war der Stich nicht lebensgefährlich. Was taten eigentlich die Leibwächter?

● Im besetzten Frankreich gingen 1943 Attentäter nahe an den Besatzungssoldaten vorbei und stießen ihnen von hinten ein Messer in die Nierengegend.

Das Messer ist und bleibt eine gefährliche Attentatswaffe, die den Vorteil hat, daß sie gut verborgen und geräuschlos gehandhabt werden kann.

49

Vorsicht Handgranaten

Immer häufiger werden bei uns von Verbrechern bei Geiselnahmen und Mordanschlägen Handgranaten verwendet. Durch die Kriege auf dem Balkan liegen dort viele Handgranaten herum, die mitgebracht wurden oder auf dem Schwarzmarkt zu kaufen sind.

Handgranaten sind gefährliche und heimtückische Waffen. Im Krieg werden sie verwendet, um die Gegner hinter der Deckung im Nahkampf bis auf 40 m Entfernung zu bekämpfen.

Es gibt 3 Arten von Handgranaten:

1. Die offensive Gefechtshandgranate, die keinen Splitterkörper hat. Sie wirkt durch ihren starken Knall bis etwa 5 m Entfernung und hat nur wenige Splitter.
2. Die defensive Gefechtshandgranate, die einen Splitterkörper hat, deren Kugeln bis 10 m Entfernung starke Verletzungen erzeugen. Sie ist sehr gefährlich!
3. Die Übungshandgranate (Farbe hellblau) ohne Sprengladung und Splitter.

Verschiedene Handgranaten

Österreichische Handgranaten

Explosion der Splitter-Handgranate 72

Wirkungen der 3 Handgranaten

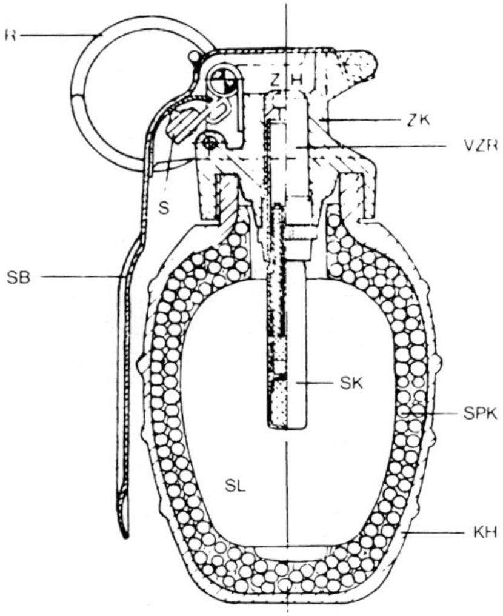

Österreichische Handgranate 72

ZK = Zünderkörper
ZH = Zündhütchen
SK = Sprengkapsel
S = Schläger
SB = Sicherungsbügel
R = Ring (Vorstecker hier nicht sichtbar)
SL = Sprengladung
KH = Kunststoffhülle
SPK = Splitterkörper mit Eisengranulaten
VZR = Verzögerungs-röhrchen

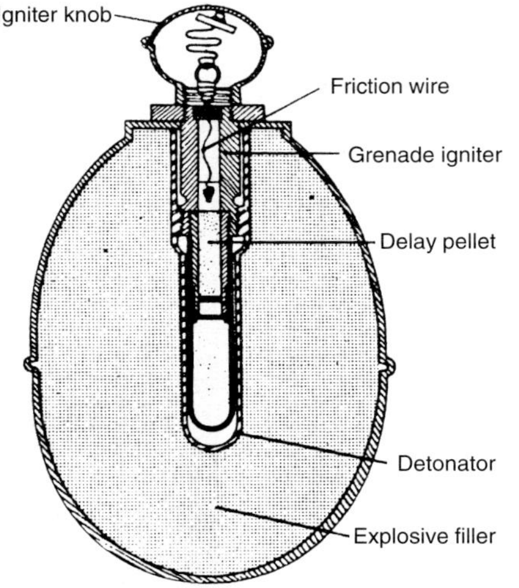

Deutsche Ei-Handgranate

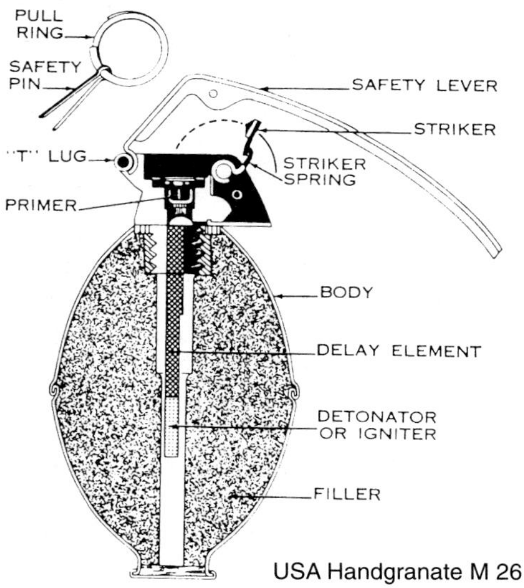

USA Handgranate M 26

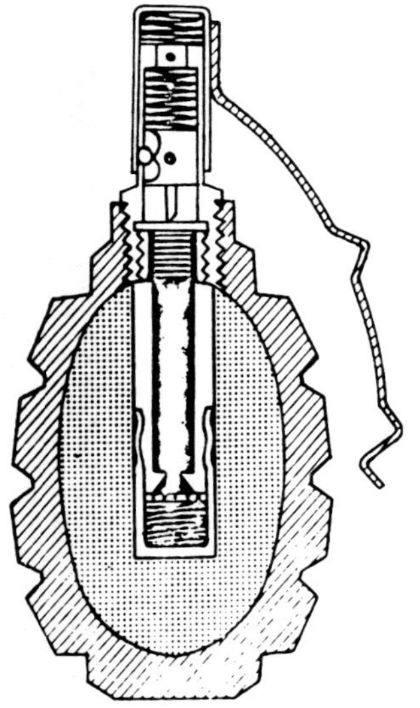

Russische Handgranate F 1
Verzögerung 3-5 s.

Polizei-Stun-Granaten.
Knall, Rauch,
Tränengas.

Das Zünden einer Handgranate dauert zwischen 3 - 4 Sekunden

Zünden mit Reibzünder: Ältere deutsche Handgranaten, wie die Stiel- und Eihandgranate, hatten einen Reibzünder mit Verzögerung und einen Explosionszünder.

Werfen: Der Deckel wurde bei beiden Handgranaten abgeschraubt, damit der Zündknopf mit der Schnur herausfallen konnte. Wurde nun der Knopf herausgezogen, wurde mit der Reibung der Verzögerungszünder (3 - 4 Sekunden) gezündet, der, wenn er abgebrannt war, den Explosionszünder zündete und die Handgranate zur Explosion brachte.

Zünden mit Schlagzünder: Neue Handgranaten haben Schlagzünder mit Sperrbügel und Sicherungssplint.

Werfen: Zuerst wird der Sperrbügel fest an die Handgranate angedrückt. Dann wird der Sicherungssplint herausgezogen. Beim Wurf öffnet sich die Wurfhand, der Sperrbügel wird freigegeben und schnellt vor. Dadurch schlägt das Schlagstück auf das Zündhütchen, welches nach 3 - 4 Sekunden die Handgranate zur Explosion bringt.

✘ Die **offensiven** Handgranaten – ohne Splitter – können bis auf 5 m Entfernung Verluste erzeugen.

✘ Die **defensiven** Handgranaten können wegen der vielen Splitter oder Kugeln bis auf 20 m Verluste bringen.

Rauch, Tränengas-CN, Anti-Aufwiegler-Granaten.

Die deutsche offensive/defensive Handgranate DM 51

Mit dem Splittermantel von 3800 Kugeln erzeugt sie

bis auf 5 m ... 100 % Verluste,
bis auf 10 m ... ca. 60 % Verluste,
ab 20 m gibt es nur wenig Verletzte.

Handgranaten können bis auf eine Entfernung zwischen 30 und 40 m geworfen werden.

Vorsicht Handgranaten-Fallen!

Moderne Handgranaten mit Schlagzünder wurden mit herausgezogenem Sicherungsstift den Geiseln um den Körper gebunden, damit jede Gegenwehr erstickt wird. Wenn es gelingt, den Sperrbügel zu umklammern, kann die Handgranate nicht zünden.

Manchmal werden Handgranaten in Dosen geschoben, in welcher der Sperrbügel fest anliegt. Gleichzeitig wird dann der Sicherungssplint gezogen. Damit erhalten die Verbrecher eine tödliche Falle. Wenn nun von jemandem die an einer Schnur befestigte Handgranate herausgezogen wird, schnappt der Sperrbügel hoch, das Schlagstück zündet das Anzündhütchen und die Handgranate explodiert nach 3 - 4 Sekunden.

50

Vorsicht
Faustfeuerwaffen-Attentäter

Die Verbrecher wissen, daß Opfer, die in den Lauf einer Kurzwaffe sehen müssen, in den meisten Fällen jede Gegenwehr unterlassen. Der Verbrecher kann sein Opfer aus einer gewissen Entfernung verletzen oder töten, ohne mit ihm in körperlichen Kontakt zu kommen. Er kann aus einem Hinterhalt, aus einer Dekkung heraus sein Opfer erschießen. Wenn er nicht trifft oder wenn sein Opfer zurückschießt, kann der Täter flüchten. Gegen den ersten Schuß aus dem Hinterhalt kann sich kaum jemand wehren. Mögliche Opfer, vor allem Polizeibeamte, müssen deshalb durch schußsichere Westen geschützt werden. Die letzten Polizistenmorde zeigten, daß die Erschossenen – ohne Schutzweste – kaum eine Überlebenschance hatten!
Verbrecher können sich leicht, z. B. vom Balkan, Schußwaffen wie Selbstladepistolen, Kalashnikow-Sturmgewehre und Handgranaten besorgen!

Wozu brauchen Verbrecher diese Schußwaffen?

1. Um ihre Opfer einzuschüchtern.
2. Um ein Verbrechen, wie Raub oder Diebstahl, leichter zu begehen.
3. Um für die Selbstverteidigung gegen unwillige Opfer gerüstet zu sein.
4. Um sich mit der Schußwaffe gegen die Polizei zu verteidigen.
5. Um mehrere Opfer in Schach zu halten.
6. Um Auftragsmorde zu begehen.
7. Um Banküberfälle zu begehen.

Vorsicht! Wenn Verbrecher eine Waffe in der Hand halten, sind sie auch bereit, sie zu benutzen!

- Niemand sollte auf bewaffnete Verbrecher zugehen!
- Niemand sollte versuchen, den Helden zu spielen!
- Der Verbrecher könnte sich bedrängt fühlen und aus Angst schießen!

Verbrecher haben in Deutschland wenig Angst davor, auf Menschen zu schießen, weil sie wissen, daß sie ein Anwalt bald wieder aus der Haft herausholen kann. Sie wissen auch, daß meist Journalisten und die Kirche auf ihrer Seite stehen und sie nur $^2/_3$ ihrer Strafe in modernen Gefängnissen (mit Freigang) verbüßen müssen.

Wo führen Gewaltverbrecher ihre Kurzwaffen?

Sie tragen fast nie ihre Kurzwaffe in einem Holster. (Weil sie das Holster nicht so schnell wegwerfen können wie die Waffe).
Kleinere Kurzwaffen tragen die Täter in der Hosentasche oder in der Jacken- bzw. Manteltasche.
Größere Kurzwaffen stecken meist vorn oder hinten im Hosenbund, sie werden vom Hosengurt festgehalten. Meist werden die Kurzwaffen auf dem Rücken im Hosenbund geführt. Ein leichter Pullover oder eine leichte Jacke verdecken die Waffe.
Im Sommer wird die Waffe meist im Hosenbund an der linken Hüfte mit dem Griff nach vorne geführt, lose verdeckt durch das Hemd oder leichten Pullover.
Bei diesen Trageweisen der Kurzwaffen ist schwer zu erkennen, daß die Ganoven bewaffnet sind, so daß Polizisten und Bürger vom plötzlichen Ziehen der Waffe überrascht werden können.
Da kein Holster vorhanden ist, kann die Kurzwaffe einfach weit weggeworfen werden, um als unbewaffnet zu gelten. Kriminelle werden von der Polizei nur selten beim unberechtigten Führen einer Kurzwaffe ertappt. Erst wenn ein Tatverdacht besteht, wird sie ein Polizist am ganzen Körper abtasten und die Waffe finden.
Auch beim Autofahren führen die Ganoven ihre Kurzwaffe unbehelligt am Körper. Bei Polizeikontrollen wird nur nach den Fahrzeugpapieren gefragt. Manchmal müssen sie den Kofferraum öffnen. Leibesvisitationen kommen nur ganz selten vor.
Berufsverbrecher kann man kaum vom Mitführen ihrer gut getarnten Kurzwaffen abhalten. Affektgetriebene Amateurtäter lassen sich kaum abhalten, ihre Morde zu begehen.

Wie versuchen Täter, ihre Tatwaffen zu beseitigen?

Einfach ist das Wegwerfen oder das Vergraben im Wald. Kinder können die Waffen leicht finden. Die Polizei kann sie mit Metalldetektoren leicht auffinden, egal ob sie vergraben oder ins Wasser geworfen wurden. Oft werden Tatwaffen von der Brücke herab in den Fluß geworfen. Manche werden auch in Abfallkübel geworfen. Meist findet man sie.
Auch werden Tatwaffen zersägt und zerschweißt, um die Einzelteile auf die Schrottplätze zu verteilen, ein sehr umständliches Verfahren.

Auftragsmorde

Manches Mal gibt es Menschen oder Verbrechervereinigungen, die für die Ermordung von missliebigen Menschen hohe Summen bezahlen. Es erfolgt eine Anzahlung und nach der Tat gibt es die volle, vereinbarte Summe. Oft landen Erbschleicher aber eher wegen Anstiftung zum Mord im Gefängnis. Wie wird so ein Auftragsmord durchgeführt?

- Der Killer spürt erst einmal sein Opfer auf.
- Er überrascht es, wenn es wehrlos ist und keine Verteidigungsmöglichkeit hat.
- Der bezahlte Killer lauert – meist in der Nacht – auf sein Opfer. Wenn das Opfer allein auf weiter Flur ist, hält er ihm seine Pistole hinters Ohr oder zwischen die Rippen.
- Er zwingt es, in ein Auto zu steigen, mit dem es in einen Keller gebracht wird.
- Wenn sich das Opfer jetzt mit viel Lärm wehren würde, hätte es noch Chancen.
- Im Keller oder im Auto erschießt der Killer das Opfer.
- Bei wertvollen Opfern werden beim Entführen manchmal 2 -3 Täter eingesetzt.
- Ein Täter liegt auf der Lauer.
- Ein Täter fährt.
- Ein Täter muß das Opfer ruhig halten.
  Die Leiche läßt man an Ort und Stelle im Keller oder im Auto zurück. Manche Leichen werden verscharrt oder in den Fluß geworfen.

Es gibt verschiedene Methoden, mit denen die Opfer umgebracht werden.

- Das Verbrecherauto fährt von hinten hart auf das Opferauto auf. Das Opfer steigt aus, um den Schaden anzusehen und kommt empört zum Killer. Der kann das Opfer durch das herabgedrehte Fenster im Sitzen erschießen.
- An einer ausgesucht engen Stelle wird das Opferauto überholt. Dabei wird es so eng bedrängt, daß der Fahrer mit beiden Händen lenken und konzentriert fahren muß. Hier kann das Opfer dann vom Beifahrer oder vom Fahrer leicht erschossen werden.
- Ein Killer, der ein schweres Motorrad fährt, fährt auf der linken Seite des Opferautos entlang. Mit der rechten Hand erschießt er das ahnungslose Opfer und gibt Vollgas, um wegzukommen.

Die Drogenmafia, vor allem die Albaner, setzen ihre Waffenarsenale mit größter Brutalität ein und haben so die Vorherrschaft in manchen deutschen Städten erobert

Vorsicht Guerilla-Attentate!

Die Guerilla-Ausbildung erfolgt in 3 aktiven Phasen:

1. Phase bekräftigt die politische Reife und zeigt dem revolutionären Kämpfer, das sein Kampf den engen Rahmen seines eigenen Feldes übersteigt.

2. Phase ist die Einführung in alle Waffentypen der Bewaffnung, die benützt werden sollen.

3. Phase ist die psychologische Vorbereitung auf den tödlichen Einsatz der vorhandenen Waffen.

Die Lehrgänge dauern 3 - 6 Monate. Die Ausbildung geschieht in Gruppen von 5, 10 und 20 Personen.
Es ergab sich, daß sich das Gruppenverhalten „für die Sache“ viel brutaler auswirkte, als das Verhalten der Einzelnen. Je geheimer, anonymer und „maskierter“ die Mitglieder einer Gruppe sind, desto brutaler und radikaler werden sie vorgehen.
Durch die „Entmenschlichung“ der potentiellen Opfer, die als SCHWEINE, RATTEN oder FASCHISTEN abgestempelt werden, wird die Tötungshemmung, die jedem angeboren ist, beseitigt. So schießt man leichter auf Soldaten, Offiziere und Richter.

Ein typischer Terroristen-Mord

Die 2 ETA-Killer erwarteten ihr Opfer, einen Polizisten, und ließen ihn vorbeigehen. Als er eine Treppe hinaufstieg, zogen sie ihre Pistolen und redeten das Opfer mit seinem Namen an:

„He, weißt Du, wer wir sind? Du bist tot!“

Von vielen Kugeln durchsiebt rollte der getötete Polizist die Treppe herunter. Unten angekommen erhielt er mit einem Kopfschuß den Todesschuß. Hätte er sich taub gestellt, wären die Killer vielleicht unschlüssig gewesen...

51

Vorsicht
Polizisten-Attentäter

Immer öfter werden bei uns Polizisten erschossen. Noch nie haben Verbrecher so skrupellos und ohne Vorwarnung von der Schußwaffe Gebrauch gemacht. In den USA ist dieses schon lang der Fall. Man sollte von dort lernen. Eine FBI-Studie zeigt, warum Polizisten erschossen wurden und was man dagegen tun kann.

USA

Gewaltverbrecher stürmten auf die US-Polizisten zu, zogen eine Waffe und jagten den überraschten Polizisten eine ganze Trommel von Geschossen in den Bauch. Warum? Polizistenhaß...

Instinkt-Schützen

Den größten Schock bekamen Polizisten, als sie erfuhren, daß Räuber und Mörder ständig das instinktive Schießen trainieren! Zu Hause, aber auch in manchen Gefängnissen (natürlich ohne Waffe) üben sie auf Kommando: Das Ziehen der Waffe aus dem hinteren Gürtel; das Deuten auf eine Figur in 0 - 6 m Entfernung, das schnelle Abziehen der Waffe. Es zeigte sich, daß 70 % der gefaßten Täter Instinktschützen sind! Bekannt ist, daß diese von 0 - 6 m im Deutschuß schneller treffen als manche Polizisten, weil die Täter die Waffe griffbereit haben, während die Polizisten ihre Dienstwaffe erst einmal aus dem Holster ziehen müssen.

Beispiele

Ein uniformierter Polizist ging auf einen Verdächtigten zu, der mit dem Rücken zu ihm stand. Der Verdächtigte drehte sich mit der Waffe in der Hand um und erschoß den Polizisten, bevor dieser seine Waffe ziehen konnte.
Ein vernommener Killer erzählte, daß er 2 Streifenpolizisten mit ihren Waffen in den Holstern überrascht und erschossen hat. Die Polizisten hatten keine Chance!
Ein anderer Täter erzählte, daß er mit seiner unter dem Hemd am Rücken stekkenden Waffe einen waffenlosen Polizisten überrascht hat. Er zwang ihn, sich hinzulegen. Der Polizist wollte ein Held sein und zog seine Waffe. Der Täter hat ihn erschossen. Deshalb gibt es nun viele Polizisten, die Ihre „off duty“-Waffe zusätzlich in der Hosentasche führen.

Die letzte Chance

Nachdem 70% der Gewaltverbrecher **nur** das Deutschießen auf 0 - 6 m üben, sind sie den Polizisten, die viel zu wenig das Deutschießen üben wollen, überlegen.
Ein Polizist schießt beim PPC-Parcours nur 30% Deutschüsse, alles andere von 10 m - 25 m wird gezielt geschossen. Deshalb wagen viele Verbrecher, ihre Waffe zu ziehen und auf den Polizisten zu schießen, obwohl dieser sie bereits mit seiner Dienstwaffe in Schach hält.
Der Autor, der diese Verhältnisse in den USA kennt, hat mit seinem Angebot, das instinktive Deutschießen zu lehren, wenig Zuspruch gefunden. Man schießt lieber gezielt von 6 m - 25 m, weil man damit Pokale gewinnen kann. (Leider oft nicht das Leben).

Selbstschutz-Deutschießen

1. Der Schütze steht, Waffe im Holster, 1 m vor der Mannscheibe. Auf Pfiff zieht er die Waffe und „stößt" sie einhändig in das Ziel. Wenn die Waffe vorne ankommt, wird der Abzug durchgezogen.
2. Nun steht der Schütze 2 m vor der Mannscheibe. Jetzt wird 2 mal einhändig geschossen.
3. Nun steht der Schütze 3 m vor der Mannscheibe. Jetzt wird 3 mal zweihändig geschossen.
4. Nun steht der Schütze 4 m vor der Mannscheibe. Jetzt wird 3 mal zweihändig geschossen.
5. Nun steht der Schütze 5 m vor der Mannscheibe. Jetzt wird 3 mal zweihändig geschossen.
6. Nun steht der Schütze 6 m vor der Mannscheibe. Jetzt wird 3 mal zweihändig geschossen.
7. Danach werden die Schüsse im Vor-, Zurück- und Seitwärtsgehen abgegeben.

Pistolenschießen ist vor allem Übungssache, deshalb muß oft, auch trocken, geübt werden.

Trafic Stopps

Viele US-Polizisten wurden bereits bei Straßenkontrollen erschossen. Oft begingen sie dabei taktische Fehler. Ein Streifenpolizist erkannte in einem Auto einen gesuchten Räuber. Er stoppte ihn und forderte über Funk Hilfe durch einen Kollegen. Dann ging er auf den Räuber zu und rief „Hände hoch". Der Räuber erzählte später, er hätte einfach das „Hände hoch" ignoriert, sich umgedreht und den Polizisten mit seiner verborgenen Waffe erschossen. Der Polizist hatte nicht einmal seine Dienstwaffe gezogen!

Als ein Polizist zwei Räuber mit seiner Dienstwaffe in Schach hielt, wurde er von einem dritten Räuber, der unbemerkt dabeistand, erschossen. Er wurde das Opfer seiner Tunnelvision.

Was benötigt der Streifenpolizist, um zu überleben?

a) Eine kugelsichere Weste unter dem Hemd.

b) Training im Nachtschießen.

c) Ausbildung im Deutschießen.

Es hatten sich 41 % der toten Polizisten den Fahrzeugen oder Personen leichsinnig genähert...
Es waren 65 % der Polizisten unfähig, ihre Dienstwaffen beherrschend und schnell einzusetzen.

Waffe weg

Es wurden 20 % der toten Polizisten mit ihrer eigenen Waffe erschossen. Oft wurde ihnen dabei die Dienstwaffe aus dem Holster gezogen.
In den Gefängnissen wird das Entwaffnen geübt. So zeigten einige tote Polizisten noch mit dem rechten Zeigefinger in das Ziel, währenddessen der Täter ihnen bereits die Waffe blitzschnell aus der Hand entwunden hatte.

Schußsichere Westen

Von den toten Polizisten trugen nur 34 % ihre schußsicheren Westen.
Von den toten Polizisten wurden 44 % durch Treffer oberhalb der Weste erschossen. Viele der Polizisten wurden durch Kopftreffer von vorn getötet .
Ein Polizist wurde von einem durchschlagenden Gewehrgeschoß getötet.
Viele Polizisten überlebten, weil sie ihre Schutzweste getragen hatten. Manche trugen sie nicht!
Interessant ist, daß viele Bankräuber sehr gute, gekaufte Schutzwesten trugen, so daß sie kaum mit den Polizeirevolvern, Selbstladepistolen und Flinten zu stoppen waren.

In Deutschland wurden im Jahr 2000 bereits 8 Polizisten von Verbrecherhand ermordet!

52

Vorsicht Heckenschützen-Attentäter

Vor allem in den USA hat die Zahl der Heckenschützen, die auf harmlose Menschen schießen, zugenommen. Was in USA geschieht, passiert erfahrungsgemäß später auch bei uns.

Typisch für den Heckenschützen ist, daß er aus einer Deckung heraus grundlos mit seinem Gewehr auf weit entfernt befindliche, schutzlose Menschen zielt.

Er plant genau die Zeit ein, wo er zuschlägt. Ebenfalls plant er die Methode ein, wie er und auf welche Personen er schießen will. So hat der schwarze Mark Essex nur auf Weiße geschossen. Wie er aussagte, hat er 1973 in New Orleans 10 Weiße erschossen und 17 verwundet.

Charles Whitman kletterte 1966 in Austin auf den Texas Tower und erschoß 18 Personen und verwundete 30 Personen, bevor er von Martinez mit der Flinte erschossen wurde.

Der verbrecherische Heckenschütze liegt meist auf dem Dach in guter Deckung und schießt mit seinem Zielfernrohrgewehr auf jeden, der in sein Schußfeld kommt. In seinem Versteck hat er oft mehrere Waffen, Munition, Essen und Trinken gelagert. Er ist kein wutentbrannter Mörder, sondern ein kaltblütiger Killer, oft ist er ein Psychopath. Im Wahn oder aus Rache schießt er kaltblütig und treffsicher auf die Polizisten, um sich im letzten Moment selbst zu erschießen oder von den Polizisten erschossen zu werden.

Was kann man unter Beschuß tun?

Am besten wirft man sich so hin, so als wenn man getroffen worden wäre. Man darf sich danach längere Zeit nicht bewegen. Der Heckenschütze will ja viele Personen erschießen, er wird meist seine Waffe weiter schwenken. Warum er schießt, weiß er oft selbst nicht. Wer in sein Schußfeld kommt, soll sterben. Deshalb ist dieses „sich totstellen" so überlebenswichtig.

Welche Typen gibt es?

1. Den Psychopathen, der aus Mordlust oder Rache Menschen die er nicht kennt, erschießt.
2. Guerillas oder Terror-Heckenschützen, die auf Zivilisten schießen, um das Land zu terrorisieren.

3. Gangster, die wegen Geld auf Opfer schießen und Zivilisten als Opfer in Kauf nehmen.
4. Heckenschützen auf Sportplätzen, die Menschen erschießen und in der Menge untertauchen.

Es gibt 2 Typen von Heckenschützen:

A. *Den verbarrikadierten Einzelschützen*
Er schließt sich in ein Haus ein, steigt auf das Dach wegen des Schußfeldes und schießt mit seinem ZF-Gewehr auf Leute, die er nicht kennt, die ihm niemals etwas getan haben. Sie haben nur das Pech, zur falschen Zeit am falschen Ort zu sein. Er ist ein Kamikaze-Typ, der sich oft selbst, wenn er eingekesselt ist, zum Schluß erschießt.

B. *Die Hit and Run-Heckenschützen.*
Sie töten und wollen nicht gefaßt werden. Sie kommen aus dem Nirgendwo und fliehen in das Nirgendwo. Deshalb werden fast keine dieser Heckenschützen gefaßt und bestraft. Meist sind es politische Sniper oder Guerrilla-Sniper, die Angst und Schrecken verbreiten.
Niemand weiß, wer diese Heckenschützen sind, denn diese Verbrecher wissen, daß ihre Sicherheit von ihrer Anonymität abhängt. Deshalb hinterlassen sie keine Spuren und erschießen jeden, der sie gesehen hat. Das Opfer bekommt keine Vorwarnung, es hört nur den Mündungsknall, bevor er stirbt
Tausende starben, ohne zu wissen, warum? Man will die Bevölkerung tyrannisieren. Die Hit and Run-Täter leben im Verborgenen, in einem Hinterhalt. Niemand kennt sie, aber sie kennen sich untereinander. Plötzlich und unerwartet tauchen sie aus dem Hinterhalt auf und erschießen unschuldige Menschen, um den Staat zu terrorisieren.

So geschehen 1968 in Lemberg, USA. Dort wurden in 25 Zwischenfällen innerhalb von 5 Wochen bei Überfällen, an denen 45 Terroristen-Sniper beteiligt waren, viele Menschen verwundet und erschossen. Nur 3 der Attentäter konnten verhaftet werden. Die anderen tauchten in ihrer Anonymität unter und konnten, da sie ständig den Ort wechselten, in den USA nicht gefaßt werden.

Heckenschützen oder Sniper sind die gefährlichsten Attentäter, weil sie aus großen Entfernungen aus der vollen Deckung schießend nicht erkannt oder gefaßt werden können.

Guerilla-Attentäter

Die Guerilla-Scharfschützen waren immer eine außerordentlich wirkungsvolle und gefährliche Waffe. Erfolgreich konnten die Guerilla-Scharfschützen nur durch Polizei Counter-Sniper bekämpft werden.

Der Terroristen-Chef Carlos Marighella schrieb über die wichtige Rolle der Guerilla-Scharfschützen bei der Ermordung der politischen Führung, der Polizisten, der Richter und Politiker:

„Die Exekution dieser politischen Gegner kann von einem einzigen Scharfschützen, der geduldig, allein und unbekannt operiert, in absoluter Geheimhaltung, kaltblütig durchgeführt werden."

Gegen Scharfschützen gibt es kaum ein Mittel.
Die brasilianische Polizei nahm sich die Worte Marighellas zu Herzen, als sie ihn 1969 in den Straßen von Sao Paulo von Polizeischarfschützen erschießen ließ.
Der Vietkong ließ in Vietnam von seinen Scharfschützen ca. tausend Leute der alten Regierung, der lokalen Polizei, der Ortsvorsteher und der Bürokraten erschießen. Dieses machte das Land hilflos!
Die russischen Exekutionsgruppen, die von der Revolutionspartei im russischen Bürgerkrieg gegründet wurden, bestanden nur aus jeweils 3 Scharfschützen, die völlig geheim zusammenarbeiteten und die niemand kannte! Selbst dem Zentral-Kommitee waren sie unbekannt.
Die Mission der 3 Mann bestand darin, speziell gekennzeichnete Personen präzise zu töten, ohne dabei erkannt zu werden.

Es gibt 4 Arten von Guerilla-Scharfschützen:

1. Ein einziger Scharfschütze mit einem Präzisions-Repetiergewehr mit Zielfernrohr, der ganz allein auf einem Dach auf der Lauer liegt. Er erwartet sein Ziel, um es in Sekundenbruchteilen mit einem einzigen, genau gezielten Schuß zu treffen.Er muß ein Meisterschütze sein.
2. Die Nahkampf-Sniper treten in Gruppen auf. Sie benutzen Selbstladegewehre mit hoher Feuerkraft. Diese Guerillas benutzen den Hinterhalt, um die Ziele mit vielen Schüssen zu bekämpfen. Oft arbeitet ein Beobachter mit einem Sniper. Diese Gruppen werden natürlich oft beobachtet und deshalb auch häufig gefangen genommen.
3. Es gibt Gangster-Sniper, die für ein Syndikat auftragsgemäß Polizisten oder Richter erschießen müssen. Sie bekommen hohe Prämien dafür. Manchmal werden sie aber auch als Zeuge erschossen.
4. Ehemalige Soldaten, die als Scharfschützen ausgebildet sind. Dies waren Freiwillige. Man kann niemanden zwingen, zu schießen und zu treffen.
   Sie schießen im Auftrag gegen Bezahlung.

53

Schutz gegen Stiche

Wenn einmal die Gefahr besteht, daß man mit Messern angegriffen und gestochen wird, kann man sich dadurch schützen, daß man auf lebenswichtige Stellen, z.B. auf der Brust und auf dem Rücken dicke Telefonbücher mit Klebeband befestigt. Durch die vielen Seiten geht kein Dolch und auch kein Eispickel. Selbst die spitzesten Dolche können die Telefonbücher nicht durchdringen. Wenn man weiß, daß es zu einer Auseinandersetzung kommen kann, tut man gut daran, seine Handgelenke und Unterarme mit einer Isolierbandumwicklung zu schützen.

Kevlar-Unterziehschutzwesten können spitze Dolche, die im 90 Grad Winkel auftreffen, kaum stoppen. Die Spitzen arbeiten sich durch die Kevlarlagen durch. Gegen normale Messer bieten Kevlarwesten zu 90 % Schutz.

In Großbritannien werden die Polizisten besonders oft von Messerstechern angegriffen. Sie schützen sich mit Unterziehschutzwesten aus Duraluminium-Plättchen, die den Kettenhemden der alten Ritter ähneln. Die Westen aus Aluminium sind leicht und schützen gegen Stiche, aber nicht gegen Geschosse! Bereits .22er Kleinkalibergeschosse schlagen durch.

Zu den Dyneema-Unterziehschutzwesten gibt es eine neue, dünne Stichschutzweste, die unter die Dyneema-Schutzweste gezogen wird.

Nachdem der Hals besonders gefährdet ist, ist das Tragen eines Schals aus Fallschirmseide von Vorteil.

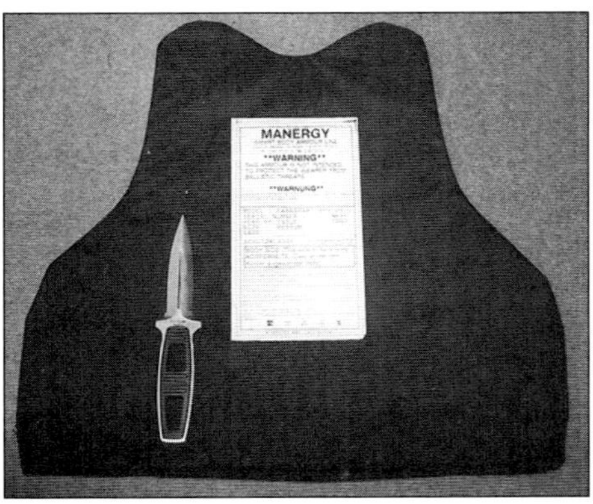

Der Manergy Stichschutz wird unter dem Spectra Kugelschutz getragen.

Ein Telefonbuch schützt gegen fast alle Stichwaffen.

54

Schutz gegen Geschosse

Kevlar

Die ersten Schutzwesten gegen Splitter wurden als „Flak Jackets“ von den Amerikanern in Korea und später in Vietnam eingesetzt. Das Stoppen der Geschosse wurde erst ab 1972 mit der Verwendung von aramid fibers, das nun Kevlar genannt wurde, möglich.

Es gibt zwei Arten von Kevlar; das Kevlar 29 und das Kevlar 49. Kevlar 29 wurde am meisten verwendet. Es ist 5 mal so stabil wie Stahl und 10 mal so stabil wie Aluminium. Es kann bei Temperaturen von –320 Grad F und +360 Grad F als flexible Matte eingesetzt werden.

Die Eindringtiefe eines Geschosses in Kevlar hängt ab von der Geschoßgeschwindigkeit, dem Geschoßdurchmesser und dem Geschoßmaterial. Verformbare Geschosse (Blei) bleiben stecken und prallen ab. Auch ist der Auftreffwinkel von Bedeutung. Ein schräges Auftreffen auf die Weste gibt einen geringeren Durchschlag. Mehr Lagen schützen besser als wenige.

Schutzwesten, die aus *einem Stück* Kevlar gefertigt sind, schützen besser als zusammengesetzte.

Gefaltete Kevlarhelme schützen besser. Wenn mehrere Geschosse auf derselben Stelle auftreffen arbeiten sie sich durch die Weste durch und verletzen den Träger der Weste. Je nachdem, wie groß die Geschoßenergie ist, verformt das Geschoß die Kevlarschutzweste und führt zur Verformung, die den „Blunt-Trauma-Effekt“ erzeugt. So eine tiefe Eindellung kann den Westenträger kampfunfähig machen oder schwer verletzen.

Der Westenträger, der weniger Kevlarlagen hat, ist gefährdeter als der, welcher mehr Lagen und eine Blunt-Trauma-Absorber-Lage in seiner Weste hat. Gemessen wird die Tiefe der Einbuchtung, die ein Treffer in Plastilin hinter der Weste erzeugt um den Blunt-Trauma-Effekt zu messen. Wenn er in der Herzgegend, auf den Rippen oder auf dem Rückgrat auftritt, kann er zu Verletzungen führen.

Kevlarwesten verlieren ihre Stoppwirkung, wenn sie zu lange der ultravioletten Lichteinwirkung ausgesetzt sind. Sie benötigen daher einen ultravioletten Schutz, vor allem, wenn sie meist im Freien getragen werden. Beschußtests mit 6 Jahre alten Kevlarwesten ergaben, daß 9 mm Vollmantelgeschosse nicht mehr gestoppt wurden. Ihre Schutzwirkung war um 11 - 24 % zurückgegangen. (Alterung und UV-Strahlen).

Der Schutz durch die Kevlarwesten verringerte sich auch bei Feuchtigkeit. Wenn sie naß wurden, verringerte sich der Schutz um 40 %. Die Weste wurde aber nicht dabei zerstört. Die Schutzwirkung kann durch Erhöhen der Kevlar- Lagen verbessert werden.

Kevlar-Schutzwesten sollten mindestens die US-Schutzklasse II haben.

Kevlar-Westen können nicht gegen Gewehrbeschuß schützen. Deshalb werden oft Stahlplatten auf der Brust in eine Tasche eingeschoben.
Die für die deutsche Polizei beschafften Schutzwesten waren Kevlar-Westen. Sie konnten leider nicht einmal den Durchschuß der russischen 7,62 mm Tokarev Geschosse verhindern. Dabei führen viele der ausländischen Täter gerade diese Waffe.

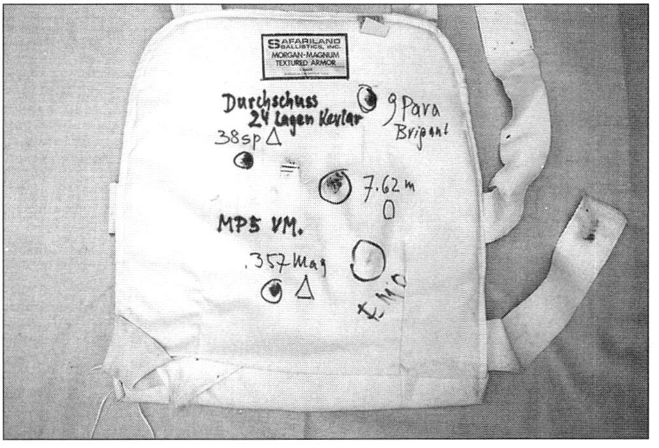

Der Kevlar-Schutz mit 24 Lagen Kevlar

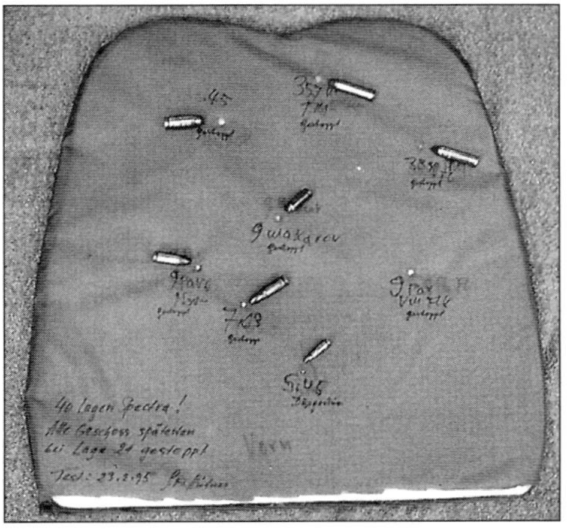

Durch den Spectra-Schutz gingen keine Geschosse durch.

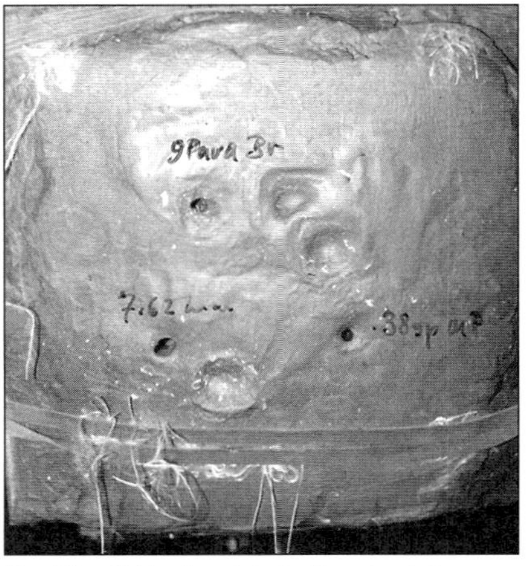

Der Plastikblock zeigt die Durchschüsse durch den Kevlarschutz und den Blunt-Trauma-Effekt

Stahlgepanzerte Schutzwesten

Für Spezialeinheiten der Polizei gab es Schutzwesten mit mehreren Lagen Stahlblech, die vor Gewehrbeschuß schützten. Leider waren diese Westen so schwer und unbequem, daß sie nicht beliebt waren und kaum verwendet wurden. Sie hielten den Beschuß von Maschinenpistolen und Sturmgewehren aus, die Auftreffwucht der Geschosse konnte allerdings den Träger umwerfen.

Keramikplatten Schutzwesten

Keramikplatten haben den Vorteil, daß sie sogar Gewehrgeschosse aufhalten. Auf einem Aluträger befinden sich mehrere leichte Keramikplatten. Wenn diese getroffen werden, geht die getroffene Platte kaputt.

Dyneema

Mit den neuen Stoffen wurden Schutzwesten entwickelt, die den Kevlar-Westen weit überlegen sind. Beschußteste der Dyneema-Platten und Spectra-Platten im Vergleich zu Kevlar-Platten bestätigten dies.

Geschoß-Kaliber		Kevlar	Spectra	Dyneema
1.	9 mm Para VM	gestoppt	gestoppt L6	gestoppt L 9
2.	.45 ACP	gestoppt	gestoppt L 4	gestoppt L 5
3.	.357 Mag. SP	3 cm Beule	gestoppt L 20	gestoppt L 20
4.	7,62 Tokarev	DURCH	gestoppt L 20	gestoppt L 28
5.	.38 sp. THV	DURCH	gestoppt L 19	gestoppt L 22

Die Schutzwesten wurden von C.W. Engels, Frankfurt zur Verfügung gestellt. Die Dyneema- und die Spectra-Schutzwesten passen sich dem Körper gut an und werden nicht durch starkes Schwitzen „durchlässig". Der Blunt-Trauma-Effekt ist viel niedriger als bei der Kevlar-Weste .

Unter Feuer

Seitdem in den USA im Fernsehen darüber berichtet wurde, daß Polizisten Schutzwesten unter dem Hemd tragen, wurde von den Verbrechern öfter auf den Kopf statt auf die Brustmitte des Polizisten gezielt. Nun ist der Kopf kleiner und beweger im Feuergefecht als die Brust des Beschossenen. Deshalb wird der Kopf weniger oft getroffen.
Die Schutzwestenträger haben eine größere Überlebenschance, weil sie um 56% weniger Verletzungen zuläßt als bei einem Polizisten, der keine Schutzweste trägt. Wegen des Zielens auf den Kopf lagen 37 % der Treffer in der Kopfgegend. Dazu kamen 3 % im Genick und 1 % in den Beinen.

Unterziehschutzwesten sollten:

1. Nur etwa 2 kg schwer sein.
2. Verformbar sein.
3. Sie müssen nach allen Seiten schützen.
4. Sie dürfen keine Blunt-Trauma-Verletzungen zulassen.
5. Ein spezielles T-Shirt sollte vor dem Schwitzen schützen.
6. Nicht beim Altern im Schutz nachlassen.
7. Muster sollten mit allen in Frage kommenden Geschossen beschossen werden.

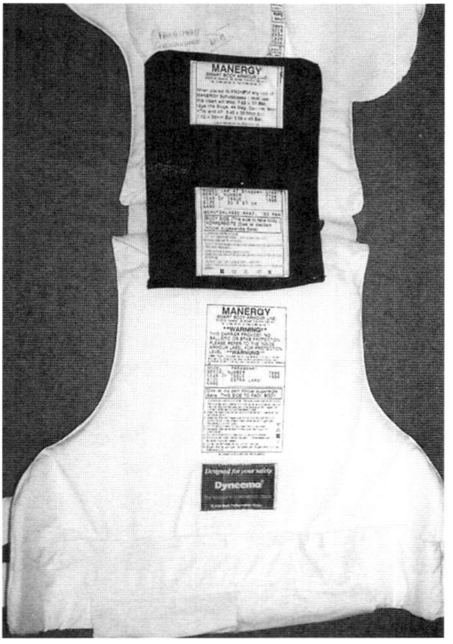

Eine Dyneema-Schutzweste

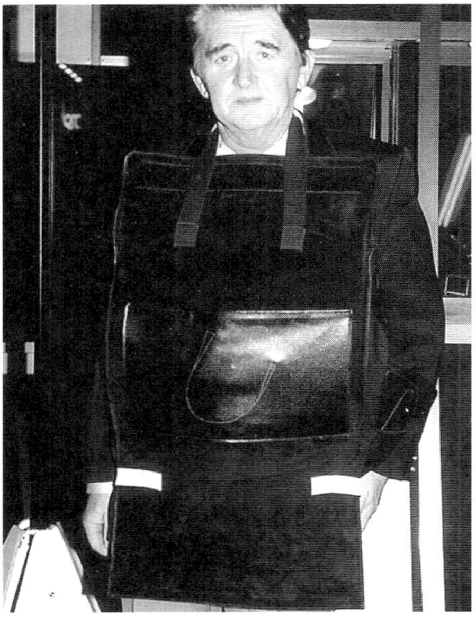

Eine schußsichere Aktentasche, die als Schutz gegen einen Beschuß von vorn dient.

Eine schußsichere Jacke

55

Schutz gegen Gifte

Gifte werden oft als die Waffen der Schwachen und der Frauen bezeichnet. Gifte zählen zu den ältesten Praktiken des Mordens. Im Mittelalter wurden viele Herrscher mit Gift beseitigt. Deshalb gab es den Beruf des Vorkosters und Vortrinkers. Dank der hohen Aufklärungsquote sind Giftmorde zurückgegangen. Heute kann das Gift fast immer festgestellt werden, im Mageninhalt, im Blasen- und im Leberinhalt. Eine Feuerbestattung muß verhindert werden, wenn ein Giftmordverdacht besteht.

Bei Giftverdacht ist zu klären, ob es sich um absichtliche oder unabsichtliche Giftzufuhr handelt. Häufig kommt es zu einer Fleisch-, Fisch- oder Pilzvergiftung. Übergroße Dosen an Arzneimitteln können ebenfalls zur Vergiftung führen. Manche Medikamente enthalten Gift in sehr geringen Mengen. Deshalb ist die Größe einer zugeführten Menge ausschlaggebend. Spezifische Veranlagungen hemmen oder steigern die Giftwirkung.

Welche Arten von Giften gibt es?

1. Pflanzliche Gifte (z.B. Giftpilze)
2. Tierische Gifte (z.B. Schlangengift)
3. Metallische Gifte (z.B. Arsen)
4. Giftige Gase (z.B. Kohlenmonoxid)
5. Giftige Chemikalien (z.B. Pflanzenvernichtungsmittel – E 605)

Wie können Gifte verabreicht werden?

- ❑ Gifte können durch den Mund in fester oder flüssiger Form, als Speisen oder Getränke verabreicht werden.
- ❑ Sie können als Gase über die Atmungsorgane in den Körper kommen.
- ❑ Sie können intramuskulär oder intravenös in den Körper injiziert werden.
- ❑ Sie können als Pulver (in Handschuhen) in die Haut eingerieben werden.
- ❑ Sie können Medikamenten beigemischt sein.
- ❑ KGB-Pistolen versprühen Blausäure Aerosole.
- ❑ Aus KK-Pistolen Kal. .22 lfB. wurden Hohlspitzgeschosse, die mit Sodium Cyanide oder Anectine gefüllt waren, verschossen.

- Mit durch Curare vergifteten Pfeilen, vergifteten Dolchen und „Fikseln" mit Gift, wurde getötet.
- Vergiftete Pralinen enthielten E 605, das schlimmste Gift.
- Aus Salzstreuern auf Wirtshaus-Tischen wurde Strichnin in das Essen gestreut.
- Mit Injektionsspritzen wurden Nahrungsmittel vergiftet, ohne daß man geschmacklich etwas merken konnte.
- Einigermaßen giftsicher sind nur Flaschen mit Kronenkorken und fest verlötete, verschlossene Konservendosen.
- Bei dem heutigen Stand der Medizin ist es meist möglich, Vergiftete zu retten!

Wie kann man Gifte erkennen?

Durch den Geruch

- Gifte mit artspezifischem Eigengeruch: Alkohol, Karbolsäure, Paraldehyd, Nikotin, Chloroform, Ammoniak, Tetrachlorkohlenstoff.
- Gifte ohne artspezifischen Geruch: Knoblauch, Phosphor, Arsenhaltige Säure, Arsenwasserstoff.
- Bittermandelgeruch: Nitrobenzol, Zyankali, (Blausäure).
- Terpentingeruch: Eibe, Sadebaum.

Aus dem Erbrochenen

- Weiße Anteile = Oaxalsäure
- Grüne Anteile = Kupfersalze
- Rote Anteile = Quecksilberoxid
- Gelbliche Anteile = Chromsäure

Aus dem Urin

- Blutigrot = Arsenwasserstoff
- Blutig = Kanthariden
- Grün (nach Umsetzung in Luft) = Karbolsäure
- Braun = Kaliumchlorat

An der Hautfarbe

Im Gesicht

- Wangen und Stirn Blau = Methylalkohol
- Stirn Blaugrün = Kaliumchlorat

Allgemeines Aussehen

- Sonnenbrandrot = Arsenwasserstoff
- Kirsch, Himbeer, Rosarot = Kohlenoxyd
- Gelb = Phosphor
- Zitronengelbe, Graugelbe Flecken = Salpetersäure
- Graublau = Nitrobenzol
- Auffallende Blässe = Suprarenin, Nebennierenrinde

Verfärbung der Fingernägel

- Rosig-betont = Kohlenoxyd

Verfärbung des Zahnfleischsaumes

- Dunkel = Blei oder Quecksilber
- Blaugrün = Wismut

Pupillen-Veränderung

- Erweiterung = Atropin

Arsen-Vergiftung

- Bewirkt starken Durst, Reizung der Mundhöhle, Schlingbeschwerden im Rachen.
- Heftige Leibschmerzen, Erbrechen und Durchfall, Kopfschmerzen, Schwindel, Gliederschmerzen, unruhiger Puls, Kälte der Extremitäten.

Zyankali-Vergiftung

- Einatmen von Blausäure bewirkt ein inneres Ersticken. Reaktion der Schleimhäute durch Rötungen der Augenbindehaut, Zungenbrennen, Kratzen im Hals. Sehr rasches Angstgefühl, Herzklopfen, Übelkeit, Erbrechen, Lufthunger. Durch inneres Ersticken des Gehirns, Bewußtlosigkeit. Das Blut ist hellrot. Zum Schluß Muskelkrämpfe und Atemlähmung.
  Wird Zyankali über den Mund zugeführt, wird es im Magen freigesetzt. Es führt innerhalb von Minuten zum Tod.

Anzeichen des Todes

- Das Augenlid wird angehoben, das Auge ist zurückgerollt! Die Pupillen reagieren nicht auf den Lichtschein einer Taschenlampe.
- Ein vor den Mund gehaltener Handspiegel zeigt, ob er sich durch den Atem beschlägt.
- Eine vor den Mund gehaltene Feder bewegt sich nicht.
- Eine Nadel wird in die Haut gestochen und herausgezogen. Bei einem lebenden Gewebe schließt sich das Loch von selbst.
- Der Pulsschlag muß fühlbar sein.
- Der Herzschlag kann mit dem Stethoskop nicht mehr gehört werden.

56

Schutz gegen Attentate

Attentate können auf der Straße, im Geschäft und zu Hause stattfinden. Es kommt immer darauf an, mit welcher Waffe gegen das Opfer vorgegangen wird. So ist ein Schutz gegen Bomben und Handgranaten ziemlich schwierig.
Wenn ein Scharfschütze gegen das Opfer angesetzt ist, wird es schwer sein, dem gezielten Schuß zu entgehen. Terroristen haben schon öfter ihre Opfer durch das Schreibzimmerfenster beim Arbeiten erschossen.

Fenster
Die schußsicheren Fenster aus LEXGARD, einem durchsichtigen Plastikstoff, verhindern sogar den Durchschuß mit .300 Win Magnum-Geschossen.
Natürlich schützen Lexgard-Scheiben vor dem Beschuß mit Faustfeuerwaffen und Maschinenpistolen. Sehr wichtig ist es, daß sich an den Fenstern undurchsichtige Vorhänge befinden.

Türen
Wenn man Türen aus Panzerstahl herstellt, sind sie gegen den Durchschuß mit Gewehren manchmal geschützt. Holztüren aus beschußsicherem Holz mit mehreren Lagen, haben eine überraschend gute Durchschußhemmung.

Autos
Wenn kein teures, gepanzertes Auto zur Verfügung steht, kann man sein Auto durch das Einkleben von Lexgard-Scheiben rundherum beschußsicher machen.
Mit Kevlar- oder Keramikplatten kann eine beschußsichere Kabine im Auto hergestellt werden.
Natürlich ist dieses Auto nicht so sicher wie ein Sonderschutzfahrzeug von BMW oder Mercedes-Benz.

57

Aufbruchsichere Schlösser

Die meisten Einbrecher kommen durch die Tür! Deshalb müssen Türen bei Anwesenheit der Bewohner innen durch starke Riegel gesichert werden. Bei Abwesenheit müssen gute Schlösser, welche nicht aufgebrochen werden können, den Schutz übernehmen.

Leider sind die Schlösser meist die Schwachstellen der Wohnungen und Häuser, weil sie mit vielen Tricks und speziellem Einbruchswerkzeug geöffnet werden können. Firmen leben davon, Aufbruchs-Werkzeuge wie Dietrich und Zipp-Gun herzustellen und zu verkaufen.

Wichtig sind die Schlösser in den Außentüren der Wohnung und des Hauses. Im Inneren genügen Buntbartschösser, die an den Außentüren viel zu leicht zu „knakken" wären.

Es gibt folgende Schlösser:

Buntbartschlösser sind die einfachsten Schlösser. Mit den Schlüsseln mit verschieden geformten Bärten werden sie auf- und zugeschlossen. Diese Schlösser lassen sich leicht mit einem umgebogenen, schlüsselartig geformten Drahthaken aufschließen. Es gibt Schlüssel, welche in der Mitte offen sind und welche, die die Form von Buchstaben haben. Es gibt Zuhalteschlösser mit symmetrischen und asymmetrischen Zuhaltungen. Doppelbartschlüssel sollen den Einbruch erschweren. In den Buntbartschlössern wird der Schlüssel eingeführt und gedreht. Wenn der Schlüssel passt, hebt er die Falle zurück und sperrt den Riegel auf.

Zylinder-Einsteckschlösser werden in die Buntbartschlösser eingebaut. Sie finden Verwendung in Metalltüren, Rohrrahmentüren und Holztüren, um nach außen zu schützen.

Es gibt folgende Grundarten:

1. Zylinder mit steigender Stiftzuhaltung
2. Zylinder mit fallender Stiftzuhaltung
3. Zylinder mit Scheibenzuhaltung
4. Zylinder mit Blättchen- oder Magnetzuhaltung

Die zylindrische Grundform besteht aus:

1. Ovalzylinder 2. Rundzylinder 3. Profilzylinder 4. Schweizer Zylinder

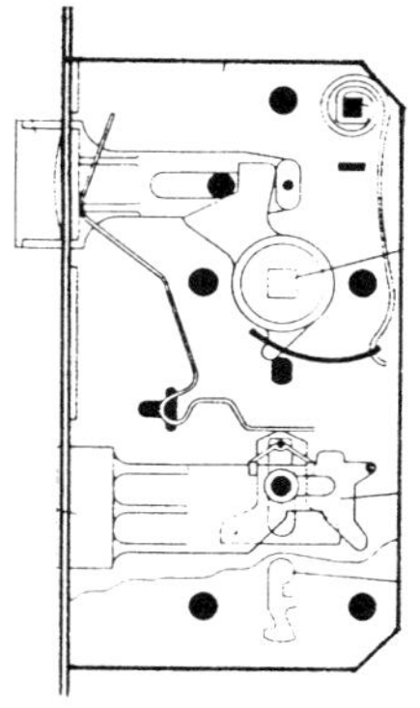

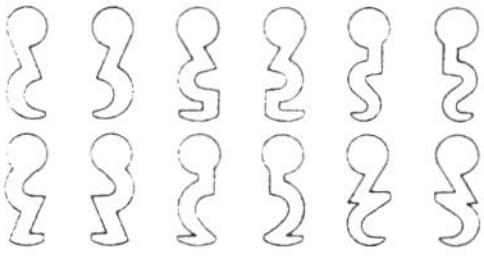

Bartformen

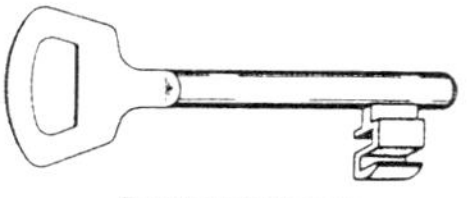

Buntbartschlüssel

Buntbartschloß

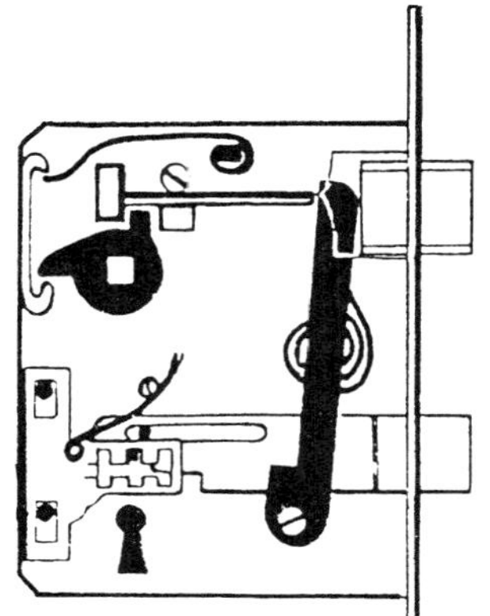

Chubbschloß

Funktion des Sicherheitsschlosses

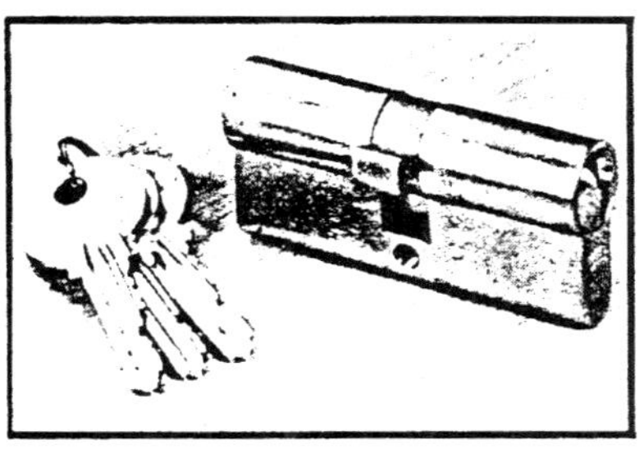

Ein Zeiss-Sicherheitsschloß

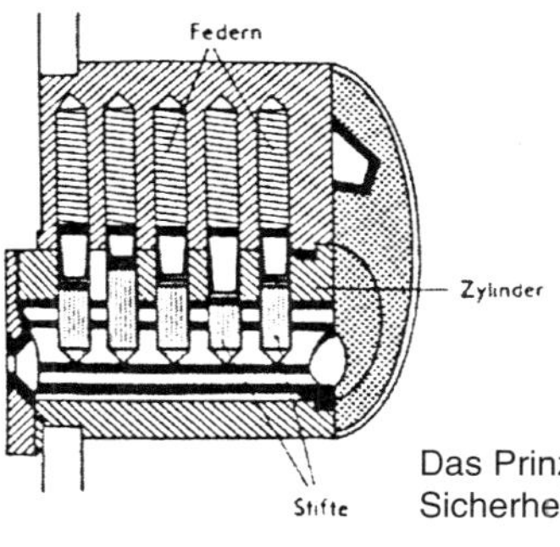

Das Prinzip eines Sicherheitsschlosses.

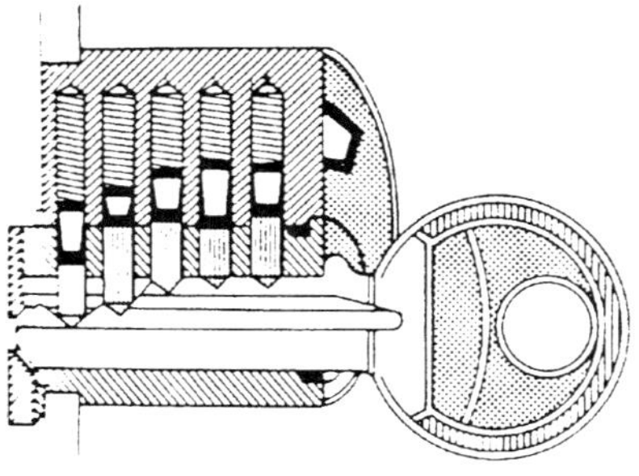

Falscher Schlüssel.
Das Schloß schließt nicht.

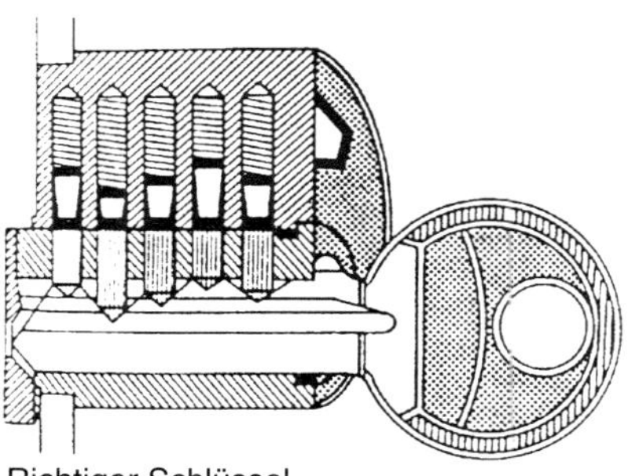

Richtiger Schlüssel.
Der Zylinder kann sich drehen.

Zylinderschloß (Yaleschloß). Es besteht aus zwei Hauptteilen:

1. Schloß mit Falle, Riegel und Zuhaltungen,

2. Schließzylinder mit Schließ- und Sperrnase.

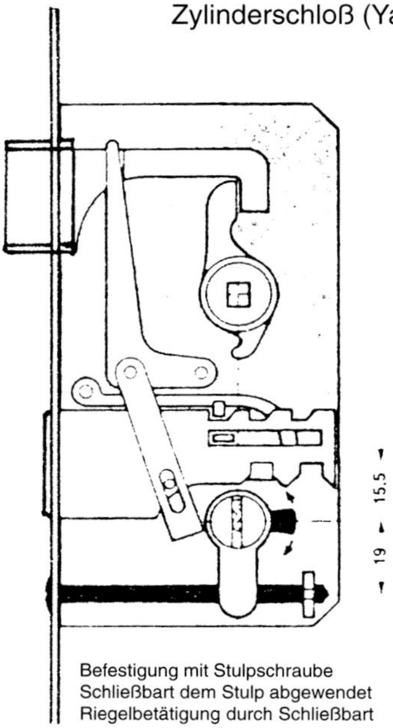

Schloß mit eingeschraubtem Profilzylinder

Befestigung mit Stulpschraube
Schließbart dem Stulp abgewendet
Riegelbetätigung durch Schließbart

Schließzylinder

Bedienungsfreundliche Schlüsselreide
- Durchgehender Schlüsselkörper (mit eingeprägtem Schlüsselcode)
- Neuartiges Kennungsplättchen
- – verschiedene Farben (transparent und undurchsichtig)
- – Zusatzbezeichnungen (z.B. „Eingang 2")
- – Prägungen (z.B. Blindenschrift)

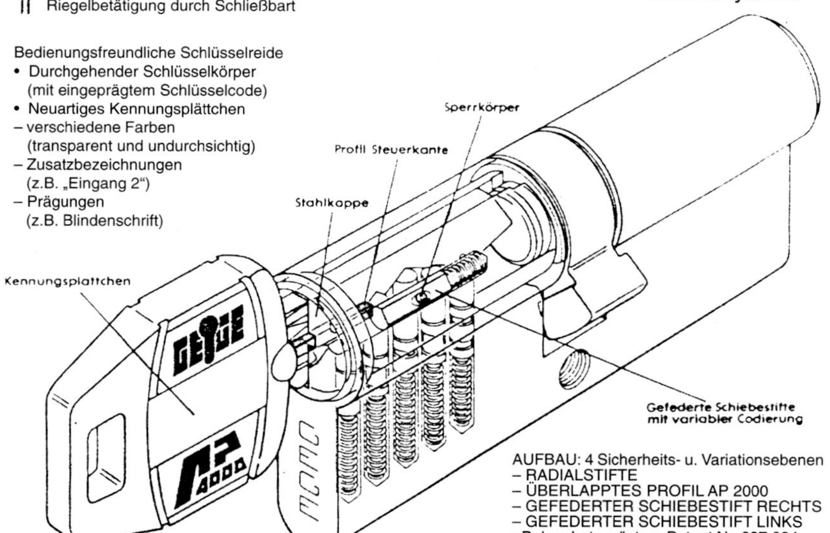

AUFBAU: 4 Sicherheits- u. Variationsebenen
- RADIALSTIFTE
- ÜBERLAPPTES PROFIL AP 2000
- GEFEDERTER SCHIEBESTIFT RECHTS
- GEFEDERTER SCHIEBESTIFT LINKS

• Bohrschutz – österr. Patent Nr. 337.034
• Variationen in Milliardenhöhe
• Verschiedene Bewegungsrichtungen der Sperrelemente

Schloß mit Zylinder

Der Schutz des Sicherheitsschlosses vor dem Abdrehen ist wichtig!

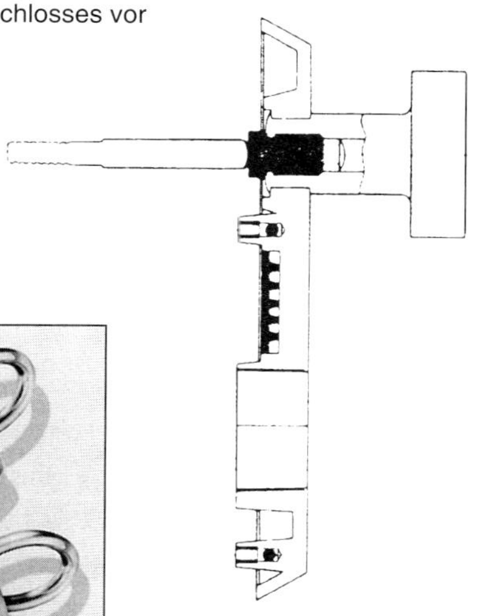

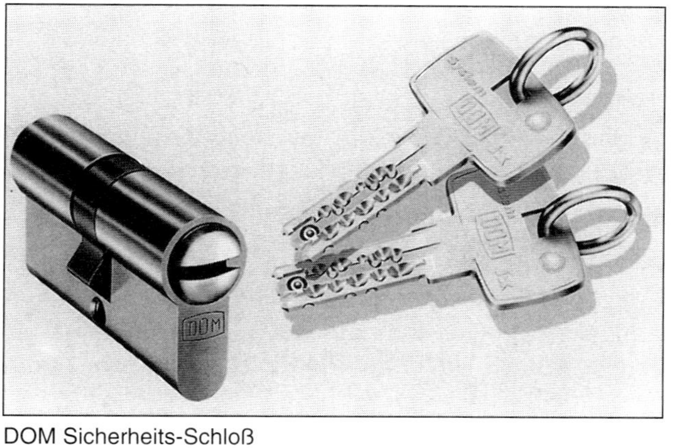

DOM Sicherheits-Schloß

Funktion des Aufsperrschlüssels

Durch das Einführen des Schlüssels in das Zylinderschloß werden unterschiedlich gestaltete Stifte in **eine Ebene** gedrückt. Dadurch wird die Trennlinie freigegeben. Jetzt erst kann der Kern (Rotor) im Gehäuse (Stator) gedreht und das Schloß auf- oder zugesperrt werden. Oft werden hier Wendeschlüssel verwendet.

Von den Zylinder-Schlössern verlangt man folgenden Einbruchs-Schutz:

- Aufbohrschutz (Täter bohren den Zylinder an, entfernen den Inhalt und schließen mit Haken auf).
- Ziehschutz (Täter drehen einen Gewindebohrer in den Zylinder, der wie ein Korken gezogen wird).
- Aufsperrsicherung (Täter schließen mit Zipp Gun oder Dietrich auf).
- Abdrehschutz (Täter setzen die passende Öffnung auf den Zylinder und drehen ihn mit Hebel ab).
- Erhöhter Schlüsselschutz.

Professionelle Einbrecher stecken den Fühler von ihrem Electro-Pick-Set in die Zylinderöffnung, schalten den Strom des Batteriegerätes ein und öffnen das Zylinderschloß in einigen Sekunden. Dadurch, daß der Fühler im Schloß hart vibriert und die Sperren zeitweise in eine Ebene bringt, geht das Schloß beim Drehen auf.
Sehr gut bewährt haben sich die DOM-Wendeschlösser Typ 333 und die mehrdimensionalen Schließsysteme von Diamant.

Einbruchswerkzeuge
Wenn man weiß, wie Einbrecher vorgehen, kann man sich besser schützen.

Die häufigsten Einbruchswerkzeuge sind:

1. **Schraubendreher lang .** Mit ihm werden Türen und Fenster brutal aufgehebelt. Das Holz zersplittert und gibt nach. Das Aufhebeln ist gut zu hören.
2. **Dietrich**, das sind **starke Haken.** Mit den Haken werden Buntbartschlösser aufgesperrt.
3. **Zipp-Gun und Sperrwerkzeug.** Mit ihnen werden Zylinderschlösser aufgesperrt. Der Fühler der manuellen Zip-Gun wird in den Zylinder eingeführt. Mit dem Ziehen an dem Abzug, wird der Fühler zu Vibration gezwungen. Durch Drehen wird das Schloß geöffnet.

   Zudem gibt es Sperrwerkzeug mit Fühlern und Öffner. Mit dem eingeführten Öffner wird das Schloß unter Spannung gesetzt, während der passende Fühler die Zuhaltungen abtastet und hebt, bis das Schloß aufgeht.
4. **Electro-Pick-Set.** Der Fühler des batteriebetriebenen Gerätes wird in den Zylinder eingeführt. Elektrisch werden harte Schläge auf die Zuhaltungen des Zylinderschlosses ausgeführt, bis der Fühler gedreht werden kann und das Schloß aufgesperrt wird. Das Diamant-Schloß von DOM verhindert diese Aufsperrung.
5. **Zylinder-Abdreh-Hebel.** Wenn der Zylinder etwas hervorschaut, kann der Täter die Nuß seines Hebels auf den vorschauenden Zylinder aufsetzen und mit dem Hebel den Zylinder an seiner schwachen Stelle beim Gewinde abreißen. Die Zuhaltung wird dann mit dem Sperrhaken geöffnet.
6. **Gänsefuß.** Mit diesem Kistenöffner werden Türen und Fenstern brutal aufgebrochen. Das Geräusch ist weit zu hören.
7. **Autoheber.** Die Autoheber werden zwischen Mauer und Gitter gehoben und dann hochgedreht, bis das Gitter aus der Mauer bricht.
8. **Bolzenschneider.** Mit dem großen Bolzenschneider können die Vorhangschlösser und die Sperrketten abgezwickt werden.

Aufbruchwerkzeuge

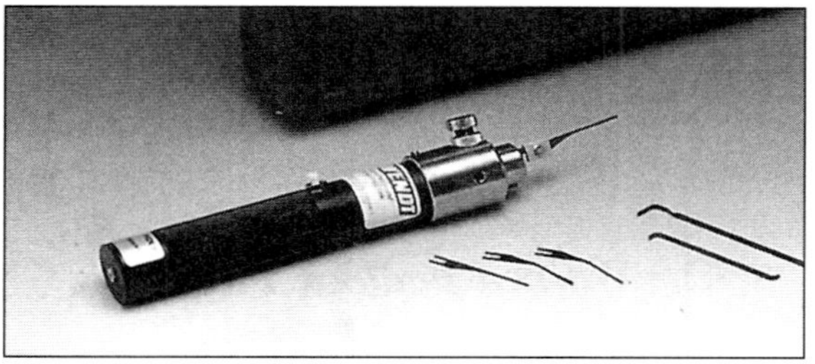

Elektrischer Vibrator

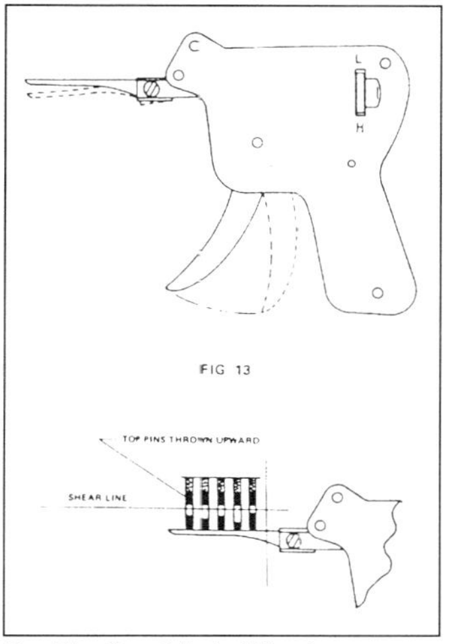

Der Zip Gun ist ein Vibrator,
der Türen öffnen kann.

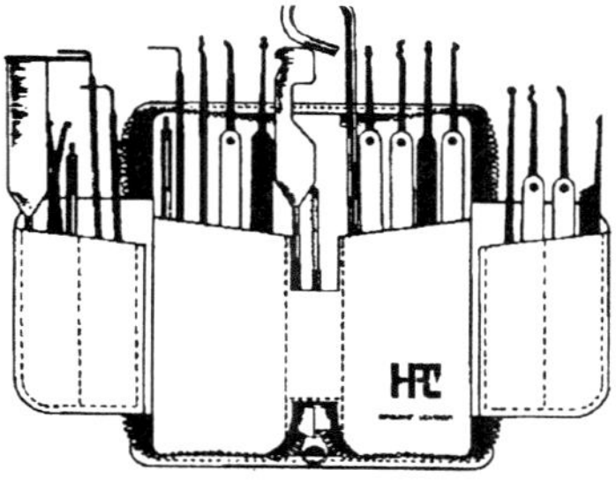

Abtast-Werkzeuge

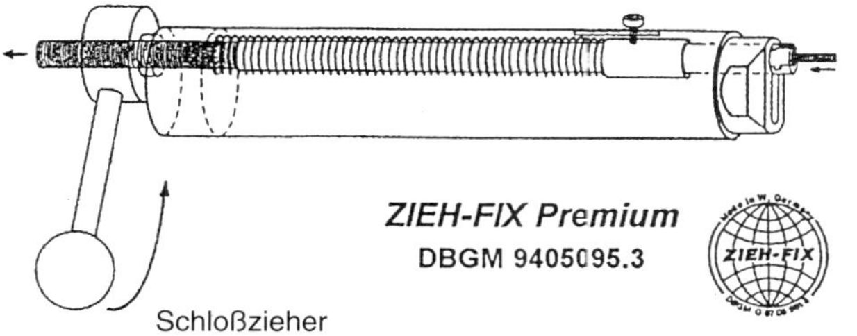

ZIEH-FIX Premium
DBGM 9405095.3

Schloßzieher

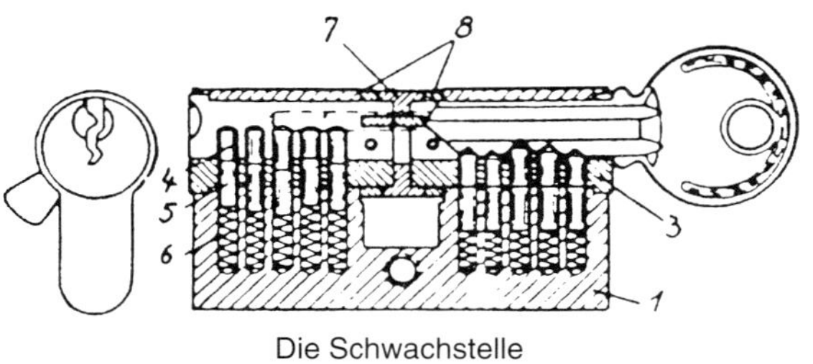

Die Schwachstelle

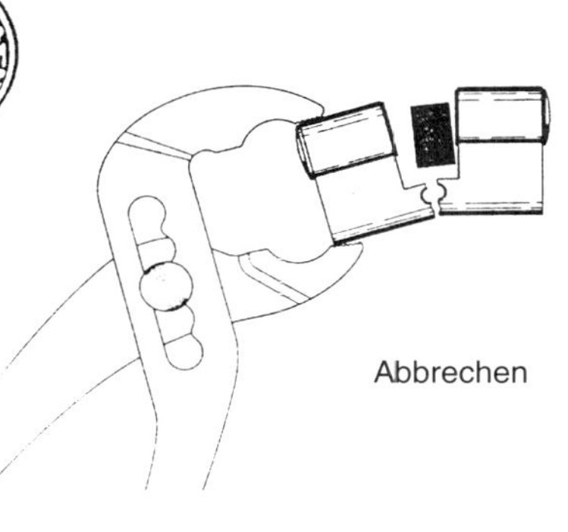

Abbrechen

Aufsperrsichere Schlösser

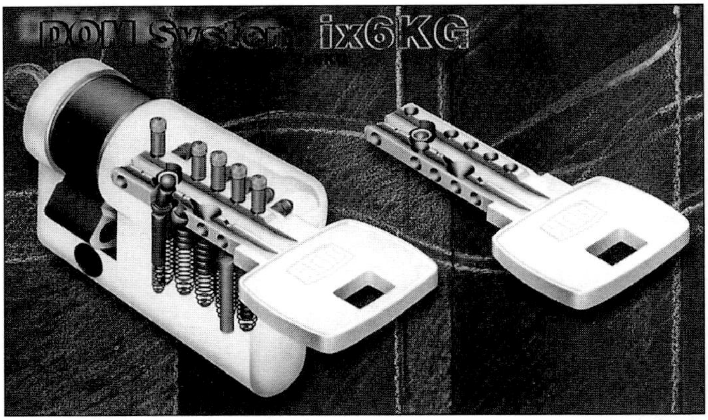

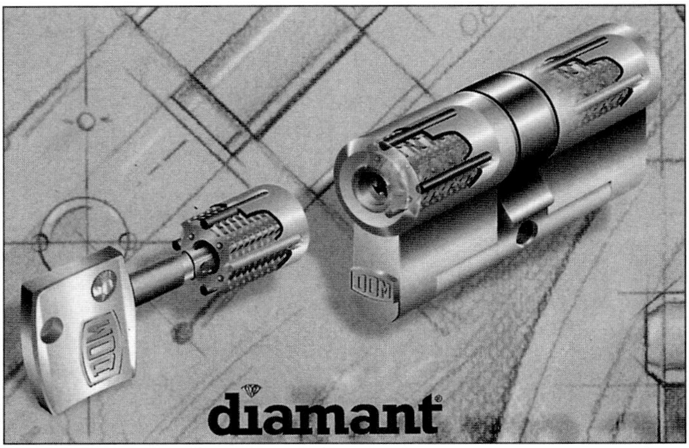

Aus der Aufzählung des Einbruch-Werkzeuges sieht man, daß zu all den mechanischen Sicherungen noch eine Alarmmeldung gehört, damit den Einbrechern nur wenig Zeit zum Hantieren bleibt! Nachbarn und Polizei müssen so schnell wie möglich alarmiert werden!

Vorsicht! Mit EC-Scheckkarten können Türen, welche nur zugefallen sind, leicht nach innen geöffnet werden.
Die Türen sollten daher immer zusätzlich mit einem Riegel verschlossen werden.

58

Der Sicherheitsraum

Ihr Heim ist Ihre Burg! – Machen Sie es zu einer sicheren Burg.

Eine Wohnung hat Fenster und Türen

Jedes Fenster muß so verriegelbar sein, daß es nur schwer ausgehebelt werden kann. Dafür genügen kleine Riegel die angeschraubt werden können. Aufgestellte Fenster laden zum Einbruch ein. Dadurch geschehen die meisten Einbrüche. Alle Türen sollten einen Panzerriegel haben, der abschließbar ist. Sie zu öffnen, ist mit Lärm verbunden.

Die Eingangstür sollte ein Schloß von der Firma DOM haben, das nicht so leicht wie viele andere mit Zipp-Gun u.s.w. von Einbrechern aufgesperrt werden kann. Alle anderen Türen sollten in der Nacht, wenn Sie schlafen und wehrlos sind, verriegelt sein.

Alarmanlagen warnen Sie vor den Verbrechern.

Es müssen keine teuren Alarmanlagen sein. Wichtig ist, daß der Raum vor Ihrer Eingangstür mit Infrarot-Bewegungsmeldern überwacht wird. Am besten durch zwei Melder, die sich gegenseitig überwachen und Ihnen die Gefahr melden.

Der Sicherheitsraum

Der Raum, in dem man jeden Tag 7 - 9 Stunden schlafend verbringt und wehrlos ist, ist das Schlafzimmer. Selbst wenn Einbrecher bereits in das Haus oder in die Wohnung eingedrungen sind, kann man sich in seinem Schlafzimmer verbarrikadieren, wenn man es zum Sicherheitsraum gemacht hat.

- ❑ Alle Türen zum Schlafzimmer müssen innen abschließbare Panzerriegel bekommen, damit sie nicht aufgemacht werden können. Die Türen sollten stabil sein und keine Glasfüllung haben!
- ❑ Die Fenster des Schlafzimmers sollten absperrbare Läden oder sperrbare Rolläden haben. Kunsteisen-Gitter ermöglichen das Offenlassen der Fenster in der Nacht.
- ❑ Im Schlafzimmer sollte ein Telefon sein, damit man die Polizei alarmieren kann. Die Polizei-Rufnummer sollte angeschrieben sein. Auch die Nummern von Arzt und Anwalt.

- ❑ Im Schlafzimmer sollte sich eine versteckte, scharfe Schußwaffe (Doppelflinte) befinden, mit der man ein gewaltsames Eindringen der Verbrecher durch die Schlafzimmertür verhindern kann.
- ❑ Falls keine scharfe Waffe vorhanden ist, sollte sich im Schlafzimmer eine Leuchtpistole oder ein Notsignalgerät befinden, damit man seine Nachbarn durch einen Schuß aus dem Fenster alarmieren kann, wenn Sie von Einbrechern bedroht werden. Ihre Telefonleitungen könnten durchschnitten sein. Hier hilft der Schuß aus dem Fenster.
- ❑ Lassen Sie sich auf keinen Faust- oder Messerkampf mit Verbrechern ein. Wenn Sie einen scharfen Revolver haben, schießen Sie durch die Tür. Aber nur wenn Sie sicher sind, daß kein Angehöriger vor der Tür steht.
- ❑ Wichtig ist, daß Sie durch Hunde voralarmiert sind. (Es gibt Radar-Hunde, die echt bellen können). Noch besser sind Infrarot-Bewegungsmelder an der Außenhaut des Hauses.
- ❑ Wichtig ist, daß Sie keinen Fremden in Ihr Haus lassen. Deshalb sollten sich Ihre Angehörigen immer mit einem verabredeten Morse-Klopf-Zeichen melden.
- ❑ Die ganze Familie sollte im Falle einer Gefahr im Schlafzimmer versammelt sein, damit keiner von den Einbrechern als Geisel benutzt werden kann.
- ❑ Laufen Sie nicht ängstlich und planlos im Haus herum und schreien „Wer da?"
- ❑ Bleiben Sie alle im Sicherheitsraum und warten auf das Eintreffen der Polizei!
- ❑ Wenn sich niemand von den Nachbarn rührt, machen Sie das Fenster auf und schreien Sie laut „FEUER!". Denn auf einen Hilferuf reagieren heutzutage nur wenige Leute.

Wenn Sie keine Schußwaffe besitzen, gibt es die Möglichkeit, Mitglied in einem Sportschützen-Verein zu werden. In Frankreich darf jeder Hausbesitzer eine Schrotflinte besitzen.
Die Erde hat 6 Milliarden Einwohner. Die meisten Menschen leben unter der Armutsgrenze. Es ist zu erwarten, daß die Armen eines Tages beginnen werden, die etwas reicheren Menschen auszuplündern! Die Reichen werden – wie in Süd- und Nordamerika – beginnen, ihre Wohngebiete einzuzäunen und mit Wachmännern zu schützen. Sie aber, werden sich selbst schützen müssen.

59

Die mechanische Absicherung der Wohnung

Den Wohnraum und vor allem das Schlafzimmer sollte man immer mechanisch absichern. Dabei muß vor allem die Eingangstür zur Wohnung mit einem abschließbaren, breiten Riegel sowie einem aufsperrsicherem Schloß von der Firma DOM gesichert werden. Über den Versandhandel und im Ausland können wirksame Aufsperrwerkzeuge wie Dietriche, Zip-Gun und Aufbohrmaschinen bestellt werden, mit denen man jedes übliche Schloß in kürzester Zeit öffnen kann. Ein starker Türriegel, der abschließbar ist, sollte über die ganze Breite der Tür angebracht werden.
Auch die Fenster müssen mit einem starken Riegel absperrbar sein, damit kein Einbrecher durch das Fenster einsteigen kann. Zum Durchlüften der Wohnung muß nachher der Riegel wieder abgeschlossen werden. Weitere Eingangstüren sollten immer mit dem breiten Riegel abgeschlossen sein.

Türen öffnen
Einbrecher setzen beim Aufhebeln der Türen und Fenster dort ihr Werkzeug an, wo sie die größte Hebelkraft mit ihrem dicken, langen Schraubendreher erreichen können.
Der Schraubendreher wird ober- oder unterhalb des Schlosses angesetzt und mit der Faust in den Türrahmen geschlagen. Dann wird die Hebelkraft angewendet, wobei bei der verschlossenen Tür die Hebelkraft, die auf der einen Seite angesetzt wird, auf der anderen Seite der Tür entgegengesetzt der Achse wirkt. In 5-10 Sekunden ist dann die Wohnungstür oder die Balkontür aufgehebelt.
Deshalb müssen die über die ganze Tür gehenden Stahlriegel z.B. von ABUS in das linke und rechte Mauerwerk eingelassen sein. Verschlossene Türen ohne breiten Riegel bieten sonst einem „Aufhebler“ kein Hindernis. Leider sind die meisten Türen aus Sperrholz oder leichten, anderen Stoffen. Die Türaushebelsicherung und im Mauerwerk eingelassene ABUS-Schutzschließbleche können leicht nachträglich montiert werden, damit die Tür nicht eingetreten werden kann. Türspione sind wichtig, damit nicht die falschen Leute eingelassen werden.

Fenster öffnen
Beim Aufhebeln der Fenster setzt der Einbrecher im Griffbereich der unteren Verriegelung an. Er überwindet diese Verriegelung, weil bei der in der Mitte liegenden Verriegelung die Hebelwirkung durch die dritte obere Verriegelung verstärkt wird.

ABUS 4025
Zylinder-Kasten-Riegelschloß mit 3 Zylinder-Schlüsseln, mit Außen- und Innenzylinder, daher beidseitig mit Schlüssel schließbar.
Geeignet für Türen mit Glaseinsatz sowie als Kindersicherung.

ABUS RS 77
Die Kripo rät: unbedingt Rolläden sichern. Denn ungesichert sind sie lediglich ein Licht- und Sichtschutz. Hier hilft der ABUS-Rolladenverschluß RS 77 gegen Hochschieben der Rolläden von außen. Ein massiver Riegelbolzen greift von innen zwischen zwei Lamellen.

ABUS RS 87
Diese einfach zu bedienende Rolladensicherung wird im oberen Drittel des Fensters beidseitig montiert. Der Sperrstift greift fest und sicher in eine Lamelle und blockiert dadurch den Rolladen.

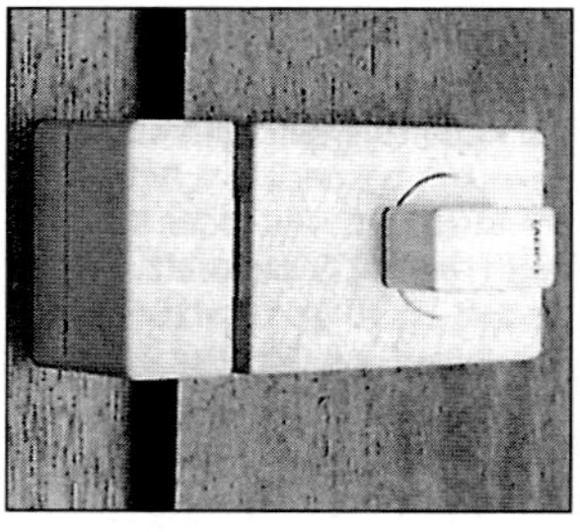

ABUS 4010
Bewährtes Zylinder-Kasten-Riegelschloß mit 3 Zylinderschlüsseln.
Innen mit Drehknopf zu betätigen, von außen mit Zylinder auf- und abschließbar.

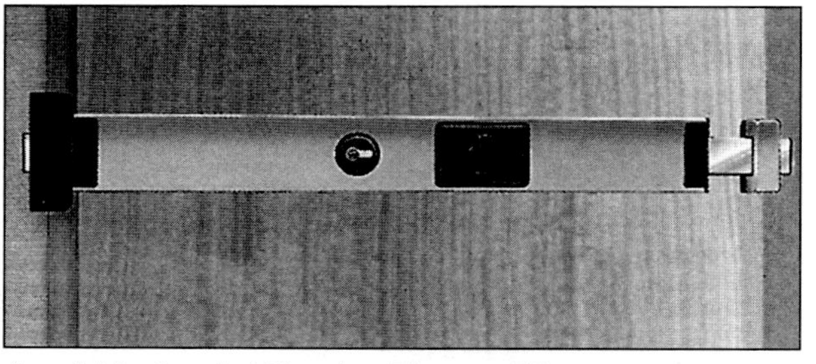

Am wichtigsten sind Riegel an Türen und Fenstern.

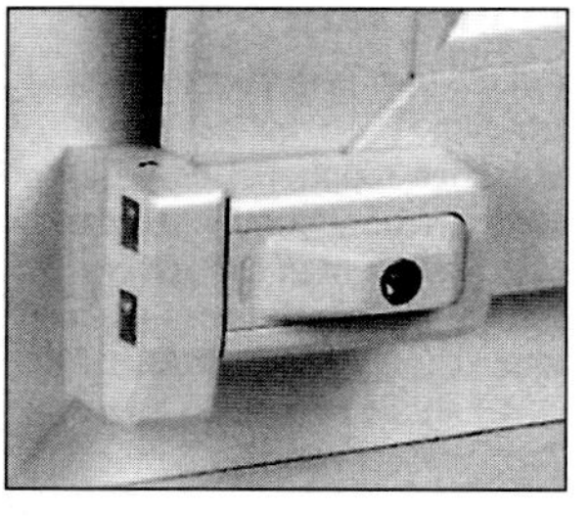

Das ABUS Fensterschloß 3030 ist eine sinnvolle, zusätzliche Sicherungsmaßnahme. Sowohl in geschlossenem als auch in gekipptem Zustand wird das Fenster durch dieses Schloß geschützt. Der Schloßkasten ist mit einem Gelenk versehen, so daß die Sicherung auch beim Kippen des Fensters im Eingriff bleibt. Lediglich beim vollständigen Öffnen des Fensters muß das Schloß aufgeschlossen werden. Der massive 4-Kant-Doppelriegel und der echte Stiftzylinder zeichnen diese Sicherungsmaßnahme aus.

Somit muß nur ein Element der Fensterverriegelung überwunden werden. Bei den anderen beiden Fensterverriegelungen kommt die jeweilige Hebelwirkung helfend dazu. Deshalb müssen Fenster einen abschließbaren Riegel bekommen. Rolläden sollten in der Nacht heruntergelassen werden und durch einen massiven Riegelbolzen des Rolladenverschlusses gegen das Hochschieben geschützt werden. Der Schutz ist jedoch nur dann wirksam, wenn die Rolläden nicht aus Kunststoff gefertigt sind, den man wegbiegen kann, sondern aus stabilen Aluminium.

Alle aufgestellten Fenster und Balkontüren laden den Einbrecher zum „Bruch“ ein!

Das Toilettenfenster ist schmal und klein, doch steht es am häufigsten offen. Ein Mitglied einer rumänischen Kinderbande kann da leicht einsteigen.

Offene Grenzen und die Blauäugigkeit der Politiker führten dazu, daß wir zum Verbrecherparadies wurden und sich jeder Bürger selbst schützen muß.

Gefährdet ist vor allem der Schutzbeschlag und der Schließzylinder

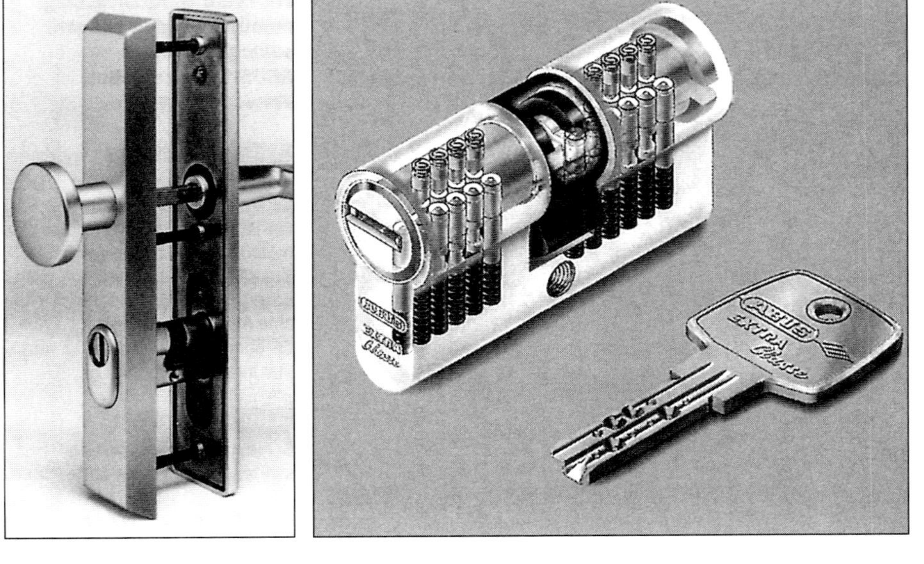

60

Die mechanische Absicherung des Hauses

Die mechanische Absicherung einer Wohnung oder eines Hauses ist am wichtigsten, weil durch offene Türen jeder Mensch hereinspazieren kann.

Kellertüren

Alle Kellertüren sollten von innen mit einem starken, über die ganze Türbreite gehenden Riegel abgesichert werden. Er sollte nur von innen abschließbar sein.

Kellerfenster

Kellerfenster sollten von innen mit starken Riegeln abgesichert werden. Kellerschächte sind bei Einbrechern beliebt.
Gitterroste sollten mit an der Mauer befestigten Schlössern abgeschlossen werden, damit sie nicht angehoben werden können.

Eingangstüren

Sie sollten aus stabilem Holz (nicht aus Sperrholz) oder Stahl sein.
Ein Panzerriegelschloß über die ganze Türbreite ist von innen und außen schließbar. Zusätzlich wird ein starker Riegel benötigt.
Schutzbeschläge, (z.B. von DOM) die den Schließzylinder sichern, sind mit Abreißfestigkeit, hoher Abschlagfestigkeit und hohem Ausziehschutz des Schließzylinders sehr wichtig.
Sämtliche Türen nach draußen sollten einen starken Riegel haben.

Fenster und Türen sichern

An allen Fenstern sollte eine abschließbare Fenstersicherung montiert werden, die ein Aufhebeln verhindert. Fenstertüren sollten mit einem Kastenschloß gesichert werden. Einbrecher dringen am häufigsten durch Balkon- oder Terassentüren ein. Deshalb sollten diese Türen mit einem absperrbaren Schloß gesichert werden. Die Bandseiten von Türen und Fenstern sollten gleichfalls mit einem Schloß vor dem Aufhebeln gesichert sein.

Rolläden

Rolläden sollten vor dem Hochheben durch Sperrstifte oder einlegbare Sperren gesichert werden.

Dachfenster

Manche Einbrecher kommen übers Dach, deshalb müssen auch die Dachfenster mit einem absperrbaren Schloß abgesichert werden.

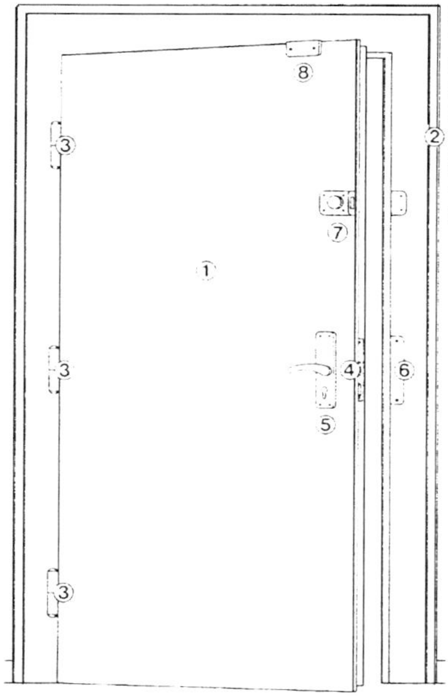

Bestandteile der Tür
1 Blatt
2 Rahmen
3 Bänder
4 Schloß
5 Beschlag
6 Schließblech
7 Zusatzsicherungen
8 Haltemagnet

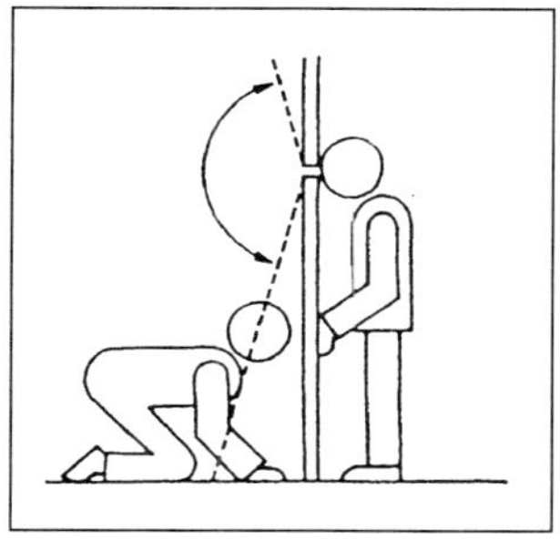

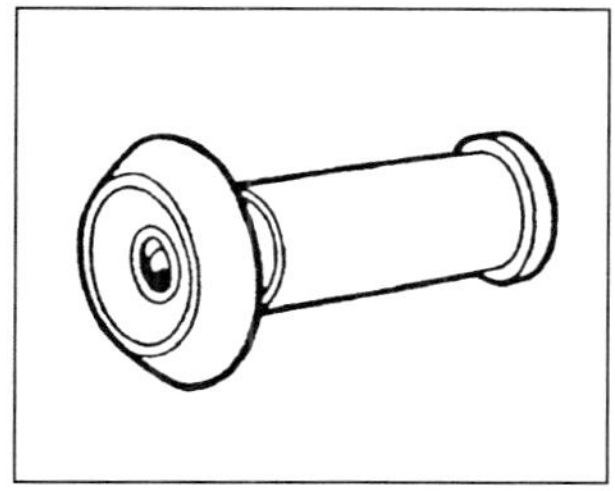

Tür-Spion

Türrahmen und Zargen

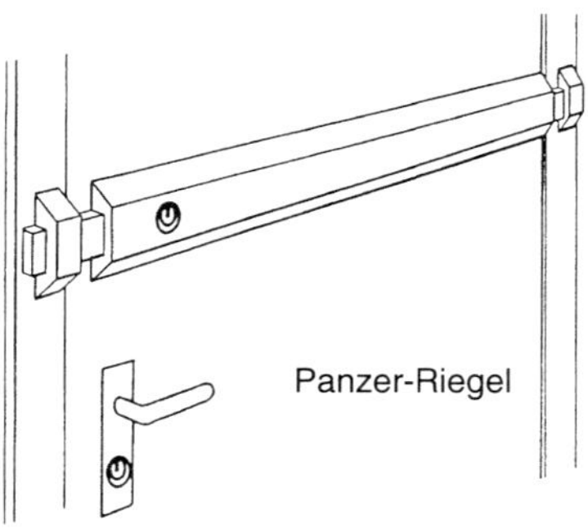

Panzer-Riegel

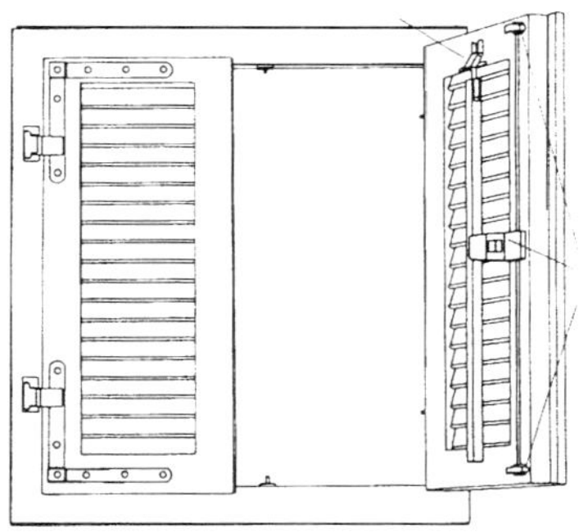

Laden-Sperrungen

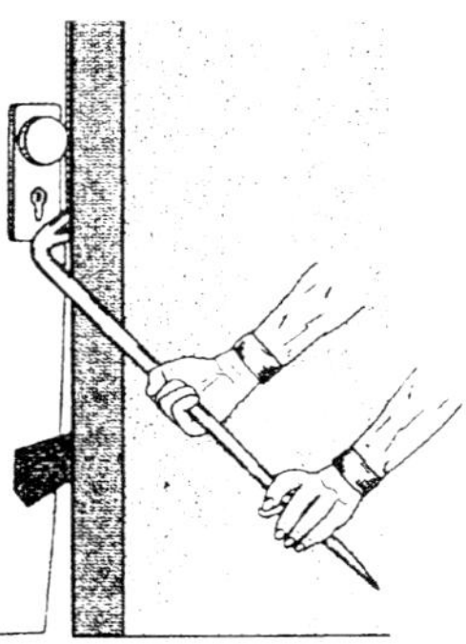

Einbruch-
versuch mit
Kuhfuß und
Holzkeil

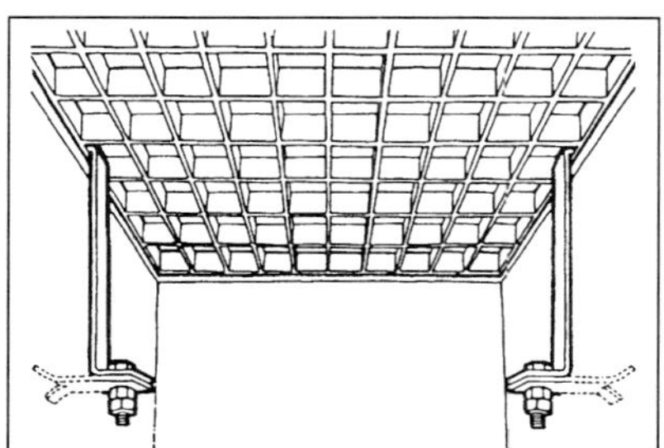

Keller-Gitter

61

Das Absichern von Grundstücken

Grundstücke mit Häusern werden meist durch einen Zaun mit einem Gartentor abgesichert. Jeder, der unberechtigt das Grundstück betritt, kann hinausgewiesen werden.
Der Zaun kann aus Holzbalken, Maschendraht oder Draht bestehen.

Maschendrahtzaun
Entlang dem Maschenzaun begrenzen innen isolierte, befestigte Stahldrähte das Grundstück.
Auf der Krone befindet sich ein Stacheldraht gegen das Übersteigen des Zaunes. Wenn eine Person den Maschendraht durchschneiden oder übersteigen will, berührt der blanke Alarmdraht den Maschendrahtzaun, der geerdet ist und löst damit Alarm aus. Der Alarmdraht liegt an einer niedrigen Spannung.

Mikrowellen-Doppler-Alarm
Die Absicherung von Grundstücken kann mit Mikrowellen-Bewegungs-Meldern, die nach dem Doppler-Effekt arbeiten, durchgeführt werden. An jedem Eckpunkt kommt ein Sender/Empfänger im 9,5 GHz-Bereich. Dadurch wird um das gesamte Grundstück eine elektronische Mauer errichtet.
Jede Person, die diese unsichtbare „Mauer" überwinden will, erzeugt eine auf Doppler-Effekt-Basis beruhende Verschiebung der Frequenzen, was den sofortigen Alarm auslöst. Mit diesen Mikrowellen, die Glas, Pappe und Holz durchdringen, können auch Räume überwacht werden. Allerdings darf sich in diesen Räumen nichts bewegen. Kein Ventilator, kein Vorhang und keine Neonlampe.

Vergitterte Fenster

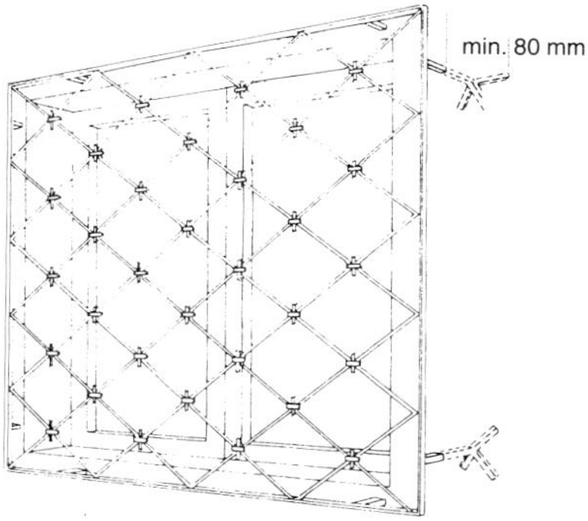

Gitter

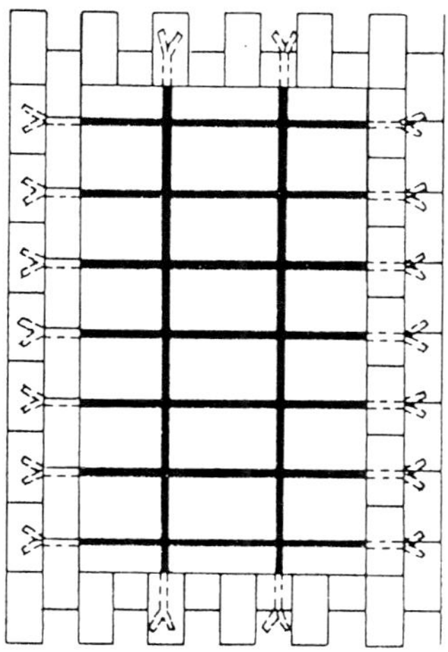

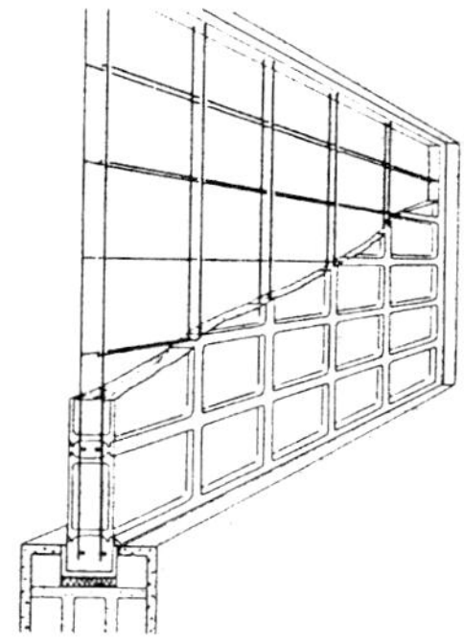

Bewahrung mit Rundstählen

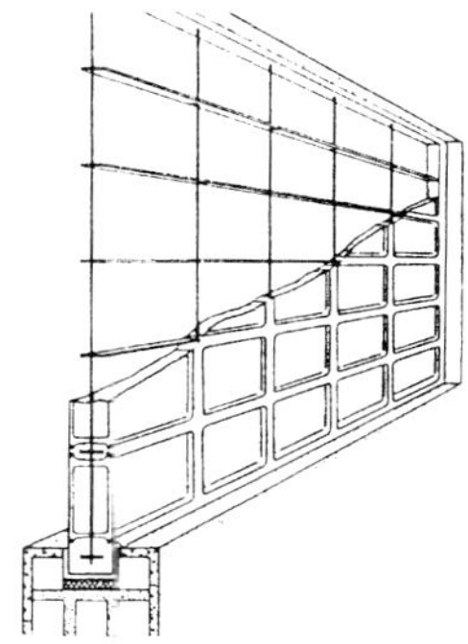

Bewahrung mit Rund- und Flachstählen

Glasbausteine

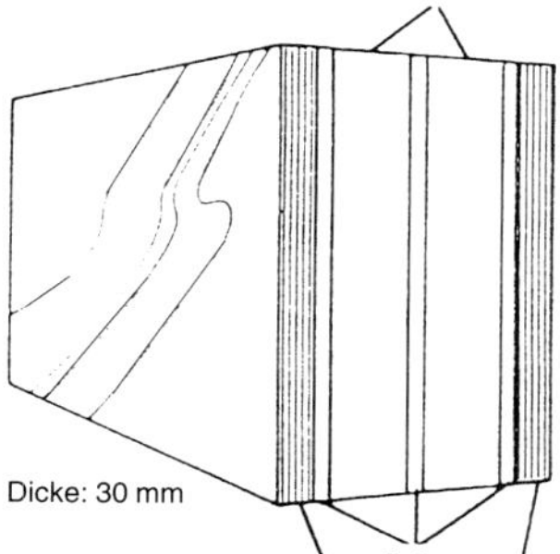

Panzerglas

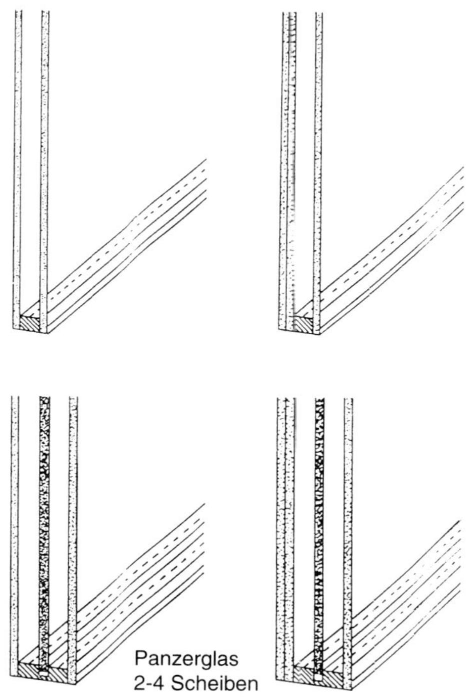

Panzerglas
2-4 Scheiben

Stahlblechtür

Panzerriegel

Elektromagnetische Felder
Mit diesen Feldern werden vor allem Durchgänge, Räume und Tresore überwacht. In den Gängen werden mit gegenüberliegenden Elektroden elektromagnetische Felder erzeugt.
Jede Person, die durch den Gang geht oder einen solchen Raum betritt, erzeugt eine kapazitive Veränderung, die in einem Brückensystem den Alarm auslöst, weil es den Oszilator oder das Brückengleichgewicht „außer Tritt" bringt.
Ein Stahltresor kann in so eine Brückenschaltung eingefügt werden. Jede Person, die sich unerlaubt dem Tresor nähert, wird den Alarm auslösen.
Diese Feldalarmgeber kann man nicht austricksen, weil jede Annäherung das Feld verändern muß.

Gitterfenster
Sämtliche Kellerfenster, aber auch die im Erdgeschoß, sollten mit Eisengittern geschützt werden. Dadurch ist zum Durchlüften das Offenlassen der Fenster möglich, was sonst eine Einladung für Einbrecher wäre. Im südlichen Spanien sind alle Fenster vergittert.

62

Preiswerte Alarmsicherungen

Woran erkennt ein Einbrecher, daß im Wohnbereich niemand zu Hause ist?

❑ An den tagsüber heruntergelassenen Rolläden.

❑ An den bei Dunkelheit hochgezogenen Rolläden, hinter denen kein Licht brennt.

❑ An den übervollen Briefkästen.

❑ Daran, daß nachts nie ein Licht brennt und keine Musik spielt.

❑ Daran, daß Getränke-Lieferungen vor der Haustür stehen.

Manche Einbrecher gehen nachts durch die Wohngegend und schauen, ob hinter hochgezogenen Rolläden kein Licht, keine Musik und kein Fernsehen zu erkennen ist. Manche klingeln an der Haustür um zu sehen, ob sich jemand meldet. Wenn dann das Außenlicht angeschaltet wird, fliehen sie. Wenn dazu noch ein Hund bellt, suchen sie das Weite, weil Einbrecher große Hunde fürchten.

Wo dringen Einbrecher ein?

90 % brechen im Erdgeschoß ein,

70 % davon drangen durch die Fenster oder die Balkon-/Terrassentür ein.

60 % davon hebelten die Fenster oder die Terrassentür auf.

10 % der Täter schlugen dabei die Fenster ein, was Krach machte und gefährlich war. Glas schneidet.

14 % der Einbrecher griffen durch das aufgekippte oder offenstehende Fenster und entriegelten es. Menschen, die bei offenstehendem Fenster schlafen müssen, erleichtern den Einbruch!

30 % der Täter drangen durch die Tür ein.

10 % der Täter drangen in der oberen Etage ein. Manche gingen durch ein Dachfenster ins Haus.

Die 30 % der Täter, welche durch die Tür einbrachen, gingen so vor

50 % griffen mit einem Hebel (Schraubendreher) an. 95 % an der Schloßseite und 5 % an der Scharnierseite. 16 % der Täter griffen den Zylinder und den Schloßbeschlag an. 5 % drückten die Schloßfalle zurück.

Laut M. Matouscheck in seinem Buch: *„Revolutionärer Einbruchschutz“.*

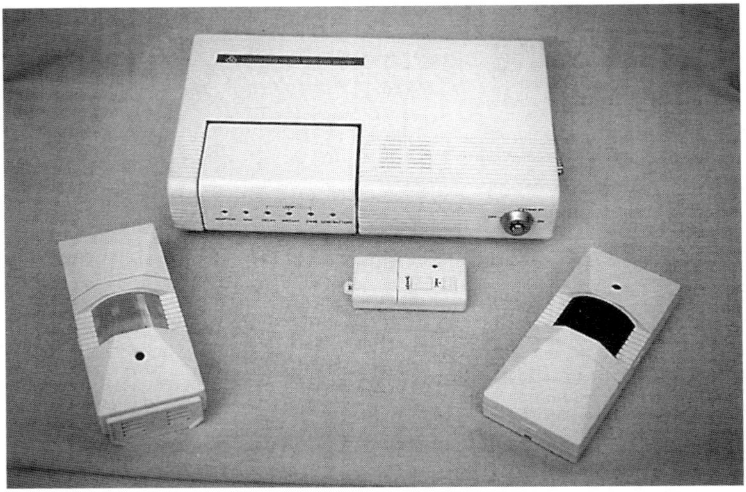

Eine preiswerte
Alarmanlage
von Westfalia.

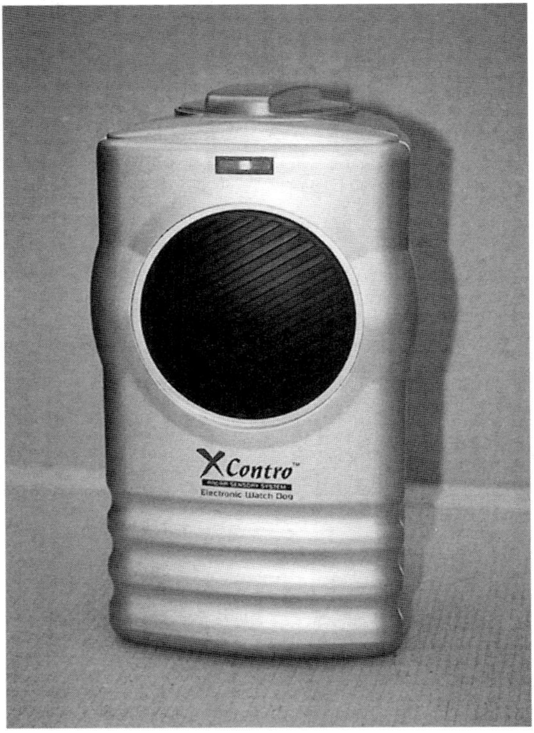

Ein Rundumradar mit
„Hundegebell“.

Gibt es auch preiswerte Alarmanlagen?
Manchmal genügt es schon, wenn man vor dem Einbrecher vorgewarnt wird.

Funk-Durchgangsmelder
Ein Infrarot-Bewegungsmelder mit Erfassungsbegrenzer und codiertem 400 MHz Sender wird vor der Haus- oder Wohnungstür, unerreichbar und wettergeschützt, angebracht. Er wird mit 220 V* oder 4 mal 1,5 V Batterie betrieben. Seine Personen-Erfassungsreichweite liegt bei 8 m (360 oder 140 Grad). Jede Person strahlt Wärme ab. Der Infrarot-Melder empfängt sie und strahlt den Funkalarm aus. Die Funkreichweite des Senders liegt bei 40 m.
Der Empfänger wird mit 220 V* betrieben. Sobald er das Alarmsignal empfängt, kommt es zu einer akustischen Meldung mit einem lauten oder leisen Gong-Signal. Gleichzeitig zeigt er den Alarm mit dem roten optischen Signal. Alle Signale können getrennt eingeschaltet werden.
Wenn also jemand vor der Wohnungs- oder Haustür steht, wird es gemeldet.

Funk-Alarmsystem 2000 mit 8 Kanälen
Zu diesem Gerät gibt es 8 kleine Funkmagnetsender, die über den Türen oder neben den Fenstern angebracht werden, die überwacht werden sollen. Am Türblatt oder am Fenster wird ein Magnet befestigt. Wird nun eine Tür oder ein Fenster geöffnet, entfernt sich der Magnet vom Sender und löst einen codierten Funkalarm aus. Der Sender hat eine 12 V-Batterie. Die maximale Reichweite der Funksender beträgt 40 m. Die Funkalarmzentrale kann 8 Stück dieser Funkmagnetsender getrennt empfangen.
Die 8 Statusanzeigenleuchten zeigen die Öffnungs- und Schließvorgänge an. Wenn die Zentrale mit der Taste scharf geschaltet wurde, ertönt eine eingebaute, abschaltbare Sirene.
Die Zentrale wird an 220 V* angeschlossen und hat eine 9 V Notbatterie. Die codierte Empfangsfrequenz liegt bei 433 MHz. Jeder der 8 Sender bekommt einen eigenen Code, damit man weiß, welche Tür oder Fenster geöffnet wurde.

63

Alarmanlagen

Alarmanlagen können üblicherweise nur Signale geben, aber keine Täter abwehren! Viele Bürger schützen sich durch Alarmanlagen der verschiedensten Art. Übliche Anlagen funktionieren folgendermaßen:

Die Zentrale

An der Zentrale sind über Draht oder über Funkmeldesensoren (im 400 MHz Bereich) angeschlossen.

1. Infrarot Bewegungsmelder
2. Ultraschall Bewegungsmelder
3. Magnetkontakte, Reed-Kontakte für Türen und Fenster
4. Glasbruchmelder
5. Körperschallmelder
6. Radarmelder
7. Trittmatten
8. Infrarot Lichtschranken

Die Alarmzentrale wird über ein Schloß mit Schlüssel oder über Funk mit Fernsteuerung eines kodiertem 400 MHz Signals an- oder ausgeschaltet.
Jede Zentrale hat einen Panikknopf, mit dem alle Sirenen sofort eingeschaltet werden. Mit den Reed-Magnetkontakten werden Türen oder Fenster, also die Außenhaut, überwacht.
Die Meldung, wenn eine Tür oder ein Fenster geöffnet wird, geschieht über Draht oder über Funk an die Zentrale. Der Nachteil ist, daß bei der „scharf geschalteten" Anlage keine Türen oder Fenster geöffnet werden können, ohne daß der Alarm angeht. Deshalb wird die Alarmanlage oft nur dann, wenn die Wohnung oder das Haus verlassen wird, scharf geschaltet.
Die Alarmzentrale hat eine außenliegende, starke Sirene mit einer roten Leuchte auf dem Dach, mit der die Anwohner alarmiert werden sollen. Dazu kommt noch eine Sirene im Hausinneren. Manchmal kommt dazu ein Telefon-Anrufgerät, das mit Sicherheitsdiensten (welche innerhalb von 15-30 Minuten eintreffen) verbunden ist. Als Melder werden PIR-Melder über Draht oder über Funk eingesetzt. Diese Infrarot-Melder erkennen Menschen, die eine Wärmequelle sind, wenn sie in ihren Meßbereich kommen. PIR-Melder werden vor den Türen und Fenstern, aber auch im Inneren eingesetzt.

Leider treten in 90 Prozent der Fälle durch das Fehlverhalten (Fenster öffnen) Fehlalarme auf, die nicht nur die Nachbarn verärgern, sondern auch noch unempfindlich für echte Alarme machten.
Zu der Alarmanlage gehört auch ein guter, mechanischer Schutz von Türen und Fenstern, um die Widerstandszeit zu erhöhen. Bekanntlich haben Einbrecher wenig Zeit. Normalerweise ist ein Einbrecher ohne diesen mechanischen Widerstand schnell im Haus. Dabei schert er sich kaum darum, daß die Alarmsirene losgeht. Hier kann es zur Konfrontation des Verbrechers mit den Hausbewohnern kommen, die böse ausgehen kann, weil die Bewohner mit Frau und Kind dem Täter ausgeliefert sind und als Geiseln genommen werden können.

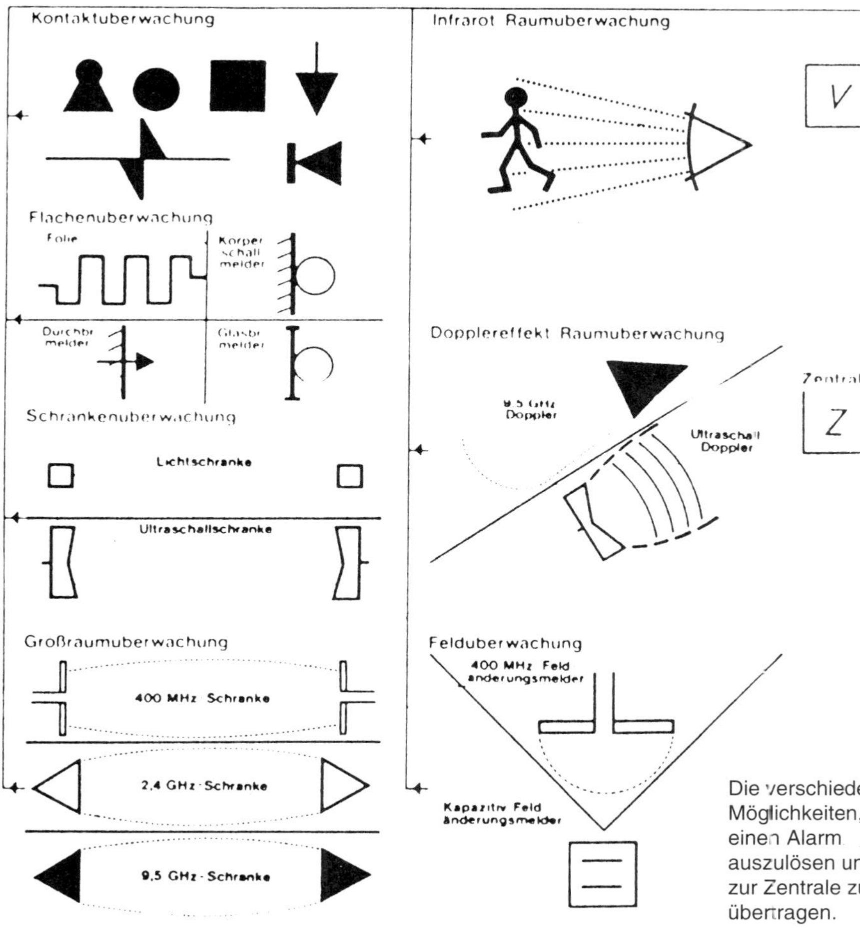

Die verschiedenen Möglichkeiten, einen Alarm auszulösen und zur Zentrale zu übertragen.

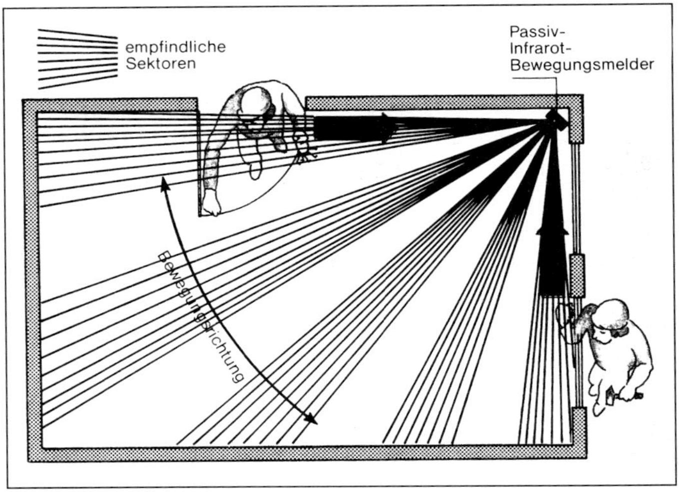

PIR-Infrarot-Bewegungsmelder

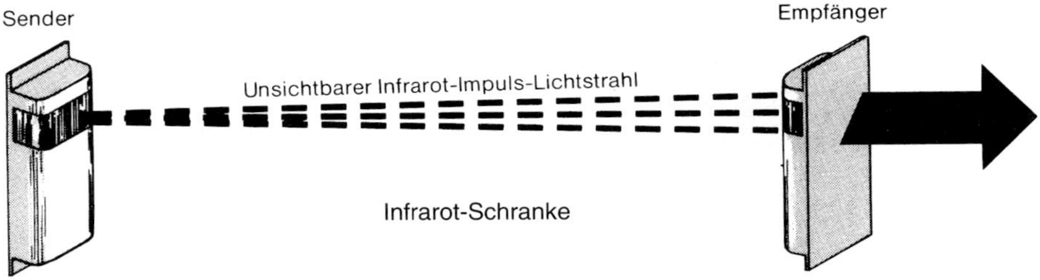

Funk-Hausalarmanlage AS 89

- **Kompletter Schutz** für Wohnung, Büro, etc.
- **Ohne Installation** - keine Verkabelung der Sensoren zur Alarmzentrale - (Funksignal-Übertragung)
- Keine Überschneidungen mit ähnlichen Alarmanlagen in Ihrer Nachbarschaft durch **individuelle Codierung**
- **Einfache Bedienung** des Systems
- Beliebig viele Sensoren einsetzbar
- **Funkreichweite ca. 30m**
- **Postzugelassen** und **anmelde- und gebührenfrei**
- **GS- sicherheitsgeprüft**

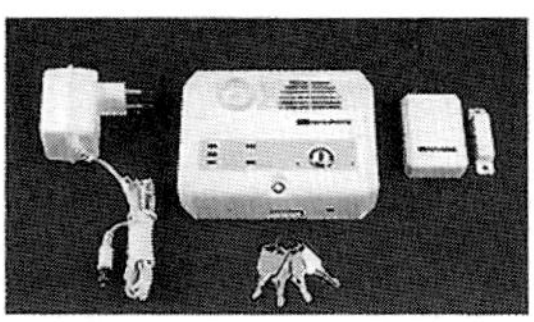

BxHxT
130 x 99 x 49 mm

Funk-Alarmzentrale AS 89-OAZ

- **2 separate Überwachungszonen für Innen- und Außenhautüberwachung**
- **Einfaches Ein-/Ausschalten mit Schlüssel** (4 Schlüssel im Lieferumfang)
- **Eingebauter 360° Bewegungsmelder**
- **Eingebaute Sirene, Alarmtonlautstärke ca. 110 dBA**
- Netzadapter 230 Volt
- **Sabotagesicher durch Manipulationsschutz und Notstrombatterie oder Akku**

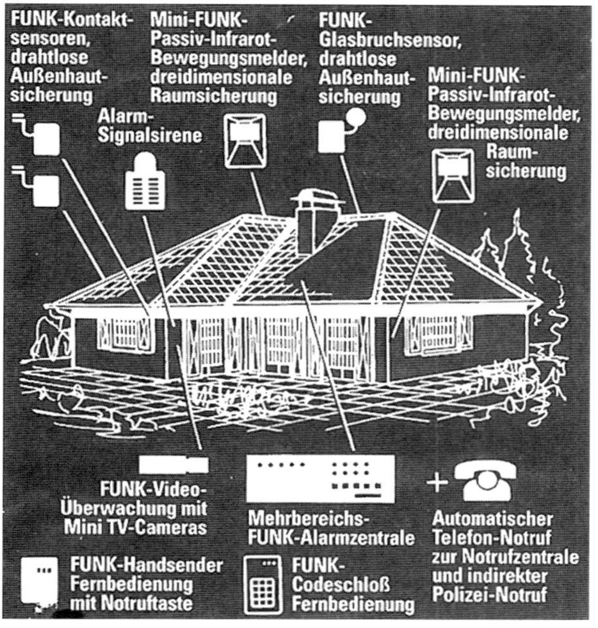

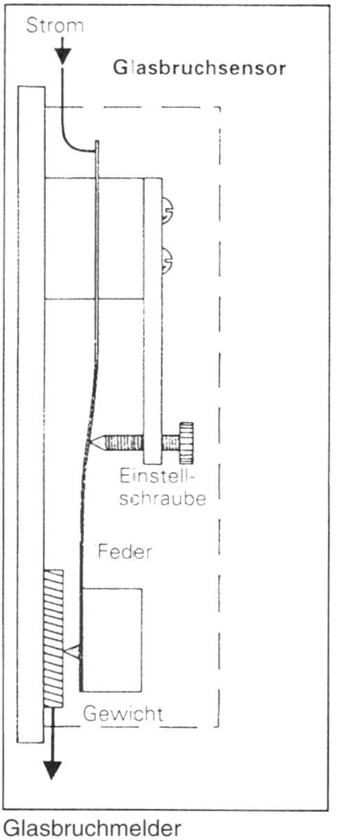

Glasbruchmelder

Reed-Meldekontakt

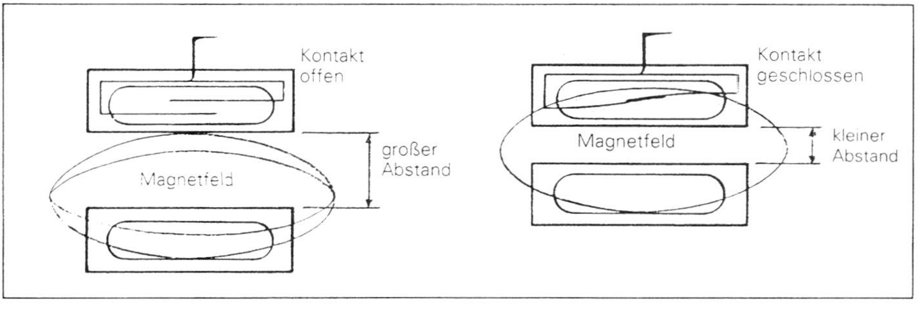

Wo versuchen
Einbrecher einzudringen?

Die Alarmanlage soll die Bewohner vorwarnen, damit sie zu einer Waffe greifen können! Die Schlösser und Riegel sollen die Einbruchszeit stark erhöhen, damit die Polizei kommen kann. Beim Ertönen des Alarms sollen sich alle in den Sicherheitsraum zurückziehen und die Polizei anrufen. Aus einem Fenster heraus soll geschrien und mit Krach die Nachbarn alarmiert werden.
Einbrecher werden so am besten abgewehrt. Wer auf einen bewaffneten Eindringling schießt, tut das in reiner Notwehr, um Frau und Kind und sich selbst zu verteidigen.

Vorteilhaft ist, wenn der *Außenschutz-Bewegungsmelder* fremde Personen vor der Haustür oder im Garten meldet. Wichtig ist, daß die Wohnungstür einen „Spion" hat, durch den man sehen kann, wer sich vor der Tür befindet. Zu oft schon sind den Verbrechern die Türen ahnungslos geöffnet worden. Man sollte niemand in sein Haus oder in die Wohnung lassen, den man nicht kennt. Dunkle Frauen spähen oft die Häuser aus, in denen etwas zu holen ist. Vor allem alte, alleinstehende Damen werden zum Einlassen der Fremden gebracht, die dann die Wohnung mit gestohlenem Geld und Schmuck verlassen.

Wenn Einbrecher wegen des Fehlens eines mechanischen Widerstandes in einen Raum eindringen, besteht höchste Gefahr für die anwesenden Bewohner. Deshalb kommt es darauf an, durch frühzeitiges Melden des Einbruchs die Polizei zu alarmieren.

Reed-Kontakte sichern Fenster und Türen ab. Wenn sie geschlossen sind, wirkt ein kleiner Magnet auf den Reed-Kontakt ein, so daß über die beiden Metallzungen der Stromkreis geschlossen wird. Auf 1 mm Entfernung liegen sich im geschlossenen Zustand Magnet und Reed-Kontakt gegenüber. Wird nun eine Tür oder ein Fenster ca. 10 mm - 30 mm geöffnet, so öffnen sich die vorgespannten Zungen des Reed-Kontaktes und der Alarm wird über die Zentrale ausgelöst.

Bewegungsmelder mit passivem Infrarot-Melder. Die passiven Infrarot-Melder nehmen die Wärmestrahlung der Umgebung auf. Dabei ist der Raum über ein facettenreiches Spiegelsystem in einzelne Zonen aufgeteilt. Geht nun eine Person, die selbst ca. 36 Grad Wärme abstrahlt in diesen Überwachungsbereich hinein, ergibt dies in einem Sektor eine plötzliche Wärmedifferenz, die den Alarm auslöst. Langsame Temperaturänderungen und indirekte Sonneneinstrahlungen führen nicht zum Alarm. Im Winter oder bei kaltem Wetter erhöht sich die Reichweite der PIR-Melder. Am empfindlichsten reagieren die PIR-Melder, wenn die Person quer zum Melder läuft.

Infrarot-Lichtschranken. Sie bestehen aus einem meist codierten, nicht sichtbaren infrarotem Lichtstrahl, der umgelenkt werden kann und dem Infrarot-Empfänger. Wird der unsichtbare Strahl durch eine Person unterbrochen, wird der Alarm ausgelöst.

Druckunterschiedsmelder. Kleine Alarmgeräte messen den Luftdruck in einem Raum. Wird durch das Öffnen einer Tür oder eines Fenster der Luftdruck im Raum geändert, wird ein Alarmton ausgelöst. Diese Geräte funktionieren leider nicht immer.

Wer kommt in den Raum?
Bei den üblichen Einbruchmeldeanlagen wird nicht unterschieden, ob diese Person den Raum betreten darf.

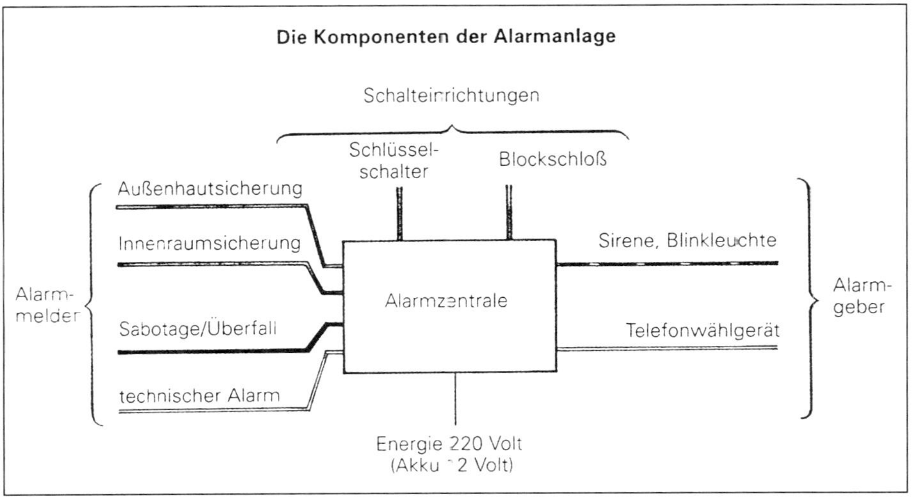

Alarmanlagen-Prinzip

64

Fehler bei den Alarmanlagen

Die Polizei weiß, daß die Furcht der Bevölkerung vor Einbrüchen ganz oben steht. Leider sind die Opfer von Einbrüchen und Raubtaten erst nachdem das Verbrechen geschehen ist, bereit, ihr Haus und ihre Wohnung sichern zu lassen. Zu den psychischen Schäden kommt noch der finanzielle. Am schlimmsten ist nachher die Angst, daß sich so etwas wiederholen könnte, daß Frau und Kind etwas Schreckliches zustößt.

Jährlich geschehen in Baden-Württemberg etwa 185.000 Wohnungseinbrüche.

Der Bürger baut sich also eine Alarmanlage vom Baumarkt selbst ein oder läßt sich für teures Geld eine vom Fachmann montierte EMT (Alarmanlage) aufschwatzen. Er weiß jedoch nicht, daß die heutigen Alarmanlagen wenig Wert haben, weil sie nicht unterscheiden können, ob der Einbrecher oder der Bürger selbst den Alarm ausgelöst hat.

Das Ergebnis ist, daß es bei nicht direkt mit der Polizei verbundenen Anlagen 99% Fehlalarme gab. (Von 14.103 Alarmmeldungen waren nur 133 „echte" Alarme). Nur jeder 106. Alarm war begründet. Bei den teuren, bei der Polizei aufgeschalteten Anlagen waren bei 8.748 Meldungen nur 145 „echte" Alarme. Das entspricht einer Fehlalarmrate von 98 %! **65 % der Fehlalarme wurden durch Fehlbedienung des Betreibers ausgelöst!**

Nun kommt jeder Fehlalarm ziemlich teuer. Er kann den Betreiber der Anlage bis zu 400,– DM kosten, wobei die Polizei ca. 170 DM kostet. Es ist deshalb kein Wunder, daß in der Schweiz inzwischen 80 % der Alarmanlagen „außer Betrieb" sind, weil sie ihren Betreibern auf die Nerven und den Geldbeutel gehen.

Um Fehlalarme zu erkennen, wurde mit telefonischen Rückrufen bei dem Betreiber, mit Raumüberwachungen durch Kameras und anderem Schwachsinn gearbeitet. Man hat übersehen, daß der Gefährdete durch Gewalt gezwungen werden kann, „alles OK" zu melden. Außerdem dauert es sowieso mindestens 15 Minuten, bis Polizei oder der Sicherheitsdienst am Ort ist. Dabei boomt der Alarm-Markt außerordentlich stark. Nur gibt es bisher keinen wirkungsvollen Einbrecherschutz.

Die interne Scharf-Schaltung ist eine Gefahr für den Betreiber.

Diese interne Alarmierung soll die Bewohner auch bei aktiver Anwesenheit – wenn sich die Anwesenden frei bewegen – sicher schützen. Sie produziert jedoch eine Scheinsicherheit. Für die interne Alarmierung müssen alle Fenster verriegelt werden. Auch müssen alle Türen verschlossen werden, weil alle einen Reed-Kontakt bekommen, der den Alarm anschaltet wenn auch nur ein Fenster geöffnet wird.

Nur hat man die lästigen Sicherungen ohne die menschlichen Schwächen gemacht. Bald macht irgendeiner ein Fenster auf, und der Fehlalarm muß bezahlt werden. Erfahrungsgemäß wird die Alarmanlage nur noch bei der Abwesenheit aller Bewohner eingeschaltet, oder nur dann, wenn alle zu Bett gegangen sind. Wenn dann einer frische Luft braucht, geht der Alarm los. Die Alarmsirenen müssen in allen Räumen zu hören sein.

Am schlimmsten ist, wenn nur einige Räume einen Passiv-Inf'arot-Melder bekommen. Das Unscharfschalten der Melder in diesen Räumen w rd bestimmt einmal vergessen. Die Alarmanlage wird deshalb nur noch bei völliger Abwesenheit der Bewohner eingeschaltet.

Ein abgesichertes Haus?

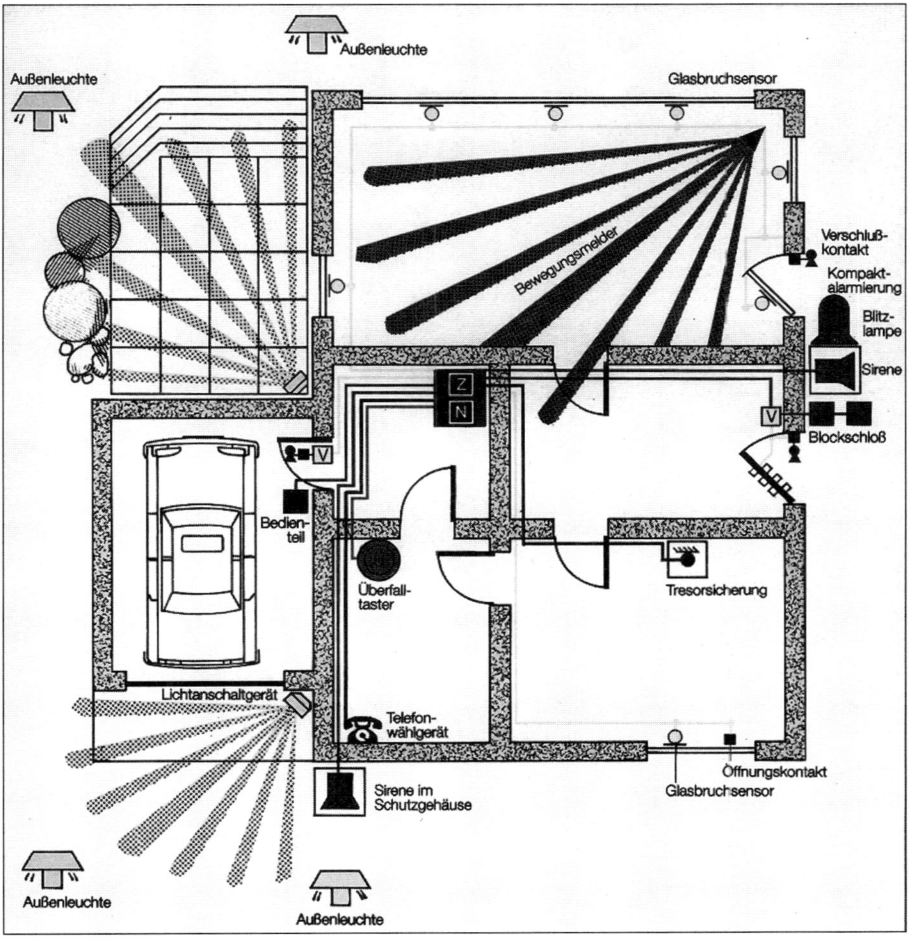

Die Bewohner erwarten Schutz für ihr Geld, werden aber in Gefahr gebracht.
Gleichgültig, ob eine Außenhautsicherung oder Innenraumüberwachung eingesetzt wird, der Alarm wird in beiden Fällen erst mit dem Betreten des Objektes ausgelöst.
Die gravierenden Nachteile sind der Zeitpunkt der zu späten Alarmierung und der überwiegend erfolglosen Intervention der Polizei.
In Deutschland sind rund 180.000 Einbruchsmeldeanlagen in Betrieb.
Es gab 1997 bei uns 14.672 Einbrüche. Davon waren 5.605 Einbrüche in Wohngebäuden und 9.067 Einbrüche in Gewerbeobjekten.
Von den Gewerbeobjekten waren 431 mit Alarmanlagen ausgerüstet. In 176 der Objekte wurde dennoch erfolgreich eingebrochen. In 95 Gewerbeobjekten waren Kleinalarmanlagen installiert. Alle wurden von den Einbrechern überwunden!
Insgesamt waren 526 Objekte elektronisch gesichert, davon wurde in 271 Objekten erfolgreich eingebrochen. Das sind 52 %.
In allen Fällen waren die Täter beim Eintreffen der Polizei mit der Beute geflüchtet. Es kam zu keiner Festnahme.

Türschlösser sind Ziele der Einbrecher.

65

Der optimale Einbruchsschutz

Die bisher vorhandenen Einbruchsschutz-Anlagen können leider keinen Einbruch verhindern. Die Alarmmeldung erfolgt häufig viel zu spät. Zudem sind sie nicht in der Lage, dem Einbrecher einen langen Widerstand entgegen zu setzen, damit die Polizei die Täter schnappen kann.
Die neueste optimale Einbruchschutz-Anlage wurde von Erich Matouschek – einem Kripobeamten, also einem Praktiker – entwickelt. Diese Anlage verhindert vor allem die vielen Fehlalarme, an denen so viele Sicherheitsfirmen ganz schön Geld verdienen.

Matouschek fordert von seiner Einbruchschutz Anlage:

1. Eine eindeutige Unterscheidung, ob ein Berechtigter oder ein Einbrecher das geschützte Gebäude betritt.
2. Ein ständiges Scharfschalten der Anlage auch bei der aktiven Anwesenheit der Berechtigten.

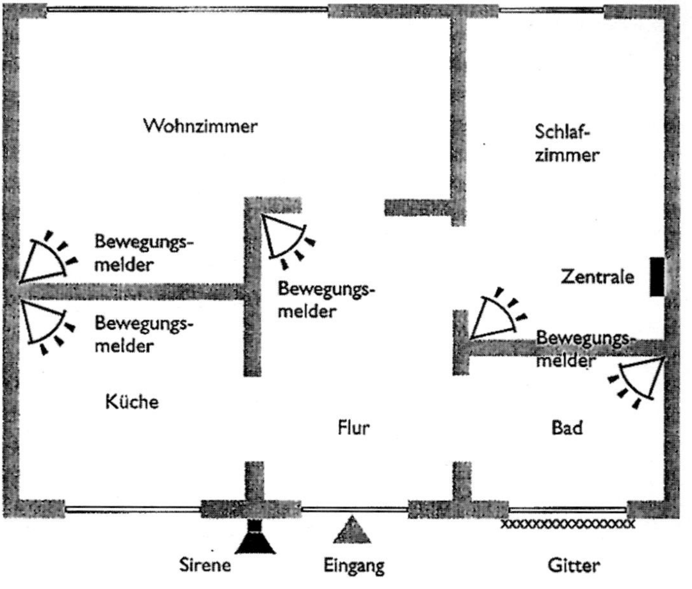

Wohnungsgrundriß mit eingezeichneten Bewegungsmeldern *(E. Matouschek)*

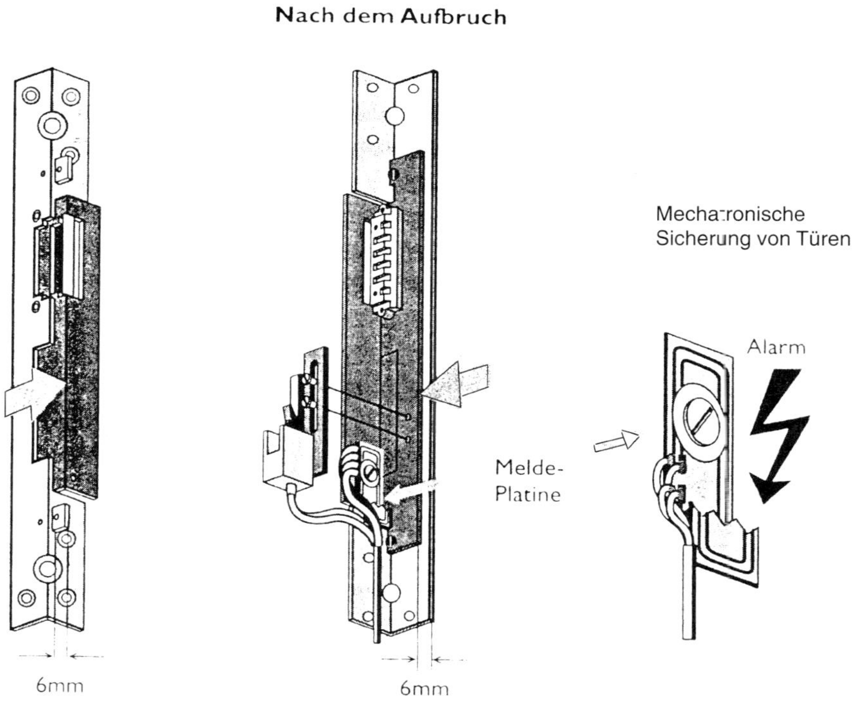

(Aus revolutionärer Einbruchschutz von Matouschek/Friedl)

3. Eine Alarmierung, lange bevor der Einbrecher im Gebäude ist
4. Mechanische Barrieren, aufgebaut nach der Alarmmeldung.
5. Ein Reduzieren der Fehlalarme gegen NULL.
6. Eine wartungsfreie Technik. Nachrüstbar in jeder Alarmanlage.
7. Bedienfreundlich, deshalb keine selbsterzeugten Fehlalarme.

Bisherige Anlagen Fehler:

- Öffnungsmelder wie die Reed-Kontaktmelder können nur des Öffnen von Türen und Fenstern melden. Sie melden nicht, ob ein Einbrecher die Tür oder das Fenster aufgehebelt hat.
- Bewegungsmelder wie die PIR-Melder melden die Bewegung einer Wärmequelle im Raum. Sie können aber nicht melden, ob sich da der Bewohner oder ein Einbrecher bewegt.

Die neue, optimale Einbruchsmeldeanlage bietet den optimalen Außenhaut-Schutz:

- In die Tür- und Fensterrahmen werden elektronisch überwachte Sollbruchstellen eingebaut.
- Diese elektronisch überwachte Sollbruchstelle leistet einen Widerstand von ca. 200 kg.
- Das Öffnen und Zuschlagen von Fenstern oder Türen wird nicht gemeldet.
- Versucht ein Einbrecher, Fenster oder Türen aufzuhebeln, kommt die Alarmmeldung über Funk oder Draht zur Zentrale der Alarmanlage. Außerdem wird der mechanische Widerstand von 200 kg aktiviert, der den Einbruch verzögert.

Die Alarmspinnen zur Überwachung von Glasscheiben in den Fenstern.

- Die äußere Scheibe bekommt eine Alarmdrahteinlage (Alarmspinne), die ein Zerbrechen elektronisch der Zentrale meldet.
- Eine Folie auf der ersten Scheibe erschwert das Durchwerfen von Steinen. Diese Glasscheibe hält den Einbrecher einige Zeit auf.

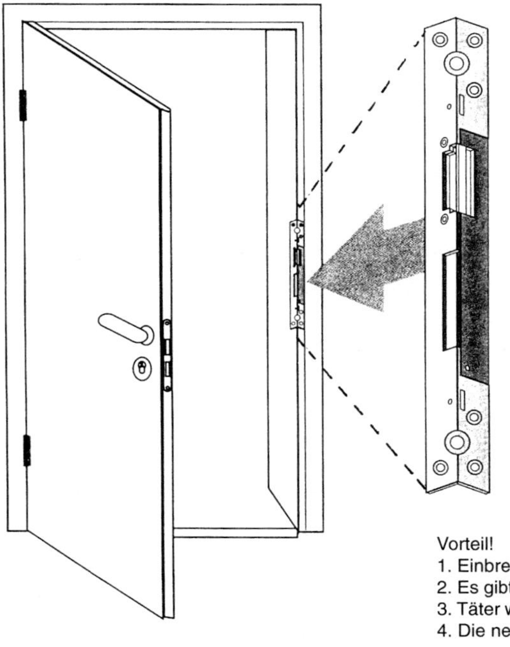

Montage des Einbruchmelde- und Schutzsystems für Holzrahmentüren *(E. Matouschek)*

Vorteil!
1. Einbrecher werden als solche erkannt.
2. Es gibt keinen Fehlalarm!
3. Täter werden vom Einstieg abgehalten.
4. Die neue Anlage ist rund um die Uhr scharf geschaltet.

Das neue Einbruchsmeldesystem wird erst dann aktiv, wenn es mit Gewalt aufgebrochen wird! Der entscheidende Vorteil ist, daß es eine Alarmüberwachung ohne zeitliche Beschränkung, also auch bei Anwesenheit gibt. Wichtig ist auch, daß der Einbrecher nach der Alarmauslösung noch einige Zeit sicher außerhalb des Gebäudes gehalten wird.

Bisher waren 99,05 % aller eingehenden Alarme unberechtigte Alarme, das heißt, Falschalarme, welche die Eigentümer der Alarmanlage ganz schön Geld gekostet haben. Dazu kam der Ärger mit den durch die Sirenen aufgeschreckten Nachbarn.

Buch von Matouschek/Friedl: Revolutionärer Einbruchschutz – Verl. Boorberg

66

Einbrecherabwehr mit OC-Spray

Die üblichen Alarmanlagen können einen Einbrecher nur durch die Alarmsirene abschrecken und abwehren. Viele Einbrecher sind jedoch so frech, daß sie sich davon nicht beeindrucken lassen. Diese üblichen Alarmanlagen können deshalb keinen Einbruch verhindern und keinen Einbrecher in die Flucht schlagen.
Einbrecher aktiv abwehren können nur Abwehrgeräte, die CN, CS oder OC Pfeffer auf die Einbrecher sprühen, damit sie 15 - 20 Minuten aktionsunfähig werden.

OC-Abwehr-Gerät

Dieses OC-Gerät wird parallel zur Alarmsirene angeschlossen. Wenn die Sirene ertönt, kommt der Pfefferspray-Nebel, der wirksamer ist als das CN und CS-Gas. In dem besprühten Raum kann es für längere Zeit niemand mehr aushalten. Das Cayenne-Pfeffer-Spray „Oleorecin Capsium“ ist nicht schädlich, wirkt aber sehr scharf im Gesicht und in den Augen, so daß eine sehr schmerzhafte, länger dauernde Kampfunfähigkeit eintritt. Weder Einbrecher noch Eigentümer können es in dem Raum aushalten. Fehlalarme wirken da auch ziemlich schmerzhaft.
Das Einbrecher-Abwehrgerät kann als Zusatzgerät zur Alarmanlage angeschlossen werden. Das Versprühen der Pfeffer-Lösung kann durch eine Spraydose mit Treibgas geschehen, die mechanisch-elektrisch betätigt wird. Das Versprühen kann aber auch durch den Abschuß der Pfefferladung geschehen.

Nimrod-Alarm-Apparat. (Mechanische Zündung)

Bei Frankonia gibt es den Selbstschuß-Apparat, der mit einer 9 mm (Rand) Pfefferpatrone von WADIE geladen werden kann. Es kann auch die stärkere Kal.16 (mit Pfeffer gefüllte) Platzpatrone geladen werden. Am Einsatz kann ein Rohr befestigt werden, das mit Cayenne Pfeffer-Pulver gefüllt ist. Das Selbstschußgerät wird neben der Tür angeschraubt. Zuerst wird der Griff des Schlagbolzens solange zurückgezogen, bis der Auslösehebel einrastet. Um den Auslösehebel wird ein dünner Nylonfaden gebunden und an der Tür befestigt. Nun kann der Schraubeinsatz, in dem sich die Patrone befindet, eingeschraubt werden.
Die Tür ist jetzt mechanisch gesichert. Wenn nun ein Einbrecher die Tür öffnet, zieht er an dem Auslösehebel und löst mechanisch den Schuß mit der Gaspatrone aus. Der laute Knall alarmiert die Hausbesitzer und der versprühte Cayennepfeffer macht den Täter für 10 bis 30 Minuten aktionsunfähig.
Haus- und Hoftüren sowie die Türen oder Fenster von Gartenhäuschen können so gegen Einbruch geschützt werden.

OC-Spray aus der Dose (Elektrische Zündung)

Eine Spraydose bekommt auf den Sprühkopf einen Teil aufgesetzt, der, wenn er 9 Volt Strom bekommt, sich ausdehnt und den Sprayknopf nach unten drückt. Diese Spraydose wird an den Alarmausgang der Alarmanlage so angeschlossen, daß dieser Ausgang eine 9 Volt Batterie-Spannung auf den Spayknopf schaltet. Bei einem Einbruchsalarm wird neben der Sirene auch der Sprayknopf eingedrückt und der Einbrecher mit einer vollen Dose Oleorecin Capsium besprüht. Auch hier dauert das schmerzhafte Ausschalten des Täters zwischen 10 - 30 Minuten. Je kleiner der Raum ist, desto wirkungsvoller ist der Cayenne-Pfeffer. Der Eindringling hat nur noch das Verlangen nach viel WASSER zum Kühlen des Gesichts.

Das Pfeffersprühgerät wird an die Alarmanlage angeschlossen.

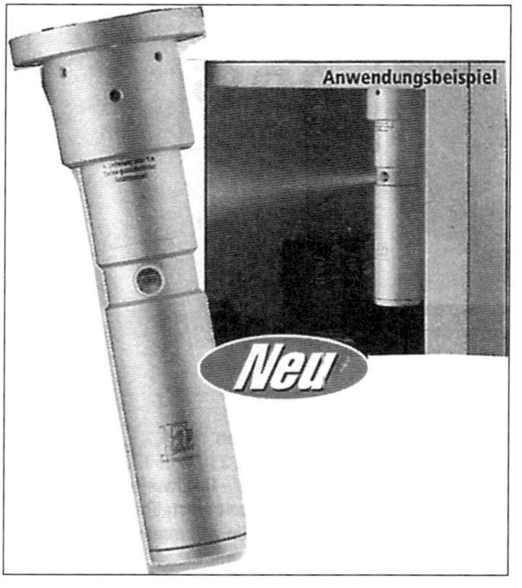

Ein mechanischer Alarmschutz, der Pfeffer verschießt, von NIMROD.

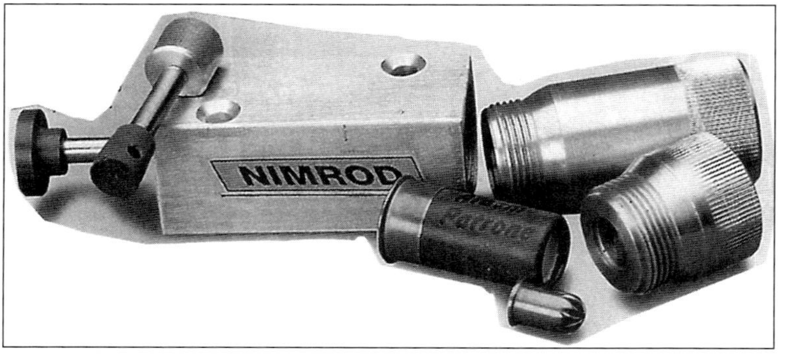

67

Fernsehüberwachung

Inzwischen sind Fernsehkameras und Monitore zur Überwachung so preiswert geworden, daß man sie gut zur Überwachung von Eingängen, Räumen und Personen einsetzen kann.
Diese neuen Kameras sehen mit den Infrarot-Dioden als Scheinwerfer bei Tag und bei Nacht. Eingebaute Bewegungsmelder geben Alarm, wenn eine Person den Überwachungsbereich betritt.
Die Übertragung von der Kamera zum Monitor erfolgt über Kabel oder über eine 2,4 GHz.-Frequenz. Mit den kleinen Kameras ist eine unauffällige Überwachung möglich.

Funk-Kamera-System

Die Kamera sendet über einen 2,4 GHz-Sender Bild und Ton an den bis zu 300 m entfernt stehenden Empfänger des Monitors. Der Schwarz-Weiß-Monitor bringt das Fernsehbild und den Ton und ermöglicht so eine Überwachung des Objektes.

Video-Überwachungs-System

Die Kamera hat einen Infrarot-Scheinwerfer, wodurch auch eine Überwachung in der Nacht möglich wird. Es werden Bild und Ton übertragen.
Die Übertragungsfrequenz ist 2,4 GHz mit 100 m Reichweite. Übertragen wird mit einem kleinen Sender und einem Empfangs-Parabol-Spiegel. Das Signal durchdringt die Wände. Auf dem Schwarz-Weiß-Monitor erscheint das Bild und ist der Ton hörbar.

Video-Überwachung

Drahtlose optische und akustische Überwachung

NEU

Funk-Überwachungskamera mit tragbarem Monitor FC 1000
Überwachung von Räumen, Eingängen und Objekten; auch als Babysitter

- **Ohne Installation - sofort betriebsbereit**
- Einfach in die Steckdose stecken – fertig!
- Kamera mit eingebautem Sender überträgt **Bild und Ton** auf den im Monitor eingebauten Empfänger
- **GS-sicherheitsgeprüft**
- **Postzugelassen, anmelde- und gebührenfrei**

FUNK TECHNIK

Eine preiswerte Kamera mit Mikrofon von CONRAD

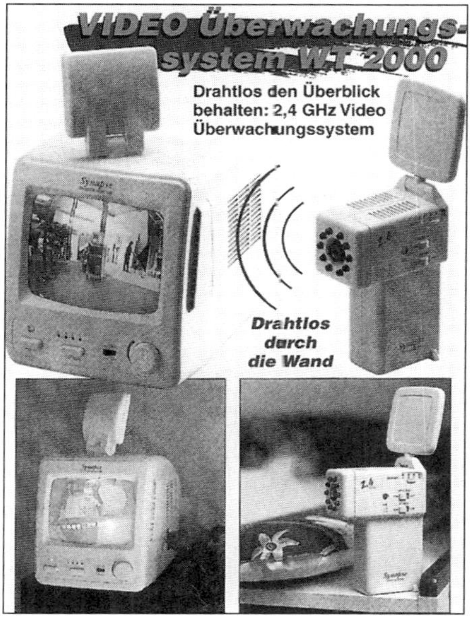

Video-Kamera und Video-Empfänger von Westfalia.

Santec-System

Eine Kugelkamera mit Bewegungsmelder und Mikrofon ist durch ein 18 m langes Übertragungs-Kabel mit dem Schwarz-Weiß-Monitor verbunden.

Der Bildschirm des Monitors ist in 4 Teile unterteilt, damit die Bilder von 4 Kameras zugleich beobachtet werden können. Es kann aber auch auf jede Kamera einzeln geschaltet werden. Bild und Ton von verschiedenen Räumen können dadurch überwacht werden.

TV-Tür-Guard

Der TV-Guard überwacht einen Eingang, indem er Bild und Ton über ein 17 m langes Kabel überträgt. An der Kamera ist ein Infrarot-Scheinwerfer für Nacht-Aufnahmen und ein Infrarot Bewegungsmelder angebracht.

Die Bilder werden auf einem üblichen Farb-Fernseh-Empfänger sichtbar.

Kameraeinheit: CMOS-Sensor mit automatischer Blende. IR-Scheinwerfer.

Integrierter Bewegungsmelder: Erfassung 90 Grad, Reichweite 4 m. Integriertes Mikrofon.

Steuereinheit, Sensorwahlschalter. Bildeinblendung des Kamerabildes für 5 - 20 Sekunden in das Fernsehprogramm. Netzgerät 9 V.

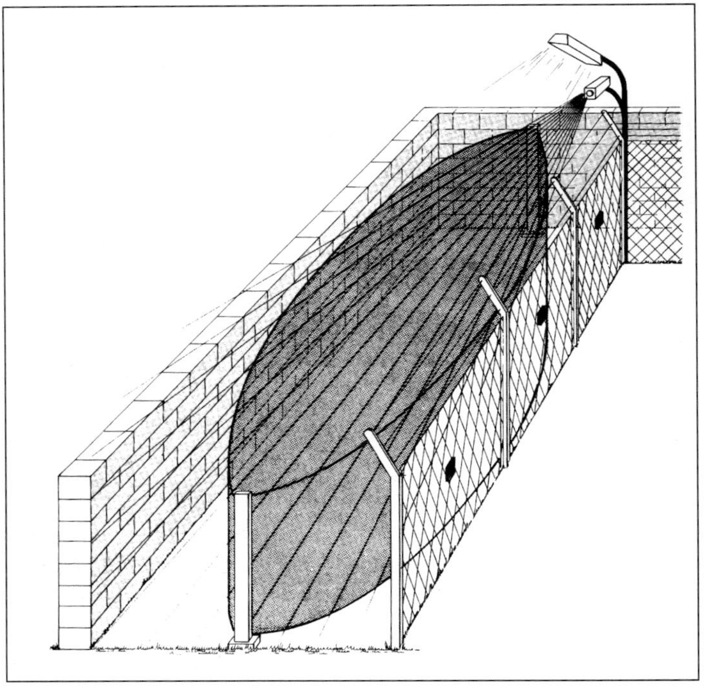

Vorfeld-Überwachung

Geländeüberwachung mit 4 Kameras

An jeder Ecke wird eine Fernsehkamera mit IR-Scheinwerfer und IR-Bewegungsmelder aufgestellt und durch Erdkabel verbunden. Wenn eine Person den Schutzbereich betritt, schaltet der Bewegungsmelder sofort die zuständigen Kameras, den Ton und die Alarmklingel ein. Gleichzeitig wird der Videorecorder eingeschaltet. Fehlalarme durch Fuchs und Hase sind möglich.

68

Abwehr von Autodieben

Autodiebe müssen vor allem die Besitzer von teuren Markenautos fürchten. Nach der Einführung von elektronischen Wegfahrsperren ist der Diebstahl dieser geschützten, teuren Autos stark zurückgegangen. Die Elektronik kann allerdings nicht gegen den Diebstahl schützen, wenn diese Autos einfach auf einem Abschleppwagen aufgeladen werden. Hier kann ein eingebauter Bewegungsmelder das Umfeld mit seiner Sirene alarmieren. Kein Dieb will schließlich die Umgebung auf sich aufmerksam machen.

Es gibt verschiedene Auto-Diebstahl-Sicherungen die man nachträglich einbauen kann. Oft sind sie den professionellen Autodieben bekannt, die zuerst einmal die Autobatterie abklemmen.

Das Öffnen der Autotür geschieht manchmal mit einem Tennisball, der ein Loch hat oder mit langen, flachen Stahlbändern, die zwischen den Fenstern eingeschoben die Tür öffnen. Mit dem Einschlagen der Fenster oder Seitenfenster wird auf brutalste Weise die Autotür geöffnet.

Derjenige, der Autopapiere, Personalpapiere, Kreditkarte, Geld und Fotoapparat im Auto gelassen hat, ist selber schuld. Ein Auto ist kein Tresor.

Die beste und billigste Wegfahrsperre ist ein verborgener Ziehschalter (für 5 DM), der in dem Schaltkreis der Benzinpumpe liegt. Wenn man überfallen und entführt wird, drückt man einfach den Schalter und das Fahrzeug steht nach einigen Metern wegen Benzinmangel. Ein Verbrecher wird lange brauchen, bis er den Schalter findet.

Die südafrikanische Wegfahrsperre ist da wirkungsvoller. Wenn sie scharf ist und sich eine Person mit mindestens 40 kg Gewicht auf den Fahrersitz setzt, wird dem Täter eine Ladung 00 buckshot durch den Sitz in das Hinterteil geschossen. Mit einem Geheimschalter kann der entführte Besitzer den Schuß auch während der Fahrt auslösen. Wie der SPIEGEL berichtet, ist die Anwendung dieses weitgefaßten südafrikanischen Notwehrrechts schon bei Gefahr für das Eigentum erlaubt.

Es ist nicht verboten, sich der rabiaten Autodiebe zu erwehren, indem man sie mit Gift und Säure besprüht, wenn sie in das Auto eingedrungen sind. Wenn die Autoräuber sich dem Auto nähern, sind sie schon oft durch eine Butangas-Feuerwand, welche aus den Hochdruckdüsen unter dem Wagenboden kommt, angebraten worden. Durch starke Stromschläge wurden schon manche Täter gehindert, mit dem gestohlenen Auto wegzufahren.

„CARJACKING“ ist das Überfallen der Autofahrer an Stoppstellen, an Verkehrsampeln, vor Hauseinfahrten und auf Parkplätzen. In Südafrika und in den Großstädten der USA ist diese Vorgehensweise zu einer lebensgefährlichen Gefahr für den Autofahrer geworden. Die „CARJACKER“ zwingen den Fahrer mit vorgehaltener Schußwaffe zum Aussteigen. Wer zögert und wer sich wehrt, wird kaltblütig erschossen.

Allein in Johannesburg, SA, verloren 1998 10.000 Menschen auf diese Weise ihr Auto. Dabei wurden über 100 Personen erschossen!

Deshalb sollte man in unsicheren Gegenden immer nur mit verriegelten Autotüren und hochgedrehten Autofenstern fahren.

Wenn man merkt, daß man angehalten werden soll, sollte man brutal auf den auf der Straße stehenden Täter zufahren. Wer hält, könnte erschossen werden.

Genauso sollte man auch auf ein Wild auf der Straße zufahren, da jedes Ausweichmanöver zum Totalschaden und zum eigenen Tod führen kann.

69

Attentate mit Autobomben

Wenn eine Person durch die Mafia oder durch Terroristen bedroht wird, kann es geschehen, daß Bomben-Attentate verübt werden.

Bedrohung zu Hause

- Es können Sprengkörper durch das Fenster geworfen werden.
- Es können neben der Eingangstür Sprengkörper deponiert werden.
- Auf dem Weg am Gartentor können Sprengkörper befestigt werden.
- Es können von Tätern Sprengkörper in das Haus gebracht werden.

Abwehr:
Vorsichtiges Beobachten der Umgebung.
Starke, erhellte Beleuchtung des Hauseinganges und der Umgebung.
Fremde werden nicht in das Haus gelassen.

Bedrohung des Autos

- In das Auto werden Sprengkörper eingebaut.
- Unter dem Auto werden Sprengkörper befestigt.
- In einem gestohlenen Auto werden Sprengkörper befestigt.
- Beim Vorbeigehen oder Vorbeifahren, wird eine Autobombe per Funk gezündet.

Abwehr:
Das eigene Auto muß 24 Stunden bewacht in der Garage stehen.
Das eigene Auto erhält unsichtbare Klebebandstreifen, die anzeigen, ob Autotüren, Motorhaube oder Kofferraum geöffnet wurden.
Das eigene Auto bekommt eine Alarmanlage, die beim Berühren eine Sirene einschaltet.
Das Auto wird aus großer Entfernung über ein langes Kabel gestartet.

Sprengkörper, Bomben

- Handgranaten mit Abzugszünder.
- Rohrbomben mit Batteriezündung (am Vergaser, im Motorraum).
- TNT-Sprengstoff mit Druckzünder unter dem Fahrersitz.
- Chemische Zündung von Molotow-Cocktails.
- Funkfernsteuerzündung von Autobomben.

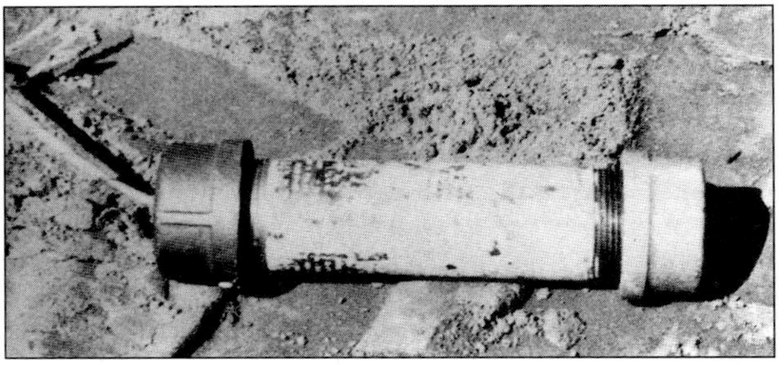

Eine entdeckte Rohrbombe.

Die Explosion einer Autobombe.

Funkzündung mit DTMF Zweiton-Generator.

Hierzu wird ein VHF-Sender verwendet, der über den Zündschalter einen Zweiton Multi-Frequenz-Generator im Ton-Bereich betätigt. Die Reichweite liegt im 27 MHz-Bereich bei 5 - 12 km.

Im Auto wird ein VHF-Empfänger eingebaut, an dessen Ausgang sich ein DTMF-Decoder-Empfänger befindet. Am Ausgang ist der elektrische Zünder der Sprengladung angeschlossen. Eine Zündung erfolgt nur, wenn genau die beiden eingestellten Töne eintreffen.

Eine Abwehr ist nur möglich, wenn man den Trägerfrequenz-Bereich des Zweiton-Senders kennt, den man mit einem starken Wobbel-Sender zustopfen muß.

Zündungen von Sprengkörpern

- Abreißzündung
- Kontakt-Batterie Zündung
- Uhr-Batterie Zeitzündung
- Chemische Zeitzündung

Oft schon sind Bomben aus Versehen hochgegangen und haben den Bombenhersteller getötet.

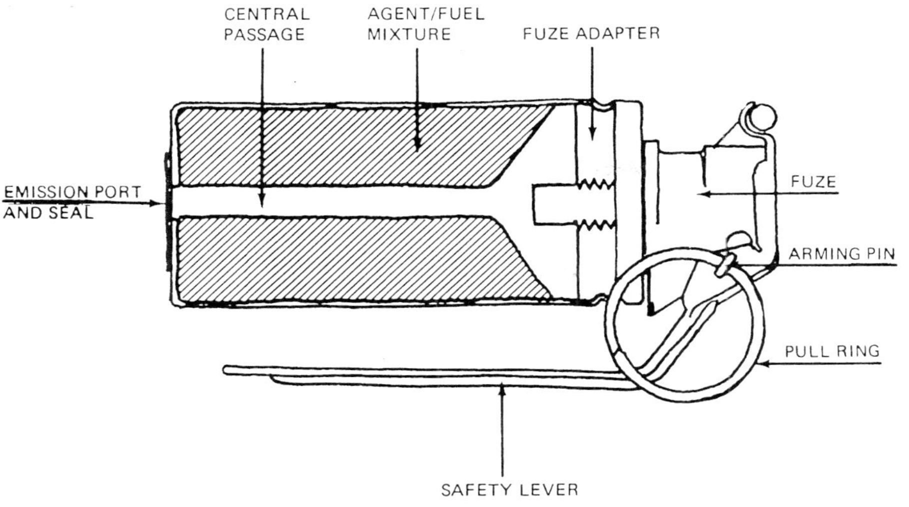

FEDERAL 109 POCKET GRENADE

Diese Polizeigranate versprüht nach einer Sekunde CS-Gas und roten Rauch.

Umgang mit Waffen:

WARNHINWEISE!

Sehr wichtig!

Unbedingt vor Benutzung einer Waffe zur Kenntnis nehmen.
Allgemeine Sicherheitsregeln für den Umgang mit Feuerwaffen.

1. Machen Sie sich als erstes mit der Handhabung und Funktion der Waffe vertraut. Lesen und verstehen Sie unbedingt die Gebrauchsanleitung, bevor Sie die Waffe in die Hand nehmen.
2. Behandeln Sie jede Waffe so, als sei sie geladen und feuerbereit.
3. Vergewissern Sie sich vor dem Laden der Waffe, daß der Lauf frei von Fremdkörpern ist (Wasser, Erde, Zweige, Steckgeschosse).
4. Laden Sie die Waffe immer erst unmittelbar vor dem Gebrauch.
5. Entsichern Sie erst unmittelbar vor der Schußabgabe.
6. Schießen Sie nur, wenn Sie das Ziel genau erkannt haben und jede Gefährdung der Umgebung ausgeschlossen ist.
7. Bedenken Sie, daß die Reichweite der Geschosse bis zu 5 km und darüber hinaus gefahrbringend ist, wenn unter einem Winkel von ca. 35° geschossen wird.
8. Berühren Sie den Abzug der geladenen Waffe erst, wenn Sie das Ziel im Visier haben.
9. Richten Sie die Waffe nie auf einen Gegenstand, den Sie nicht beschießen wollen.
10. Verwenden Sie die nur im Fachhandel erhältliche, fabrikgeladene Munition oder die von Ihnen persönlich nach den Vorschriften geladenen Patronen.
11. Die Verwendung unkorrekt wiedergeladener Patronen kann Schäden an der Waffe und schwerwiegende Personenverletzungen verursachen.
12. Verwenden Sie nur Munition, die dem genauen Kaliber der Waffe entspricht und für welche die Waffe staatlich beschossen worden ist.
13. Vergewissern Sie sich, daß sich niemand im Bereich des Hülsenauswurfs aufhält.

14. Vermeiden Sie Querschläger! Schießen Sie deshalb nie ins Wasser oder auf harte oder glatte Oberflächen.
15. Wenn Sie eine Waffe geladen tragen müssen, dann nur im gesicherten Zustand.
16. Nie mit geladener Waffe ein Fahrzeug oder einen Hochsitz besteigen oder verlassen oder Hindernisse überwinden (Zäune, Gräben, Hecken, Bäche usw.).
17. Benutzen Sie nie eine Waffe, deren Funktion gestört ist! Versuchen Sie nicht, eine Ladehemmung gewaltsam zu beheben.
18. Entladen Sie die Waffe auf jeden Fall vor dem Abstellen, Transportieren oder Einlagern. Zerlegen Sie die Waffe oder lassen Sie den Verschluß geöffnet. Transportieren Sie die Waffe nur im Futteral oder Koffer.
19. Fassen Sie eine Waffe nie von der Mündung her an.
20. Schützen Sie eine Waffe stets vor dem Zugriff Unbefugter.
21. Bewahren Sie Waffe und Munition getrennt, unter Verschluß und außer Reichweite von Kindern auf.
22. Benutzen Sie die Waffe nie als Hebel- oder Schlaginstrument.
23. Vergewissern Sie sich vor dem Reinigen der Waffe, daß sich im Lauf, Verschluß und Magazin keine Munition mehr befindet, die Waffe also vollständig entladen ist.
24. Übergeben Sie eine Waffe an andere Personen nur in ungeladenem Zustand und nur an Berechtigte, bei denen eine sichere Handhabung der Waffe gewährleistet ist.
25. Wenn Sie eine Waffe an einen Berechtigten veräußern, geben Sie die Gebrauchsanleitung und die übrigen Papiere, die zur Waffe gehören, dem Erwerber.
26. Tragen Sie beim Sportschießen immer einen Gehörschutz und eine Schutzbrille!
27. Vermeiden Sie alkoholische Getränke vor und während des Schießens oder auf der Jagd.

Nichtbeachten dieser Regeln oder der Informationen in den zur Waffe gehörigen Gebrauchsanleitungen kann zu erheblichen Sachschäden und zu tödlichen Verletzungen von Menschen führen.

Beim Selbstschutz ist zu beachten:

1 Elektrische Gefahrenmelde-Anlagen können mechanische Sicherungseinrichtungen nicht ersetzen.

2. Einbruchsmelde-Anlagen sollen widerrechtliche Handlungen erkennen, registrieren und an die Sicherheitsstellen, wie Polizei und Wachdienste weitermelden.

3. Alarmanlagen können einen Einbruch nicht verhindern. Sie können ihn nur melden.

4. Mechanische Sicherungseinrichtungen können einen Einbruch verzögern.

Die Arten der Überwachung:

1. Außenhaut auf Öffnen oder Durchbruch.
2. Innenräume auf Bewegung.
3. Einzelobjekte auf Annäherung oder Wegnahme.
4. Überfall, Angriffe auf Personen, Abwehr mit Panikschalter und Sirene.

Die wichtigsten Überwachungsmöglichkeiten:

Wände, Decken, Böden:
❍ Erschütterungsmelder ❍ Körperschallmelder ❍ Alarmdrahttapete

Fenster: ❍ Magnetkontakte ❍ Öffnungsmelder ❍ Riegelkontakte

Glasflächen: ❍ Glasbruchmelder ❍ Alarmdrahtfolie

Türen: ❍ Magnetkontakte ❍ Öffnungsmelder ❍ Riegelkontakte

Räume: ❍ Infrarotmelder ❍ Ultraschallmelder ❍ Mikrowellenmelder
❍ IR-Lichtschranken ❍ HF/VHF-Schranken ❍ Fadenzugmelder

Objekte: ❍ Kapazitivmelder ❍ Körperschallmelder ❍ Abhebekontakte
Überfallmelder: Tasten, Fußleisten, Kontaktschienen, Panikknöpfe

Meldearten:

1. Elektromechanisches Prinzip: Mechanische Lage oder Formänderung.
2. Elektroakustisches Prinzip: Ultraschallausbreitung.
3. Elektrooptisches Prinzip: Änderung der Intensität der Lichtstrahlung. Infrarotmelder.
4. Elektromagnetisches Prinzip: Änderung eines elektromagnetischen Feldes.